船山遺書

第三册

诗经稗疏
诗广传

〔清〕王夫之 著

中国书店

目录

诗经稗疏（附考异·叶韵辩）

诗广传

诗经稗疏（附考异·叶韵辩）

钦定四库全书总目简明目录

　　《诗经稗疏》四卷，国朝王夫之撰。皆考证名物训诂，以补先儒之所遗。率参验旧文，抒所独得。虽间伤偏驳，而可据者多。末附《考异》一篇，《叶韵辨》一篇。《考异》未为赅备，《叶韵辨》持论圆通，颇足解诸家之轇轕。

钦定四库全书总目提要

《诗经稗疏》四卷，国朝王夫之撰。夫之有《周易稗疏》，已著录。是书皆辨正名物训诂，以补《传》《笺》诸说之遗。如《诗谱》谓"得圣人之化者谓之《周南》，得贤人之化者谓之《召南》"，此则据《史记》谓"洛阳为周南"之语，"以陕州为中线而南分之，则周南者周公所治之南国也。"证之地理，亦可以备一解。至于鸟，则辨"睢鸠"之为山禽，而非水鸟；"雀角"之"角"为"咮"，《诗》意言雀实有角，鼠实有牙。于兽，则辨"九十其犉"之语，当引《尔雅》"七尺曰犉"之文释之，不当以"黄牛黑唇"释之；"骍刚"之"刚"为"犅"，则以牛脊言之。于草，则辨"荽"为蘁、苇之属，而非荽蒿；"薇"自为可食之菜，而非不可食之蕨。于木，则辨《诗》言《朴》者实今之柞，言《柞》者实今之栎；"榛栭"之"榛"即《诗》之所谓《栵》，而非榛栗之榛。于虫，则辨"斯螽""莎鸡""蟋蟀"之各类，而非随时异名之物；果蠃负螟蛉以食其子，而非取以为子。于鱼，则辨鳢之即鲤，而《集传》误以为黄鱼；鲔之似鲤，而《集传》误以为鲟鱼。于器用，则辨《集传》训"重校"为两轫上出轼者之未谙车制，及《毛诗传》训"棽"为历录，为纺车交萦之名，而《集传》增一"然"字之差。于礼制，则辨公堂称觥为饮酒于序，而非如《集传》所云豳公之堂；裸将之训为灌，与奠一义，而力诋《白虎通》灌地降神之谬。皆确有依据，不为臆断。

其谓《猗嗟》为作于鲁庄如齐观社之时，指庄公娶哀姜而言，则据《尔雅》"姊妹之夫曰甥"以释"甥"字；谓《无衣》为作于秦哀公，则指楚之僭号以释"王"字。义亦可通。

惟以"葛屦五两"之"五"通"伍"，为行列之义；"木瓜""木桃"

"木李"为刻木之物；"菫荼"之"荼"通"涂"，为穰草和泥；"奉璋"之"璋"为牙璋，连下文"六师"以为言。未免近凿。

至于《生民》一篇，谓姜嫄为帝挚妃，平林为帝挚时诸侯之国。推至见弃之由，则疑为诸侯废挚立尧之故，即以"不康""不宁"为当日情事。无论史册无明文，抑与《祭法》帝喾郊稷之说异矣。

四卷之末，附以《考异》一篇，虽未赅备，亦足资考证；又《叶韵辨》一篇，持论明通，足解诸家之缪辖。惟赘以《诗译》数条，体近诗话，殆犹竟陵钟惺批评国风之余习，未免自秽其书，虽不作可矣。

诗经稗疏卷一

周南

周南召南

郑氏《诗谱》曰："雍、梁、荆、豫、徐、扬之人，咸被文王之德而从之。文王受命，作邑于丰，乃分岐邦周、召之地为周公旦、召公奭之采地，施先公之教于己所职之邑。六州者，得二公之德教尤纯，故独录其诗，属之太师，分而国之。其得圣人之化者谓之《周南》，得贤人之化者谓之《召南》。"胡氏《春秋传》亦曰："《周南》，先王之德；《召南》，先公之化。"故朱子《集传》以《周南》皆文王后妃之德，而《召南》为侯国之诗。

今按：《何彼秾矣》以咏王姬，《彼茁者葭》用赋灵囿，与《桃夭》《鹊巢》初无同异，何所分于王侯贤圣哉？盖周公、召公分陕而治，各以其治登其国风。则"周南"者，周公所治之南国；"召南"者，召公所治之南国也。北界河、洛，南逾楚塞，以陕州为中线而两分之。《史记》谓洛阳为"周南"，从可知已。陕东所统之南国为"周南"，则今南阳、襄、邓、承天、德安、光、黄、汝、颍是已。陕西所统之南国为"召南"，则今汉中、商、洛、兴安、郧、夔、顺庆、保宁是已。其国之风，或其国人所作，或非其国人所作，而以其俗之音节被之管弦。今虽亡考，而大要可知。故《汉广》兼言江、汉。江北汉南，今之潜、沔也。《汝坟》言江、汝之间，则今之光州、新蔡也，而皆系之《周南》。若《召南》之以地纪者，曰"江有沱"，又曰"江有汜"。按《禹贡》："岷山导江，东别为沱。"《水经》："江水历氏道县，渐水入焉，又东别为沱，过都安县。"今渐水自龙安府石泉县入江。都安，今成都府灌县。沱江，在今新繁县。汜者，水决复入之总名。沱即汜也。言"沱"言"汜"，皆川北西汉水今嘉陵江南之地。《集传》以景陵之沱、汜当之，未是。又《殷其靁》之诗曰："在南山之阳。"南山，终南山也。《尔雅》："山南曰阳。"自汉中而东至均州，皆在终南之阳，于春秋为庸、麇，召南在陕州之西，明矣。

据此，则二陕分治之地别为二南。不言国者，文王未有天下，侯国非其所有，特风教远被，以类附也。何侯国、王畿，圣教、贤化之殊乎？

雎鸠 雎，从且从隹。

《尔雅》："雎鸠，王雎。"郭璞曰："雕类，今江东呼之为鹗，好在江渚山边食鱼。"《说文》："白鹭，王雎也。"颜氏《匡谬》亦云："雎鸠，白鹭。"又《尔雅》："鸶，白鹭。"郭璞曰："似鹰，尾上白。"《禽经》："雎鸠，王雎，鱼鹰也，亦曰白鹭。"陆玑《疏》曰："幽州人谓之鹫。"陆佃曰："鹗性好跱，立不移处。所谓鹗立，义取诸此。"以诸说参考，则雎鸠之为鱼鹰，其名曰鹗，明矣，谓之鸠者，鹰之属通曰鸠，郯子所谓鹨鸠者，鹰也。虽食鱼。而非水鸟。故郭璞云："好在江渚山边食鱼。"《经》言"在河之洲"，非常在也。本为鸷鸟之属，故毛公云："挚而有别。"挚之为言鸷也。其鸟似鹰而土黄色，深目，好跱，交则双翔，别则异处。以其立不移处，别则异所，故以兴"夫妇有别"之义。李时珍《本草》言其翱翔水上，扇鱼令出，一名沸波；又能入穴取食，一名下窟鸟。其尾上白者曰白鹭，是已。《集传》以为凫鹥之属，殊为失实。凫鹥水鸟，雎鸠山禽；凫鹥小鸟，雎鸠鸷鸟，相去远矣。

左右流之

《尔雅》"流，择也"，"芼，搴也"。说《诗》者自当以《尔雅》为正。毛、郑谓"流，求也"，"芼，择也"，于义未安。择者，于众草中择其是荇与否。择而后搴之，于文为顺。择有取舍，不必皆得，故以兴"求之不得"；搴则得矣，故以兴得而"友乐之"。《集传》曰："流，顺水之流而取之。"采荇者或顺流而下，或逆流而上；水或在左，或在右。若必于顺水，则左而不右，右而不左矣。又曰"芼，熟而荐之也"，依《礼记》"芼羹"之"芼"以立义。既熟而在铏矣，何分于左右乎？古字义不一，未可执一以释之。

卷耳

《尔雅》："卷耳，苓耳。"毛《传》用之。郭璞云："形似鼠耳，丛生如盘。"《博雅》云："苓耳，蒬，常枲，胡枲，枲耳。"而陆佃《埤雅》引《荆楚记》云："卷耳一名珰草，亦曰苍耳。"殊为差误。苍耳一名耳珰草，言其实如耳珰；一名羊负来，以其实黏羊毛上；一名野茄，叶似茄也。湖湘人谓之羊矢草，实形似羊矢也。其草拔地而生，高者三尺许。独茎多枝，初不丛生，叶全不似鼠耳。苏颂《本草》据陆玑《疏》，言其蔓生，可煮为茹，又与郭璞丛生说异。一苍耳且不能定，况可引释《卷耳》？卷耳有枲耳、胡枲之名，必有与枲相类者。叶如鼠耳，则小而圆长，叶上有细毛柔软可知。今野蔌有名鼠耳者，王鸿渐《野蔌谱》谓之猫耳秃，叶青白色，与陆玑之说合。湖湘人谓之为"鼠茸"，清明前采之，春以和米粉作糍，有青白瓤如枲麻，味甘性温，叶上有茸毛，正如鼠耳。准二《雅》及郭氏之言，必此为卷耳而非珰草明矣。此草可和粉食，而采之颇费寻求，故云"不盈顷筐"。若珰草，枝叶繁而随地多有，且苦臭不中食，何事采之而患其不盈乎？

葛藟

《集传》但言"藟，葛类"，未实指为何物。按：藟或作虆，其类不一。《尔雅》："诸虑，山藟。"郭璞云："似葛而粗大。"今俗谓之土葛者是。皮黑，可用为索，缚茅屋椽，不堪作布。《尔雅》："欇，虎藟。"郭璞云："今虎豆，缠蔓林树而生荚。"《本草》谓之黄环，结荚如皂荚，小而无油，一名就葛。又，蓬藟，似覆盆子，蔓生繁衍，茎有刺，叶如小葵，面青背白，有毛，六七月开小白花，就蒂结实如桑椹，熟则紫黯，有小黑毛，甘而可食，俗名割田藨，读如抛。又，千岁藟，一名藟芜，一名巨苽，蔓生缘木，叶似葡萄，子青赤，藤中有白汁，可入药用。陆玑定指为巨苽，既未详实，而云似蘡薁，则又蓬藟，非巨苽也。辨物之难如此夫！

薄言

《方言》："薄，勉也。"秦、晋曰薄，南楚之外曰薄努。郭璞《注》曰："相劝勉也。""薄言采之"者，采者自相劝勉也。"薄送我畿者"，心不欲送而勉送也。"薄言往诉"者，心知其不可据而勉往也。凡言薄者放此。毛《传》云："薄，辞也。"凡语助辞皆必有意，非漫然加之。

蒌

《毛传》云："蒌，草中之翘翘然。"似谓蒌为草特出之貌，而非草名，于文义未安。陆玑、陆佃皆以为蒌蒿，而《集传》因之。按：蒌蒿水草，生于洲渚，既不翘然于错薪之中，但可采摘为菜，不堪刈之为薪，与楚为黄荆，茎干可薪者异，则二陆之说非矣。管子曰："苇下于蒲，蒲下于蒌。"则蒌为蒲、苇之属，翘然高出而可薪者，盖芦类也。

汝坟

《尔雅》：“坟，大防。”毛《传》《集传》皆用之。然堤防所以固土窒水，例禁樵苏，孰敢于上“伐其枚肄”？坟当与渍通。《尔雅》：“汝为渍。”郭《注》云：“大水溢出别为小水之名。”引此诗以证之。则渍乃汝水旁出之支流，当从郭说。

召南

薇

《集传》云：“薇，似蕨而差大，有芒而味苦，山间人食之。”今按：蕨之有芒而大者色黄，盖贯众之苗，俗呼野鸡尾，味辛苦有毒，无食之者。《说文》：“薇，菜也，似藿。”藿，豆苗也。陆玑《疏》云：“茎叶皆似小豆，蔓生，其味亦如小豆，藿可作羹。”字书：“薇，野豌豆。”则薇非蕨类明甚。《尔雅》曰：“蘪从水生，薇垂水。”若有芒之蕨，植生山崖而不垂水次。唯野豌豆多生溪涧之侧，故曰：“垂水。”此豆俗呼老鼠豆，其结角似鼠尾也。陆佃谓采薇蕨以祭，尤属疏谬。未闻蕨之可登于俎，况贯众苗乎？世人相承之讹，遂谓伯夷、叔齐采蕨以食。孤陋而诬，不可救正有如此者。

蘋藻

《毛传》云：“蘋，大荓也。”《尔雅》云：“萍，荓，其大者蘋。”毛公据《尔雅》以说此诗，郭璞引此诗以注《尔雅》，皆未精悉。按：萍有二种，杨花飞时生，五月多死。小者叶圆而绿，大者叶蹙而紫。味苦臭恶，性大冷，方家或以疗疽，蒸之以熏蚤虱，能坏人衣。其不可为茹以食以祭，明甚。

若世所谓蘋者，别自一种。谢翱《楚辞芳草谱》云："蘋叶正四方，中坼如十字，根生水底，叶出水上。"此草今所在有之，俗呼田字草，四叶合成一叶，中露水光如田字，然臭味粗恶，亦不堪食。陆玑曰："可糁蒸为茹，又可用苦酒淹以就酒。"岂其口之性与人殊哉？抑未尝尝之而道听以说耳。旧说以为教成之祭，牲用鱼，芼用蘋藻。铏羹之芼，调以滑甘。夏葵冬苴，皆滑甘也。而鱼羹以苦涩之蘋，徒取洁清之义，不恤其臭味。铏羹有芼，以人道事神也。人不可食，神其歆乎？按《山海经》：有草名曰蒉草，其状若葵，其味若葱。《说文》无蘋字，字正作蒉，音符真切，许慎亦谓之大萍，则蒉、蘋一也。《吕览》云："菜之美者，昆仑之蘋。"言昆仑者，著其尤美者耳，不必昆仑而生也。蘋盖莼葵之类，滑脆如葱白者，《湖州图经》以为不滑之莼是也。柳恽诗："汀州采白蘋。"言其根之白也。邱光庭《兼明书》以田字草花白，而辟《图经》之谬。不知言白蘋则蘋本白，而非以花言明甚，皆不思之过也。《图经》言不滑者，较莼为不滑耳，非全涩也。

此草陈藏器《本草》谓之萍蓬草，叶大似荇，花黄。李时珍曰："似荇叶而大，径四五寸，六七月结实，状如角黍。楚王渡江得萍实，凡萍之属，唯此有实，其根如鸡头子根，作藕香。味如栗，故一名水栗子。"又云："花有黄白二色，叶如小荷叶，似莼叶而大，颇似马蹄。今陂池中往往有此，俗呼水藕儿，其根可煮食。"王鸿渐《野菜谱》绘之，似莼荇而大。《本草》言其甘涩，与《图经》之说吻合矣。

藻，陆玑曰："有二种，其一叶如鸡苏，茎大如箸"，"其一茎如钗股，叶如蓬蒿。"按：此二种茎皆硬韧不可食，人或植之水中以饲鱼者，而玑云"皆可煮食"，非也。《尔雅》："菬，牛藻。"郭璞云："细叶蓬茸，如丝可爱。"此藻王鸿渐《野菜谱》谓之牛尾瘟，叶如发，茎如聚藻。聚藻茎似钗股，略似菱根。故《广雅》云："菱菜，藻也。"瘟乃蕰字之讹。牛藻亦谓之蕰，《左传》所谓蕰藻也，性极冷，古人体质厚，可食。今人非凶荒不食，不如似莼之蘋能益人，古今通食之。

筐筥

毛《传》:"方曰筐,圆曰筥。"《集传》因之。按:高诱《淮南子注》云:"员底曰筥,方底曰筐。"《说文》:"筥,籈也。"《博雅》:"筥,蔟也。"蔟即筥也。盖筐上下俱方,筥上椭方而下员,如饭筥然。方员以底别,非筥之竟为员器如今篮也。

有齐季女

毛、郑以此称女,故惑于《小戴》《昏义》,谓蘋藻之奠,为教成之祭。《传》则曰:"牲用鱼,芼用蘋藻。"《笺》则曰:"祭不于室中者,凡昏事,于女礼,设几筵于户外,此其义也与?"又曰:"祭事,主妇设羹。教成之祭,更使季女者,成其妇礼也。"按:教成之祭,虽因女而举,而女子在室,未与成人之列,遽使主祭,将无有躐等速成之过乎?女之在教,犹士之在学也。士入学,舍菜必师主之,士但从执事焉。此教女子者,必有保傅之姆。则主祭者必司教之人,而非女子之自主也,不待问而知。由此思之,尸之为义不训为主,审矣。

祭之必有尸也,古道也。孙则为王父尸矣。《礼》文残阙,不言祭姒何尸。要必非一人而为二鬼之尸,亦必非男子而为女尸。姒必有尸。季女者,未嫁之女也,于姒为女孙。王母之尸,舍孙女其谁哉?若《集传》竟以季女为大夫之妻,则妻而称女,尤为草次。《序》曰:"大夫妻能循法度,则可以承先祖,供祭祀。"《序》统一篇而言,以大夫之妻慎于祀事,采蘋藻而盛之、湘之、奠之,又迎有齐之季女以为之尸,故曰可以祭祀也。女非妻,妻不称女,大义炳然。《集传》遵《序》以驳《传》,而不知其显与《经》戾矣。"有齐"云者,言其庄敬有如齐也。尸不与散齐致齐之列,故言"有齐"以叹美。若主祭者济济穆穆,岂但"有齐"而已哉?不言男尸者,义系乎大夫之妻,从其类而言。犹《少牢馈食礼》不言女尸,各从所重而言耳。

或疑蘋藻非正祭豆实之品,则此乃铏羹之芼,原非豆实,故不见于《礼》文。若"牖下"之云,则"于以奠之"二句,以咏事神于堂之事,而"谁其尸之"二句，乃咏事尸于室之礼。一篇始终祀事，文义原不相蒙也。

蔽芾甘棠

毛《传》："蔽芾，小貌。甘棠，杜也。"樊光曰："赤者为杜，白者为棠。"按：棠、杜皆楂梨也，木色白者味甘，色赤者味酸涩，今人以接梨树者。其树高不过寻丈，叶近下生，枝刺繁密，故曰"蔽芾"。

郑《笺》云：召伯"止舍小棠之下而听断焉"。《说苑》曰："召公述职，当桑蚕之时，不欲变民事，故不入邑中，舍于甘棠之下而听断。"皆相传之谬也。侯伯巡行，必有馆舍。官司其事，即令入邑，何至妨民蚕桑？如其踞坐山麓，麕栖鸟集，不近人情，过为饰俭，不亦上下无章，辱朝廷而羞当世之士乎？且其听讼也，将亵服以听之乎？抑必服命服以莅之邪？弁带而坐灌莽之间，是所谓"朝衣朝冠坐于涂炭"也。甘棠蔽芾，非乔木之阴，桑蚕之时，叶生未齐，晴日阴雨，不能庇荫。藉云作草舍于树下，寻丈之木，下不逾数尺，蜗庐寄其下，召公而非侏儒也，必俯伛而入，垂头而坐，亦甚可笑矣。即令召公偶依树而休息，亦必乔林之下，安有就棠杜而布席之情事？言之不经，不待博雅之士而知其不然也。此盖召公所税驾之馆，阶除之侧，偶有此木，政间游衍，聊尔眄赏。后人因为禁约，以寓去思耳。"所茇""所憩""所税"云者，志其馆也。"匪兕匪虎，率彼旷野。"非日中一食、树下一宿之异端，安能为此哉？

郑氏又以为听男女之讼，尤为不典，直以下《行露》一篇相牵附耳。周制：遂士所听之狱讼成，士师受中。丽刑杀之法者，王欲免之，则三公会其期；县士之狱，则六卿会之；若四方诸侯之狱讼，讶士所掌，公卿不与，犹今郡邑户婚之讼，监司且不听理。召伯称伯，乃分陕以后之词。当文王时，召公不得与西伯同称为伯。此盖周有天下，建邦分牧之事。召公已位三公，唯会免王畿六遂之死刑。世传甘棠馆在今河南宜阳县，则东郊南国之地，六卿且不会焉。若以二伯之长，问侯甸之婚姻，越职下侵，日亦不足矣。此则《说苑》述职之说较为可信，而男女之讼为亡实之言明矣。

雀角鼠牙

先儒说此，俱以为雀无角，鼠无牙。《孙公谈圃》云，鼠实有牙，曾有人捕一鼠与王荆公辨，荆公语塞。今试剖鼠口视之，自知孙说之非妄。误者盖由不察角本音录，借音为觉，因以雀头不戴角觉，生诬鼠无牙耳。

李济翁《资暇录》辨角字音义甚详。唯牛羊鹿犀头上之角借音觉。若汉角里先生，《礼》"君夫人鬠爪实于角中"，皆正音录。《玉篇》"东方为角"，亦音觖。其或别立角字者，俗文不成字。角录，咮也。故曰："与之角录者去其齿，傅之翼者两其足。"言有咮以啄，不须齿啮也。误者乃谓牛有角觉而无上齿，又何以处鹿、羊之有上齿乎？戴角含齿，不相代为用，非犹夫有翼以飞则可减足以行也。雀实有角录，鼠实有牙。有角录故穿屋，有牙故穿墉。健讼者取以喻己曾有婚姻之约。此四句述讼者之诬词，而下始坚拒之。且室上覆盖者曰屋。雀有咮，故能啄穿茅茨。鼠有牙，故能啮穿墉土。若头上之角觉，但用牴触，亦何能穿屋之有？读者但知角字正音，则文义冰释，自不疑鼠之无牙矣。

委蛇

《山海经》：苍梧之野有委维。郭璞《注》云："即委蛇。"委蛇，蛇也。苍梧今犹多蛇，土人以为有神。《后汉书》"委蛇大如车轮"，亦谓大蛇也。委蛇云者，蛇行纡徐柔折，身委曲而取道端直，故以拟动止从容之度，宛曲而自无回裹。故郑云："委曲自得之貌。"委读如威，蛇本音汤何切。徐铉曰："俗作食遮切。"古人草居，相问："无它乎？"《鄘风》"委委佗佗"，义与此同。字或作蛇，或作佗，本皆它字。

朴樕

朴樕，槲樕也。《尔雅》云："樕朴，心。"盖栎之庳者。其树高不过数尺，叶大，亦有橡斗，俗谓之大叶栎。

驺虞

毛公曰："驺虞，义兽也，白虎黑文，不食生物。"陆玑亦云。《集传》因之。《山海经》言："林氏国有珍兽，大若虎，五采毕具，尾长于身，名曰驺吾。乘之日行千里。"郭璞《注》云："即《周书》所谓夹林酋耳者。"按：《逸周书》言酋耳食虎豹，则又与不食生物之说不合。太公《六韬》云："纣囚文王，闳夭之徒诣林氏国求得驺吾，献之纣。"《淮南子》曰："散宜生以驺虞鸡斯之乘献之纣。"高诱《注》曰："驺虞，日行千里。"谓之曰乘，则又以驺虞为千里马矣。《东方朔传》："建章宫后阁重栎中，有物出焉，其状似麋，朔曰：'所谓驺牙也'。"吾、牙、虞音相近。或以为虎，或以为马，或谓似虎，或谓似麋。或谓白黑文，或谓五采具。总之，汉人惑于祥瑞而附会之，《淮南》则因散宜生献文马而曲为之说，皆不足信。要于"壹发五豝"之义亡取焉。

夫以义兽比王仁，而禽兽以不多杀而蕃，似也。然兽虽多，安能壹发而获五？且壹发而五，杀亦多矣。盖壹发而五者，人为之也。《诗传》曰："虞人克举其职，国史美之，赋《驺虞》。"申公说曰："《驺虞》，美虞人之诗。"贾谊《新书》曰："驺虞，天子之囿也。虞者，囿之司兽者也。天子佐舆十乘，以明贵也。三牲而食，以优饱也。虞人翼五豝以待发，所以复中也。人臣于其所尊敬，不敢以节待之，敬之至也。尊其所主，敬慎其所职掌，而忠厚尽矣。作此诗者，以其事深见良臣顺下之志也。"欧阳永叔、杨用修皆以贾《书》为正，而辨世无驺虞之兽。所谓翼以待者，素畜而攞之于车前，以便射也。今制：御猎苑中，则有司麋兽以待，临时纵之乘舆之前，使即射获。"五豝""五豵"，数必五焉，人为之明矣。贾生之说，既与《诗传》、申说吻合，即以合《诗序》，义亦可通。虞人虽能举其职以敬上，然亦可见非驰骋淫猎，上仁而下义，故曰"《鹊巢》之应"，先公之德也。上下相亲，百物备享，故曰："仁如驺虞。""如驺虞"者，如此诗之旨也。

周自文王有灵囿，西土之民乐而咏歌之。今也颂声被于南国，故曰："天下纯被文王之化。"迄乎成王之世，庶绩登，百官治，下逮虞人而忠厚至，故曰："王道成也。"何必如司马相如之夸"般般"者而后谓之瑞应哉！戴埴《鼠璞》亦能辨此，而引"天子田猎，七驷咸驾"之文，以驷为御人，则凿矣。

邶风

不可以茹

《传》云："茹，度也。"按：茹有训度者，"猃狁匪茹"是也。乃假借立义，与如通，言度其相似也。镜之鉴形，自然不爽，无待恃度。且此言"不可以茹"，而云不可以度，则是率意待物，不近人情，何以自鸣妇顺哉？茹本训吞也，无所择而吞受之谓，故草食曰茹。鉴之受影，物含其中，有吞之象焉。凡人物妍媸之状，顺逆之形，皆纳之而无欣无距，有不择而受之象焉。"我心匪鉴"，则不可以杂受夫妍媸顺逆而无所距也。既不能容受非理，故难禁其愤懑之溢而思诉焉。故下云"薄言往诉"，不能茹而思吐之也。

燕燕

独言燕者：白脰乌也。叠言燕燕者，鳦也。《尔雅》分言之甚明。鳦，玄鸟也。《集传》云："燕，鳦也。谓之燕燕者，重言之也。"盖沿呼燕燕为燕，而未考之《尔雅》。

寒泉、浚

此二水《注》《疏》俱无考。按《淮南子·地形训》云："浚出华窍。"又《陈留风俗传》："浚仪县北有浚水。"浚仪，今开封府地。则浚水当在祥符、中牟、陈留间也。《左传》"卫侯伐邯郸，次于寒氏。"杜预曰："寒氏即五氏。"以《传》考之，寒氏在中牟之北稍西。寒泉疑即寒氏之泉。又按《山海经》："高前之山，其上有水焉，甚寒而清，帝台之浆也。"以

《经》文溯之，此水在济水之东。《后汉书注》云"寒泉在今濮州濮阳县"，与《山海经》合，但去浚为远，恐非此之寒泉。乃《经》云"在浚之下"，则濮阳为浚水下流之墟，或不妨言在其下也。

采葑采菲，无以下体

葑，《传》云："须也。"《尔雅》："须，葑苁。"又曰："须，蕵芜。"郭璞《注》谓似羊蹄菜，叶细味酢者，误也。葑名不一，故多淆讹。《说文》谓之须从，《方言》谓之蘴，陆玑《草木禽鱼疏》谓之蔓菁，陶弘景《别录》谓之芜菁，陆佃《埤雅》谓之台菜，孟诜谓之九英菘，刘禹锡《嘉话录》谓之诸葛菜。其菜北方广种，南方仅有。陆佃云："南种一年化为菘，二年芜菁，种都绝。似菘、似芥、似芦菔，或谓之大芥。"今南人俗呼芥菜芦菔。叶类芥，茎粗，叶大而厚，根长而白，味辛而苦，黄花四出，结角，角中子圆而紫赤。叶粗出甲，可生啖；叶舒，可煮食；叶老，采根腌为菹食。子可压油。北齐祖珽薰目伤明者是也。

菲，毛《传》曰："芴也。"《尔雅》："菲，芴。"郭璞曰："土瓜也。"土瓜者，《月令》谓之王瓜。三月生苗，引蔓多须，叶圆如马蹄而有尖，面青背淡，涩而不光。七月开五出小黄花成簇，结子累累，熟时或黄或红，圆而长，一名钩瓤，一名野甜瓜，今俗呼为矢冬瓜。其叶嫩时可采为茹。其根江西人栽之肥壤，掘取食之，似葛根而味如薯蓣。陆玑言其"茎粗，叶厚而长，有毛"是也。苏颂《本草》谓菲，芴；土瓜别为一种。非是，此土瓜叶根皆可食，正与《诗》义吻合。

"下体"之义，毛公曰："下体，根茎也。"《集传》曰："根有时而美恶。"今按：此二菜初则食叶，后乃食根。当食根时，叶粗老而不堪食，则是根可食而苗为人弃。"无以下体"者，不可以茎叶之恶而不采其根也。谓之"下体"者，凡物有从生者，有横生者，有逆生者，皆以所从受气味之滋养者为上体。人从生，则首在上为上体，而足跌为下体。禽兽横生，则喙啄在前为上体，尾在后为下体。草木逆生，则根在下为上体，叶在上为下体。人兽断首则毙，草木绝根则萎。故俗呼芋芥芦菔之根为头，叶尖为尾。尾者，下体也。在草言草，不得以人之上下为上下矣。

荼

毛《传》云："荼，苦菜也。"盖言菜之苦者，非《月令》之所谓苦菜，菜以苦名者也。《颜氏家训》乃引《易纬》"苦菜生于寒秋，更冬历春，得夏乃成"，以释此荼，误矣。颜氏言"一名游冬，叶似苦苣而细，摘断有白汁，花黄似菊"，乃《广雅》所记，自别一类，非荼也。其尤误者，徐铉以《说文》无荼字，谓即是荼。不知《尔雅》"檟、苦荼"在《释木》篇中，本非草类。汉以上人无煮饮之者。王褒《僮约》始有烹荼买荼之文。杨炫之作《伽蓝记》时，北人尚不知啜茗。其始唯蜀地产而蜀人食之，后世乃移种于江淮。若河北则土不宜种，邶安得有此，而周原亦安得蘼之哉？凡菜名苦菜者有六：一，《广雅》所言游冬苦菜，似苦苣而秋生者也。二，贝母苗，《诗》谓之蝱，陶弘景《别录》谓为苦菜也。三，龙葵，陶弘景所谓苦菜，乃是苦蘵，一名苦葵，一名天茄子，四月生苗，嫩时柔滑可食，叶圆花白，茎大如箸，结子如五味子者也。四，酸浆草，《尔雅》谓之苦浆，《上林赋》谓之葴音针，一名苦耽，一名灯笼草。叶如水茄，可食，开小白花，结子作壳如撮口袋，中有子如珠者也。五，苦苣，今之苦荬。六，败酱，今湖湘山谷多有之，叶条长，有锯齿，春生茎弱，秋则茎如柴胡，引蔓，节节生叶，味苦而有腐气，山野人采之，瀹过揉去苦味以为菜茹，或干之，与米同煮以御荒，此则今人所正名为苦菜者也。凡此六种，要非毛《传》所云"荼，苦菜"者。盖此六种虽苦，而中有微甘，食之而美。此诗甚言其苦，与茅相形，而或生山谷，或生园畦，非田野繁生之恶草，《良耜》之诗何以云"蘼"邪？故《集传》云："荼，苦菜，蓼属。"其说韪矣。蓼而谓之菜者，古人以为调和之具。《内则》言"濡豚包苦实蓼"，郑《注》云："苦，苦荼也，以包豚杀其气。"而韩保升言香蓼宿根重生，可为生菜。苏颂谓春初以壶卢盛子，水浸透，挂火上使暖，生红芽，取为蔬，以备五辛。今人不食亦不种，古今异味也。或曰荼，或曰蓼者，崔豹《古今注》曰："紫色者荼，青色者蓼，其味苦辛，食之明目。"按蓼类不一，有青蓼、香蓼、紫蓼、木蓼，皆生旱地。水蓼、马蓼则生川泽水次。荼者，紫而香者也。荼辛而苦，蓼不苦而甚辛。故许慎云："荼，苦荼"，"蓼，辛菜，蔷虞也。"蔷虞，水蓼；苦荼，原野之蓼。蔷虞唯可造曲，苦荼古以和味。《集传》以为蓼属，亦明其类同而种性异也。

泾、渭

《集传》云："渭出鸟鼠。"今按：渭水源出渭源县南谷，北流乃径鸟鼠山下，转而东流，过渭源县。《禹贡》所谓"导渭自鸟鼠同穴"者，于中流导之，非其所出之始也。渭出鸟鼠，相承之疏也。泾水出平凉府郡治西南笄头山，流经泾州、邠州、醴泉、泾阳，至高陵入渭。《集传》亦略。

方之舟之

《说文》："方，并船也，象两舟省总头形。"《礼》："大夫方舟，士特舟。"方，方舟。舟，特舟也。此言以舟渡水，异于泳游，两舟相并，尊者安也。郑《笺》以方为泭，未是。

旨蓄

郑《笺》云："蓄聚美菜。"《集传》因之。但云美菜，未知何菜。曹植《七启》言"霜蓄露葵"。蓄与葵并言，亦一菜之名耳。按刘熙《释名》："瓠蓄，破瓠以为脯，蓄积以待时用之也。"北方冬无蔬茹，故刳瓠宛转为条，若古之脯脩，冬则渍煮食之。旨，甘也。瓠有甘苦二种，甘者中食，苦者不中食。旨蓄者，甘瓠之蓄也。

伊余来墍

毛《传》曰："墍，息也。"《集传》因之。按：此诗始终自道其中馈之勤敏，而不屑及床笫之燕息，与《氓》之诗贞淫迥别。"黾勉""御穷"，岂在居息之情哉！墍，涂也，沾湿土以仰涂也。刘熙曰："墍犹焅。焅，细泽貌也。"此言支撑涂饰以成家，即前所谓就深就浅，饰亡为有之意。

"民之攸墍"，义亦同此。不懈于位以勤民事，则民得蒙其润泽矣。若训墍之憩，从舌从息，一或作愒，与墍音相近而义别。

流离

《盐铁论·注》云："枭，流离也。关西人谓枭为流离。"陆玑《疏》云："张奂言，鹠鹠食母。"盖土枭也。枭鸟之丑，自小已然，不待其长。毛《传》言其"少好长丑"，非也。枭夜则攫，昼则为众鸟所逐，窜伏茫昧，无所容身，故曰"琐尾"，言其卑末伏窜之象，以比黎侯之迫逐于狄人无所容身，以六义言之，比也。

左手执龠

《周礼》："龠师掌教国子舞羽吹龠。"郑《注》曰："文舞有持羽吹龠者，所谓龠舞也。"龠者，郑玄、郭璞皆云是三孔籥，吹之易以成声，不用按抑，故且吹且舞，无碍于右手之秉翟，今小儿所吹闷笛近之。《集传》以为如笛六孔，则管也，非龠也。

饮饯于言

顺德府唐山县有干言山。《广舆记》曰："'饮饯于言'，即此。"据此，则"出宿于干"者，当即汉之发干读如寒，今东昌之堂邑也。干、言为近。但此诗首言泉水流淇，皆卫西之地，而干、言乃在卫东北。盖此女追忆百泉、淇水故国之景物，而非因所见以起兴也。二章曰："出宿于沛。"沛水有二，或作沛，或作济。一出赞皇，一出济源王屋。此所言者乃赞皇之沛，一名槐水者，非王屋之沛渎也。

肥泉

《集传》但言"肥泉，水名"，未详其地。今按：肥泉在淇县，犍为舍人曰："水异出同归曰肥。"是水异出同归，故蒙肥泉之名。

莫赤匪狐，莫黑匪乌

毛《传》云："狐赤乌黑，莫能别也。"言狐类皆赤，乌类皆黑，所谓同昏之国不能辨其是非也。《集传》乃谓狐、乌"不祥之物""人所恶见"。按：乌者，孝鸟，王者以为瑞应。其以鸦鸣为凶者，乃近世流俗之妄，古人不以为忌。且北人喜乌而恶鹊，南人喜鹊而恶乌，流俗且异，况于古今？邶之诗人，非今南人也。若狐之为妖怪，传自唐人小说，故世厌恶之。古人以其温文，用为君子之裘，何不祥之有？《周礼》服不氏、蝈蔟氏所驱者，训狐鬼车之类，汉人忌鹏为凶耳。狐与乌初非妖异，当以毛《传》为正。

蘧篨不鲜

郑《笺》云："鲜，善也。"如字，音斯先切。《史记》"数见不鲜，毋徒溷乃公为也"，与此意同。若以为鲜少之鲜上声，则蘧篨者，一宣公而已，安所多得之而曰不少邪？"不殄"者，言其宜死而不死也，《集传》未是。

鄘风

副笄六珈

《毛传》曰："副者，后夫人之首饰，编发为之。"《集传》因之。今按：《周礼》追师所掌，则编发为之者，编也，非副也。郑氏曰："副之言覆，所以覆首为之饰，其遗象如今步繇音摇矣，服之以从王祭祀。编列发为之，其象如今假髻矣，服之以告桑也。"副者，翟衣之首饰。编者，鞠衣展衣之首饰。刘熙曰："王后首饰曰副。副，覆也，以覆首，亦言副贰也，兼用众物成其饰也。步摇上有垂珠，步则摇也。"《汉杂事》："皇后服假髻、步摇、八雀、九华、十二镊。"汉去古未远，假髻以当编，步摇以当副。华、镊所施，盖即刘熙所谓"众物成饰"者乎？副之备饰，虽与汉之雀、华、金镊不同，而垂之副下，使行步则摇一也。步摇用珠，副用衡笄珈瑱，古今文质之异，其垂则同，要非编发为之。《古玉图考》绘有玉珈二、瑱一，皆三代遗物。一珈如月弦下垂，两端纤锐。一珈长而椭，中凸起，剑脊。瑱则上锐下圆而平底如锤，上旁缺其四分之一。然则六珈各殊其制，而图所具其二与？要以验副杂珠玉为之而不用发，《博雅》云："假髻谓之髲"，亦误以编为副矣。若髢之为制，则次第发长短为之，乃褖衣之首饰，夫人服以见君者，又与编别，当分别释之。

玼、瑳

类书：紫玉曰玼，白玉曰瑳。翟衣，刻雉加于衣上。雉虽五色备而紫为多，故以紫玉之色拟之。展衣白，故以白玉之色拟之。《集传》概云"鲜盛貌"，未悉。

展、绉绤

郑司农众曰："展，白衣。"郑康成曰："以礼见君及宾客之服。"毛公谓以丹縠为之者，非也。郑《笺》云"展宜白"，言宜者，犹言当是白，所以驳异毛《传》也。绉绤言"蒙"者，以绉绤为衣里，盖即《周礼》之所谓素沙而郑康成以为沙縠者是，盖似今之皱纱。《集传》以为当暑之服；葛既不可蹙之使绉，且展衣之里，冬夏不易，岂得以葛为之？

孟弋

弋姓所出不可考。《春秋》："夫人姒氏薨。"《公羊》作弋氏。何休曰："莒女也。"莒，少昊之后，本嬴姓，一曰已姓。弋、已古音相近。则孟弋或莒女。

谁因谁极

因，如《春秋谷梁传》"桓内无因国"之"因"，为师行乡导之主也。极，会也，如群材之会于栋也。"谁因谁极"者，言既控之后，大国来救，则必有附近之国为乡导而济师者，有帅师而来会者，已于往控之时，当与大国预筹之也。《集传》以为如"因魏庄子"之"因"，则在往控之先，当云"谁因谁极，控于大邦"矣。

卫风

淇澳、绿竹

《后汉书·注》引《博物记》曰"有奥于六切水流入淇水"，则澳亦水名，非水之曲也。又曰"奥水有绿竹草"，正与《经》合。绿竹非竹也，二草名也。绿，王刍也。竹，扁竹也。王刍者，郭璞谓之蓐，亦谓之鸭脚莎，《本草》谓之荩草，亦谓之鳌草，或谓之菉草，多生溪涧侧，叶似竹而细薄，茎圆而小，可以染黄色，用之染绶曰鳌绶。扁竹，《本草》谓之扁蓄，一名粉节草，《说文》作扁筑，《楚辞》谓之萹音编。郭璞云："似小藜，赤茎节。"李时珍云："其叶似落帚，弱茎，引蔓，促节，三月开细红花，结细子，节间有粉。"淇、澳非一水，绿、竹非一草，且皆草而非竹，好生水旁。若竹，则生必于山麓原岸，非水曲间物。而《集传》引《河渠书》下"淇园之竹"以证此为竹，不知卫武公时去汉武帝六七百年，竹岂长存？且《河渠书》言园竹，则淇上园林所蓄植，原非水曲野生者，则愈知淇澳之绿竹，非淇园之修竹矣。

重较

《集传》曰："较，两轼上出轼者，谓车两傍也。"刘熙《释名》曰："较在箱上为辜较也。"崔豹《古今注》曰："重较，在车藩上，重起如牛角。”今以《考工记》正之，兵车之式：轵上之轵，左右各一直木，前贯于辂车前横木曰辂、后傅于轸车后横木曰轸曰轙，辂、轵、轸之上各植一木若六柱然。辂上之植木加一横木于中曰式。左右各一直木贯于三植木之中以辜藩曰较，较内施藩焉。轵高去轵三尺三寸，故《记》曰：“以其广之半为之式崇。”较又高于式二尺二寸，故《记》曰：“以其隧之半为之较崇。”若卿士之乘车有重较，则上较之下复施一较以为饰，特下较之崇去轵几何无从考耳。轙傅于轸轵，处舆最下，较建于轵辂上植木、轵轵上植木亦曰轵，<small>特轸上植木其名无考</small>之上，轵、轵建于轙上，则较去轙殊远。而《集传》系之輈字与轙通<small>既失之疏</small>；若轵横较直，轵下较高，而曰“出轵”，则愈似未谙车制矣。刘熙“辜箱”之说则言大车，而非兵车、乘车。唯崔豹言“藩上”为得之。特豹谓“重起如牛角”，则形容不似。牛角并，而重较一上一下，则牵附“较，角也”之释而反晦尔。毛《传》徒言“重较，卿士之车”，不悉其制，故后起者无所藉以知也。

衣锦褧衣

郑《笺》云：“国君夫人翟衣而嫁，今衣锦者，在涂之所服也。”锦衣者，以锦缘缁衣也。《礼》：童子之饰，锦缘锦绅皆朱锦。女之在涂服童子之服，以未成妇也。《春秋》之义：往迎称后，自迎者而言也；归则称字，自归者而言也。足知王后夫人在涂童服而不后饰，以厚别而笃孺爱也。《汉杂事》灵帝纳后，在涂衣皇后之服，古礼亡矣。至“税于农郊”，乘翟茀以入国，然后更翟衣以见君，乃成乎其为夫人焉。郑氏于《丰》之诗，以锦衣为庶人女嫁之服，既不与此《笺》相通，且士妻之嫁纯衣纁袡，必无庶人女反加锦饰之礼。

谭公

谭本子爵，《春秋》：“谭子奔莒。”其称公者，《白虎通》曰：“伯、子、男臣，于其国中，褒其君为公。”《尚书》：“公曰嗟”，秦伯也。《诗》：“覃公维私”，覃子也。字本作鄟。许慎说：“地在济南平陵县西南。”《汉书·郡国志》：东平陵有谭城，今历城县地。《诗》言"大东"，谓中国之极东也。

抱布贸丝

毛《传》曰："布，币也。"《集传》因之，而未言币为何物。俗儒遂谓抱已成之布，贸未成之丝。其说本于《盐铁论》，曰："古者市无刀币，以其所有易其所无，抱布贸丝而已。"不知布即币也；币，钱之属也。《周礼》："外府掌邦布之入出。"郑氏曰："布，泉也。其藏曰泉，其行曰布。"管子曰："刀布为下币。"《汉书》曰"布于布"，言布散于民间也。泉布始盖一品，周景王铸大泉而有二品，其后王莽效而为之，有货布，长二寸五分，首长八分有奇，广八分，其圆好径二分半，足枝长八分，首圆，中椭而方，下有枝足，《汉书·食货志》备记其形。《钱谱》绘其象，布之见于图者 🏛🏛，有此二种。又《宣和博古图》有厌胜钱🏛，盖亦古之布也。要皆以铜铸之。真西山乃曰："以布参印，广二寸，长二尺。"其说本于郑司农众。乃古之印玺，唯以印泥封缄，故皆凹文，而不用以印帛。若夫裁帛为币，始于汉世，以愚民而攘其利。且裂有用为无用，非先王之所为。郑众附会当时而诬古以徇之，西山不审而从之，抑惑矣。

顿丘

毛《传》曰："丘一成为顿丘。"盖不以为邑名之顿丘。《集传》曰："顿丘，地名。"则似以东郡之顿丘为此顿丘矣。按《尔雅》："丘一成为敦丘。"敦，一音都困切，正与顿通。刘熙曰："一顿而成，无上下小大之杀也。"若东郡之顿丘，在今大名府清丰之境。卫地虽东尽濮州，而淇水自林县之大号山东南径淇县西，合清水为卫河。自淇县以下，不复名为淇水。北过内黄，又合洹水以流于濮。顿丘去淇百里而遥，涉淇而至于清丰之顿丘，亦太远矣。复关之氓，乘垝垣而可望，仅隔一衣带水耳，何事送之百里之外乎？足知此顿丘者，乃淇旁一成之丘，非顿丘邑也。

泉源在左，淇水在右

《集传》曰："泉源即百泉也，在卫之西北"，"淇在卫之西南"。今按：淇水出林县大号山，径淇县西北，南合清水，入卫河。桑钦所谓"淇水出隆虑山"者是也。百泉水出辉县之西苏门山，其下流为卫河。卫故都卫辉府汲县，大号山在其西北，苏门山在其正西，林县去彰德府西北百二十里。辉县则在卫辉府正西六十里。泉源在南而淇水在北明矣。其曰"左""右"者，卫处下流合流之地，西向而溯二水之来，则北右而左南，朱子自上游东向而言二水之东流，遂使南北失据耳。

芄兰

芄兰之说有二：郭璞《尔雅·注》云："芄兰蔓生，断之有白汁。"陆玑亦曰："芄兰一名萝藦，幽州谓之雀瓢。"《集传》因之。此则《本草》所谓白环藤，蔓生篱落间，叶长而后大前尖，茎中有汁如乳，开花紫白如铃，结实似马兜铃者也。乃《尔雅》本文曰："藋，芄兰。"藋音贯。《说文》亦云："芄兰，莞也。"莞、藋、蓷、芄字皆相近。一名苻蓠，盖芦之细者。《说文》又云："蒹，藋从之未秀者。"其为芦苇之属明矣。二说未详孰是。特《经》言"芄兰之支"，萝藦蔓生而无支，莞苇之属则有支，自当以《说文》为正。

佩觿、佩鞢

《说苑》："能治烦者佩觿，能射御者佩鞢。"《内则》："子事父母，左佩小觿，右佩大觿，未冠者佩容臭。"此诗《序》以为刺惠公，而郑氏谓惠公为幼童。按：卫朔当宣公存之日，已能构杀伋子。《春秋》鲁桓公十二年，卫侯晋卒，朔立。其明年二月，即会齐侯及纪战。是即位之初，已能射御即戎矣，则鞢正其所宜佩，而况觿乎！国君十五而冠，冠而列丈夫，足知此童子非斥言惠公。《集传》不用《序》说，于理自优。若鞢之为物，毛《传》曰："玦也。"《集传》转而为决。按：从水之决，射以驱弦者也；从玉之玦，半环也。《古衣服令》曰："革带玉钩。"鞢，《古玉图考》谓之鞶拘，盖带上玉钩，俗谓之钩环者。古大夫待放，赐玦则去，范增引以示项羽者。一谓之玦，一谓之鞢。然其字从角，与此从韦之鞢不同。鞢或以角为之，或以玉为之，缀革带上，不可言佩。故郑《笺》不用毛说，而云："鞢之言沓，所以驱沓手指。"《集传》两存之，又引《大射礼》"朱极三"以参之，为说愈不定。决也，沓也，极也，初非一物，何者为鞢之实也？按：许慎说："以象骨，韦系，著右巨指。"象骨者，决也。韦者，鞢也。决之内加韦以护右巨指，不使弦契指而痛。今初学射者，或施方寸熟皮于指决 _{俗读为挤甲，北人谓之} _{板指}，其遗制与？是决自决，鞢自鞢。故郑《笺》云"驱沓手指"，而不言驱弦。若朱极，则以沓将指、无名指、小指者，唯人君用之，赞射者设焉，而不以为佩。《汲冢周书·器服解》："象决，朱极，韦。"象决，决也，钩弦阓体者也。朱极，沓将指以下三指者也。韦，鞢也，护巨指者也。显分三物，鞢非决，非朱极，而况玦乎？若《广雅》云"拾捍，韝，鞢也"，则竟以鞢为裹袖，谬益甚矣。

木瓜

毛《传》："木瓜，楙也。"《集传》因之。所谓楙者，木实如小瓜，酸而可食，今以为果及入药用者也。瓜类蔓生，楙似瓜而木实，故有木瓜之称。若桃李本木实，凡桃凡李皆木也，此何独系之木？陆佃《埤雅》乃曲为之说，取木瓜之小而圆、味酸涩者谓之木桃，大而无鼻者谓之木李。不知瓜果之属，形状之大小，味之甘酸，或种类小异，或土地异宜，或栽培不等，往往差殊。木瓜或大或小，或甘或涩，究不与桃李相似，何得强立异名？木瓜之小者，陈藏器、苏颂谓之楂；大者苏颂谓之楔楂，一曰蛮楂，入药，功用一也。陆佃之诬甚矣。

然则所谓木瓜、木桃、木李者，非瓜果也，盖刻木为之，以供戏弄。刘勰所谓"刻木作桃李，似而不可食"者是已。此诗极言投赠之微，以形往报之厚。瑶琚虽贵，要为佩玩，故与刻木之玩具同类而言。若云男女相狎，怀果以赠，而报玉以往，男赠女乎？女赠男乎？其说不伦。自当以《序》卫人感齐之说为正。

王风

右招我由房

毛《传》曰:"由,用也。国君有房中之乐。"郑《笺》云:"欲使我从之于房中。"则以房为室名,训由为往,叛毛说矣。郑又云:"房,由房也,诸侯左右房也。"左右房谓之"由房",亦当以"由敖"为敖名乎?左右房既非舞地,抑非伶官待命之处,乃夫人治笾豆之次,伶官何用相从于彼邪?按:房中之乐,《关雎》《鹊巢》以下各三篇是也。一谓之合乐,在笙奏《小雅》之后。诸侯之乐,以笙比之。敖者,《九夏》之《骜夏》。翿,羽舞也。执簧而用房中之乐,合笙也。执翿而用《敖夏》,合舞也。骜、敖古字通用。由,用也。用之为言作也。则毛说为长,郑说诎矣。若《集传》所云"自乐",则尤为不典。房为私家之东房,而夫妇相与且吹且舞,奏先王之大乐于燕媟之地,是淫巫之风作于闺门,此尚得为贤乎?贤者之妇非女乐,舍中馈而从夫以歌舞,说之不经,莫此为甚。事关风化,不敢曲徇朱子也。

啜其泣矣

毛《传》曰:"啜,泣貌。"而刘熙《释名》云:"啜,惙也。心有所念,惙然发此声也。"按《说文》:"啜,尝也。""一曰喙也"。盖男子之泣,口张而若吐;妇人之泣,唇聚而若吸。一若啜羹,一若鸟喙。古人体物之工,非拘牵文义若熙者所得与也。

彼留子嗟

《集传》谓妇人望其所私,疑有麻之丘复有与之私而留之者。乃一日之中,分望二男子,而留之者非麦田则李下,此三家村淫媪,何足当风俗之贞淫而采之为风乎?正使千秋后闷哕不已。《序》曰:"思贤也。"毛《传》云:"留,大夫氏。"按《公羊传》:"古者郑国处于留。"则留盖王子友之食邑也，疑即今之陈留。又《春秋》有刘子，而《说文》无刘字，盖与镏、留通。今此子嗟、子国，其食邑于故郑，与为刘夏、刘盆之族，虽不可知，而要非款留之留。《诗传》："留子贤而退隐""来食""胎玖"，其生刍金玉之思乎？

郑风

二矛

郑《笺》云："酋矛，夷矛也。"《集传》因之。按：兵车所载之戎器，有酋矛而无夷矛。酋矛长常有四尺。古尺二丈，今之一丈二尺也。其以刺也，半出辀端之外，足以及敌而止。其建之也，崇于车戟四尺，与戟崇于殳，殳崇于人，人崇于轸相等，故谓车有六等。上不冗长，则不荡于风。故《考工记》曰："六建既备，车不反覆，谓之国工。"若夷矛之长三寻，古尺二丈四尺，当汉尺一丈八尺，所谓丈八镟音委蛇之蛇矛也。《陇西健儿歌》："丈八蛇矛左右盘。"镟、蛇、夷三字通用，今尺丈四尺有四寸，后世骑步或用之，古者唯用以守。故《考工记》曰，"守国之兵欲长"，谓夷矛也。若以建于车上，则不相等而易摇；车上持之以刺，则碍于车后之藩，而举之必后；举之后，则前重而无力，故不可以攻而唯用以守。守者，步卒操之，进却随手，戚继光所谓长兵短用者也。

车无夷矛，而云"二矛"者，二俱酋矛也。一车之器仗凡三种：击兵，殳也；钩兵，戟也；刺兵，酋矛也。常制：将执弓，右用矛，临敌则唯所便用。"二矛"，犹《小戎》之"有二弓"，右持矛而弓备，将执弓而矛备，因势之远近则随用。故冉有将也，而清之战用矛焉。酋矛之所以必二与？

左旋右抽，中军作好

郑《笺》曰："左，左人，谓御者也。右，车右也。中军，将也。"兵车之法，将居鼓下，故御者在左。《集传》因之，实则有不然者。

御必居中，所以齐六辔而制马也。使其居左，则揽辔偏而纵送碍，且视不及右骖之外靷，而舒敛无度矣。故虽以天子之尊，而在车亦无居中之礼。《周礼》："大驭掌驭玉辂，犯軷，王自左驭，驭下祝。"其曰"王自左驭"者，自左而向中，移而右也。驭犯軷，暂摄驭居中，王位固在左矣。"戎仆掌驭戎车"，"犯軷，如玉路之仪"，则天子即戎且不居中，而况将乎？如以鼓必中车而置，大将必依鼓以立，乃鼓虽不容偏置，而将居鼓左，自可左向以击之。故振旅之礼，王执路鼓而居左如故，则"军将之执晋鼓"者可知已。

考之经传，将之居左也，具有明征。《甘誓》曰"左不攻于左"，"右不攻于右"，"御非其马之正"，则御中而将左之一证也。《春秋》：晋楚战于邲，楚许伯御乐伯以致晋师。乐伯曰："吾闻致师者左射以菆。"乐伯，将也。左，车左也。则将居左之二证也。鞌之战，齐侯亲将，逢丑父为右，《公羊传》曰："逢丑父者，齐侯之车右也"，"代顷公当左"，则将居左之三证也。"韩厥梦子舆谓己曰：'且辟左右。'故中御而从齐侯。"韩厥，将也，非因梦而避左右则不居中。避左居中，则代御而不自执鼓。则将居左之四证也。若《老子》云："大将军处右，偏将军处左。"则言军阵之制，而非在车之位。唯《左传》"秦人入滑"，"左右免胄而下。"杜预《解》曰："兵车，非大将，御者居中。"及鞌之战，张侯御郤克，曰："矢贯余肘，余折以御，左轮朱殷，左并辔，右援枹而鼓。"则似郤克居中而御者左。要之，杜预所解，既无典据，而郤克或以伤夷易位，未可知已。

然则所云"左旋右抽"者，非以车左车右言之，盖言戎车回旋演战之法耳。毛《传》曰："左旋讲兵，右抽抽矢以射"是已。盖将车之法，有左旋以先弓矢者，有右旋而先矛者。左旋先弓以迎敌于左，则车右持矛以刺；右旋先矛以要敌于右，则将抽矢以射，势以稍远而便也。田猎之法，逐禽左。《驷驖》之诗曰："公曰左之。"禽左则我右，此所谓"右抽"矣。盖车战之法类然。清人旷日翱翔，而以军戏，斯可伤已。"中军"者，大将之幕下卒也。古未有呼将为中军者。如晋之上将，则言"将中军"，而不特言中军，郑于时未有三军。"中军"者，对左拒右拒而言，_{郑有左拒右}拒，见《左传》繻葛之战。要非对车左车右而言也。"翱翔""作好"者，中军之士而已，亦以见众之且散也。

掺执子之袪兮

毛《传》云："袪，袂也。"《集传》因之。按玄端之制：士之袂二尺二寸，袪尺二寸；大夫以上袂三尺三寸，袪尺八寸。袂袪殊裁，袪非袂，袂非袪也。刘熙曰："袂，掣也。掣，开也，开张之以受臂屈伸也。袪，虚也。"以是考之，则袂联腰腋之际，而袪则袖口也。《檀弓》"鹿裘衡长袪"，《注》曰："袪谓袖缘袪口也。"《唐风》"羔裘豹袪"，盖以豹皮饰裘之袖口。若以袪为袂，则横施异饰于肘腋之间，甚不类矣。故寺人披斩重耳之袪而不伤；藉其斩袂，则臂为之断矣。袖者，袪袂之总称，而袪不可谓之袂。袪居袖末，故可执。若执其袂，是擒拿之也。后世文人不审，而有联袂，把袂、分袂之语，皆沿毛《传》之误。

杂佩

毛《传》曰："杂佩者，珩璜琚瑀冲牙之类。"《集传》析言之极详。今以《大戴礼》考之，其曰"上有双衡"者，《集传》所谓"上横曰珩"也；曰"下有双璜者，"《集传》所谓"其末各悬一玉，如半璧而内向，曰璜"也；曰"冲牙、玭珠以纳其间"者，注谓"纳于衡璜之间"，《集传》所谓"中组之末悬一玉，两端皆锐，曰冲牙"也；曰"琚瑀以杂之"者，《集传》所谓"中组之半贯一大珠，曰瑀"，"两旁组半各悬一玉，长博而方，曰琚"也；其说具相符合。但《戴记》有玭珠，而《集传》以为贯于珩组，《记》言"琚瑀以杂之"，而毛公统以珩璜冲牙为杂佩，则未有协。

今按：玭珠者，即琚瑀也。玭与《禹贡》"蠙珠"之"蠙"通，淮夷所产之美石以为珠，赤者曰琚，白者曰瑀。故《木瓜》之诗言"琼琚"，而许慎说"瑀，石之似玉者"，皆即玭也。琚瑀即玭珠，而玭珠专名杂佩。故《戴记》统言"纳其间"，而又析言"琚瑀以杂之"，所以正杂佩之名也。下垂者为垂佩，中缀者为杂佩。杂之为言，间于其中也。则杂佩者，专指琚瑀而言，而珩璜不与矣。以杂佩赠者，但有琚瑀，犹言"报以琼瑶"，非全缀一佩以赠也。杂佩于佩为加饰，或有或无，佩不一制。近世顾梦麟据《礼图》，谓佩无瑶瑀，泥而不通，若《记》言双珩，而《集传》以统系三组者唯一玉，则不知双珩不缀组端，而别有约三为一之环纽也。

舜华

毛《传》曰："舜，木槿也。"按《尔雅》："椴，木槿。榇，木槿。"李时珍谓之日给，一名日及。未闻其有舜名也。舜字或作蕣，字从草，草类非木，许慎说："蕣，楚谓之蕁，秦谓之藑，蔓地连花。"任昉《述异记》曰："舜草即今之孝草也。"郭璞《尔雅注》云："蕁华有赤为藑。"蕁花本白，间有赤者则为藑。藑、舜音相近。舜即藑也。此草《本草》名旋花。苏恭谓之旋蕁；萧炳曰：旋蕁当作蕁旋，蔓生，叶如波薐菜而小，秋开粉红花如牵牛花，俗谓之鼓子花，其千叶者谓之缠枝牡丹。其花虽不雅，而亦鲜媚。以比美女之颜，所谓施朱太赤，施粉太白，在红白之间也。

子都

郑有公孙阏，字子都，《春秋传》与颖考叔争车者是也。盖郑庄公之力臣，或其仪容丰伟，故孟子称其姣。以此推之，亦必实有子充，皆庄公所托国者。而昭公废之，听任群小。故《序》曰"所美非美然"也。《左传》："郑有狂狡。"岂即昭公之所任者与？若淫女相戏，岂敢指斥贵大夫之字以相谑笑哉！

游龙

毛《传》曰："游龙，红草也。"而曹宪以为葵，许慎以为雀麦。彼二草虽皆有红茏之名，而《经》言"隰有游龙"，与荷华类。彼皆生于山野，非水次所有，知非毛《传》所谓红草。按：《淮南地形训》云，"海闾生屈龙，屈龙生容华。"《高诱》注曰："屈龙、游龙、容华、芙容。言生者，谓相近而生也。"则游龙之为水草审矣。

朱弁《曲洧旧闻》曰:"红蓼,即诗所谓游龙也,俗呼水红花,江东人别泽蓼,呼之为火蓼,道家方书呼为鹤都草,取其茎之形似也,酒家用以造曲。"陆佃《埤雅》曰:"一名马蓼,茎大而生水中。"今按:马蓼,红蓼,虽皆蓼之大者,而马蓼陆生,每叶中间有黑点,故方士呼为墨记草。游龙则生水次,叶大如商陆,色浅红,成穗,秋深子成,扁如酸枣仁而小,《集传》谓其叶大,色白,高丈余,不知叶带赤而非白也。

蕣

毛《传》曰:"蕣,槁也。"按《豳风》:"十月陨蕣",毛《传》亦云:"蕣,落也。"夫蕣,落也,陨亦落也,言陨而复言蕣,不亦赘乎!又《鹤鸣》之诗曰:"其下维谷。"又云:"其下维谷。"谷,楛木,生于树下。蕣与谷类,岂槁落之谓乎?按《山海经》曰:"甘枣之山,共水出焉,而西流注于河,其下有草,葵本而杏叶,黄华而荚实,其名曰蕣,可以已瞢。"其水在郑卫之间,其地为蕣草所产,故诗人因见以起兴。古今名异,今未知确为何草。唯莕菪根似葵,叶似杏,能解中毒者昏瞢,则疑蕣即莕菪,虽未能遽信为然,要之非落叶之谓。

秉蕳

毛《传》曰:"蕳,兰也。"所谓兰者,一谓之都梁香。盛弘之《荆州记》曰:"都梁县即今武冈州有山,山上有水,其中生兰草,因名都梁县。"陆玑《疏》曰:"茎叶皆似泽兰。"《川本草》云:"叶尖长有歧,花红白色。"《伽蓝记》曰:"兰开紫茎。"《潜溪诗话》以为形如藿香。兰为紫茎、茎上生叶之香草,其香在叶而不在花明矣。

自宋以后,以福建及湖南山谷所生叶似茅、独茎旁出、茎上无叶、开碧间紫花之香草为兰,遂令天下无人识兰。而寇宗奭、朱震亨竟以兰花为兰草,误人服食。李时珍原古证今,定为今之省头草,其功伟矣。今之兰花,唯产八闽及郴、道诸州,好事者移至北方,凌冬即死。孔子赞《易》云:"其臭如兰。"《左传》:郑文公赐燕姞以兰。秦、汉以前,中国并不知有兰花。鲁、郑何从有此？省头草既似泽兰，亦似马兰生田畔山崖，秋开紫花如菊而小者，陶弘景谓之煎泽草，唐瑶《经验方》言其采置发中，令头不臟，今人以煎油泽发。其草紫茎素枝，赤节绿叶，叶对节生，旁有细齿，八月开花成穗，花红白色，中有细子，花苞坚燥，微类夏枯草花。其香春则在叶，秋则在子，故《楚辞》云："纫秋兰以为佩。"凡此，皆毛公所云兰者也。

若此所秉之蕳，则又非紫茎香叶之都梁。所以然者，下云"赠之以勺药"，勺药春荣，都梁秋秀，不同时矣。蕳与蔄通。许慎曰："蔄草出吴林山。"郭璞曰："蔄似茅。"《山海经》："洞庭之山，其草多蔄。"蔄，香草也。言秉者，手持之如束禾然。此草《本草》谓之茅，香如茅，明洁而长。寇宗奭曰："可作浴汤，去风。"此士女就浴溱、洧，故手把之。亦或谓之为兰，《穀梁传》"刈兰以为防"，茅也，而范宁注曰"香草"是已。《周礼》："男巫掌望祀望衍，旁招以茅。"《风俗通》曰："此祓禊之始。"则秉蕳之为香茅可知。又不容以都梁兰草乱也。况今闽、岭之兰花乎？

勺药

毛《传》曰："勺药，香草也。"《集传》谓"三月开花，芳色可爱"，则是今花似牡丹、根堪入药之芍药，钱惟演为之作谱者也。陆佃《埤雅》据以为证。陆玑以今之芍药无香气，疑其非是。抑古人以芍药为和味，故曰"勺药之和"。则必其香味之足咀。若今之所谓芍药者，味酸苦而臭腐，初不足以和味。大抵今花卉之佳者，多蒙古之令名。若牡丹，白茶也，而今以木芍药为牡丹；芙蓉，荷花也，而今以拒霜为芙蓉；桂，三脊香木也，而今以木樨为桂；兰，省头草也，蕙，零陵香也，而今以建宁花为兰蕙。名实相贸，安得徇今以诬古哉！

按：张揖《广雅》云："栾夷，勺药也。"栾夷者，《楚辞》之所谓留夷也。《山海经》："绣山，其草多勺药，洧水出焉，而东流注于河。"郭璞注曰："勺药一名辛夷。"是则栾夷、留夷，盖辛夷之别名耳。辛夷，木也，而《山海经》及毛公皆谓之草，固不容亡疑。乃辛夷气芳味辛，以之和味，自为得宜。且洧水所生，则士女之赠，有以也。其曰勺药者，为调和之用，匕勺之滋也。今人加草作芍，乃芍陂之芍，字读如鹊。芍，凫茨也，失之远矣。

齐风

葛屦五两

言两者，取其成耦也。而言"五两"，则两两相并之外，又余一两，是文姜于鲁桓之外，得有齐襄矣。或谓屦有缥、黄、白、黑、散之五等，每等必两。不知五色各为等者，皮屦、丝屦也。葛不受染，安所得缥、黄、白、黑之殊乎？按：此"五"字当与"伍"通，行列也。言陈屦者必以两为一列也。乃与冠绥必双、男女有匹之义合。

卢令令

《孔丛子》："申叔问：'犬马之名，皆因形色，唯韩卢宋鹊独否，何也？'子顺答曰：'卢，黑色；鹊，白色。非色而何？'"按：此则犬以卢名，因其色也。猎犬有取黑者，能掩禽于不见也；有取白者，令射者不致迷误也。

展我甥兮

毛《传》曰："外孙曰甥。"郑《笺》云："拒时人言齐侯之子。"《集传》因之。乃辱子以其母之丑行，而廋文曲词以相嘲，圣人安取此浮薄之言，列之《风》而不删邪？考鲁庄当齐襄之代，未尝如齐。二十二年如齐纳币，二十三年观社，始两如齐。其时襄公已殂，文姜已死，齐桓立十二年矣。鲁庄于齐桓为中外兄弟，不当言"外孙"。且文姜禽行已成既往，何必辱及朽骨？

按《尔雅》："妻之晜弟为甥，姊妹之夫为甥。"然则古者盖呼妹婿为甥。其云"甥"者，指鲁庄娶哀姜而言之也。鲁庄如齐纳币，逾年而归；《公羊》以为公有陈佗之行。其观社也，谷梁子曰："观，无事之词也。以是为尸女也。"家铉翁曰："盛其车，华其服，炫饰以惑妇人。"盖与此诗相合，则《猗嗟》之咏，因观社而作矣。纳币之日，哀姜已得见于公，齐故留难未许，故复因齐观民于社，搜军实，炫其射御之能，趋跄之丽。齐因喜之而终许焉。其曰"展我甥"者，展，诚也，齐人夸其诚足为我之婿，终许其昏之词也。而姜氏无愆期之待，鲁庄有陈佗之行，齐桓不能修其帷薄，皆可于言外得焉。微而婉，则《诗》教存矣。何得蔓及文姜，讦人之母于既死之余，如《毛》《郑》所云乎？

魏风

宛然左辟

辟，旧读如避。毛《传》曰："《昏礼》：'妇入门，夫揖而入，不敢当尊，宛然而左辟。'"今按：《昏礼》："妇至，主人揖妇以入，及寝门，揖人。"无妇辟之文。且升自西阶而左避，则嫌于相背。故礼有却避而无背避。况男子尚左，妇人尚右，左避非礼也，朱子有见于此，故不以为新妇避夫，而犹牵于让避之文，杂引宾主相见之仪以证之，殊为不伦。

今按：辟与襞通，音必亦切，言裳之缝去声襞也。《杂记》："练冠，条属右缝。"郑《注》曰："右辟而缝之。"凡凶服冠裳，襞积左掩右；吉服冠裳，襞积右掩左。右掩左者，其襞在左，此言缝裳之制也。"宛然"者，襞积分明，楚楚然也。"宛然左辟"，言其缝之之工。而"好人服之"，襞积清楚，宛然可观，以终上文缝裳之事。而象揥之佩，则以佩与裳齐，言其裳佩相称也。

彼汾沮洳

毛《传》云："其渐洳者。"《集传》因之。曰："水浸处下湿之地。"

然诗系于魏，则必魏之境土。按《诗谱》：魏在"雷首之北，析城之西"，"南枕河曲，北涉汾水。"云涉者，奇零之邑，略涉其境也。魏地在今阳城、沁水、垣曲、绛县之域。虽云北涉汾水，而隔以曲沃、闻喜，为唐之封壤，则汾不在魏之封内矣。汾非魏有，亦不得纯举汾土而咏之。

按《山海经》："谒戾之山东三百里有沮洳之山。"郭璞《注》引此诗释之，是沮洳山名，非渐洳之谓矣。郭璞曰："谒戾山在上党涅县。"涅，今武乡县。沮洳更在其东，则去汾已远，而与《诗谱》雷首、析城为合。"彼汾沮洳"者，言其西北至汾，东南至沮洳也。"一方"者，言自汾以东，迄于沮洳之一方也。"一曲"者，汾水自北南流，至绛州而西，魏在东南，绕其一曲也。魏之俭陋，举国同风，环其四境，皆以采薪为事，而贵介大夫亦复不免，故诗人遍刺之，于六义为赋而非兴也。

莫

毛公、许慎皆以莫为水鸟，《集传》因之。以为叶似车前，盖泽泻也。陆玑亦云是泽泻。按《尔雅》："莫，牛唇。"郭璞曰："如续断，寸寸有节，拔之可复。"则莫乃牛膝，非泽泻矣。《广雅》谓之牛茎。牛茎，牛唇之转也。莫之为言，续也。牛膝有续筋接骨之功，故谓之莫。牛膝叶似苋菜，一名山苋菜，苗嫩时可食，故采之以茹，与莫同。若泽泻，苗不可食，何为采之哉？所言采者，非言大夫之自采，谓其不肉食而取给于野薪，俭之至也。

伐轮

统而言之，毂辐牙音迓具谓之轮；析而言之，轮，牙也。《考工记》曰："轮敝，三材不失职"，兼毂辐而言也。又曰："望而眡其轮。"专言牙也。为毂用榆，取其滑也；辐用檀，取其直也；牙用樲，取其固。此言"伐轮"，盖伐樲以为牙，毛《传》云"伐檀以为轮"未是。

貆

毛《传》云："貆，貉子。"按：貉者，好睡之兽，寄居獾穴，日伏夜出，俗谓之聋猪。彭乘《墨客挥犀》云："貉状似兔，毛质滑腻可爱。行数十步辄睡，以物警之乃起，既行复睡。"其为兽也，南有北无，逾汶则死。魏在河北，不应有此。所以然者，獾或谓之貆，因貉与同穴，遂误为一类耳。貆，一谓之貐，豪猪也。《山海经》："竹山有兽焉，其状似豚，而白毛大如笄而黑端，其名曰豪彘。"郭璞《注》曰："貆也。"此兽南北通有，或谓之豲貐，或谓之鸾猪。于星禽中，氐之兽貉，似兔，故次房兔；壁之兽貐，故次室猪。二类分明，南北殊产，貆、貉异类明矣。貆音丸，郑氏《周礼·注》以貒为貆，亦误，貒即獾也。

硕鼠

《集传》曰："硕，大也。"邱光庭曰："即凡鼠之大者，若封豕长蛇之称。"与《集传》义合。今按：《易》"晋如鼫鼠"，子夏《易传》"鼫"作"硕"。则"硕""鼫"古字通用，此硕鼠即鼫鼠也。郭璞《尔雅》注云："鼫鼠，形大如鼠，头似兔，尾有毛，青黄色，好在田中食粟豆。"《广雅》谓之鼩鼠。陆玑所谓："河东有大鼠，能人立，交前两脚于颈上，跳舞喜鸣，食人禾苗。"魏在河东，正与此合。孔颖达曰："头似兔，尾黄。"亦明此硕鼠即《尔雅》《周易》之鼫鼠矣。乃说《易》者误以此为五技鼠，而陆玑《诗疏》抑从而附会之，曰："硕鼠亦有五技。"不知五技鼠与鼠殊类，《说文》谓之鼯，《荀子》谓之鼯鼠，《尔雅》谓之夷繇，陶弘景云："状如蝙蝠，大如鸱鸢。"盖非禽非兽，与蝙蝠同类，肉翅四足，毛紫赤色，脚短爪长，尾长三尺，飞而生子，故陶弘景又谓之"飞生"。《本草》言其好食烟火，爪攫飞虫以食。李时珍言"生岭南者好食龙眼，能从高赴下，不能从下上高。"其不能食苗黍明矣。陆玑既知硕鼠之为大鼠，又惑于《易注》之失，言其有五技。立义不确，读者安从取正哉？

唐风

枢

毛《传》曰："枢，荎也。"郭璞曰："今之刺榆。"陆机《疏》曰："针刺如柘，叶如榆，其莢为芜荑。"《计然书》："芜荑出晋地，赤心者良。"按：芜荑有二种，小者即榆莢，北人以和面作饼及作酱；大者臭恶，入药用。此与榆并言，其大者枢，字《后汉书》注音讴，与户枢之枢音义别。

栲

毛《传》："山樗。"郭璞曰："栲似樗，色小白，生山中。亦类漆树。"按：栲似樗而大，樗臭而栲不臭尔。樗叶秋冬赤，而栲浅绿。樗，俗谓之臭椿；栲，俗谓之鸭婆椿。皆不材之木也。

葽

《集传》谓："似栝楼，叶盛而细。"要未详言何草。今按：葽有三种：有白葽，有紫葽，有乌葽。赤茎作蔓，叶如小桑，五月开花，七月结实，根如鸡卵，皮黑肉白者，为白葽。根表里皆赤者，为赤葽，今医书字省作敛。其一枝五叶，叶长而光，有疏齿，七八月结苞成簇，青白色，花大如粟，黄色四出，结实大如龙葵子，生青熟紫，内有细子，根白，大如指，长一二尺者，为乌葽。以其茎叶相似，故皆谓之葽。此所咏者未详何种，要之不出于此三葽。

苦

毛《传》曰："苦菜也。"然苦菜非一种，皆别有名，不竟谓之苦。按《特牲馈食礼》：豕鱼鼎"铏芼用苦若薇。"字或作芐。苦、芐古字通用，盖地黄也。地黄苗可煮食，非下湿不生，采之首阳，泃人言之不足信也。《集传》谓生田泽中，得霜脆美，是《尔雅》所谓"蕺，黄蒢"者。本生于山谷，奚首阳之无有哉！

秦风

收

毛《传》曰："收，轸也。"车后横木谓之轸，车前横木谓之辂。《集传》谓车前横木，失之。收有从后收束之意。

五楘

毛《传》曰："楘，历录也。一辀五束，束有历录。"《集传》曰："历录然文章之貌。"增一"然"字而削一"有"字，文义遂成差异，以历录为束缠陆离之状矣。夫言"束有历录"，则历录自为一物，而可谓之"历录然"哉？且古未闻以历录状文章者，或因历录、陆离声相近而附会之耳。《说文》曰："楘，车历录束交也。"束交者，束之互相交，如画卦，交爻作义也。《广雅》曰："维素对切车谓之历鹿。"历鹿即历录也。许慎说"著丝于筟车"为维。筟车者，纺车也。纺车相维之绳，上下转相萦。则是历录者，纺车交萦之名，而借以言车之楘也。辀之束有五，一当轸，一当伏兔，一当伏兔上轵亦有轵名，非轴头也一当前辂，一当辂上曲承轼处。舆之系于辀者在此五束。辀体不可枘凿，恐致脆折，故皆用束。其束之或金或革，未详其制。而于束之上，更以丝交萦，如纺车之左右互维，务为缠固，此之谓历录。抑何文章之有邪！

器服之制，若拘文臆度，浸使为之，必失古人之精意。非形不典雅，则速败而已矣。益以知古注疏之不可意为增减，求俗学之易喻也。

鋈续

毛《传》曰："鋈，白金也。"郑《笺》云："白金饰续靷之环。"其义甚明。《广雅》："白铜谓之鋈。"鋈乃白铜之名，从无沃灌之义。以鋈饰续环，盖即今之嵌铜事件。作者必凿铁作窍，而以炼成铜片嵌入之。若以铜液倾沃，则生熟不相沾洽，其上之漫出者，施以错铲，必摇动而不固矣。《释名》乃曰："鋈金，涂沃也，冶白金以沃灌靷环也。"刘熙牵文附义，疏谬往往如此。《集传》惑于其说，更云"销白铜沃灌其环"，又改刘熙冶字为销，则愈误矣。世岂有已成之铁，可用他金液灌而得相粘合者哉！

觼軜

毛《传》曰："軜，骖内辔也。"郑《笺》云："軜系于轼前。"《集传》则曰："两服两骖各有两辔，而骖马两辔纳之于觼，故唯六辔在手。"按《大戴礼》曰："六官以为辔，司会均人以为軜。"夫以辔比六官，则辔止于六而无八。以軜比司会之均人，则六辔皆纳于軜中，而非但二也。故注《礼》者曰："軜在轼前，敛六辔之余。"与郑《说》为合。在轼前则不在两旁，敛六辔则非止纳一辔矣。

抑考古之言辔者皆云六辔，如"六辔如琴"之类。不论其在手与否而总言之，不言八辔。盖骖马有两辔以左右使，而服马仅一辔当项上，其左右旋也，听命于骖马使。如《集传》所云，则彼六辔分歧，散而无以敛之，何所约而使在手？且使骖马内辔长系觼中，不可收纵，则当其旋车，先旋之一骖必为内辔所拘，而项不得转矣。因思毛公所云"骖内辔"者，"内"音出内之内，字或作纳。徒云"骖内"者，以軜在中，去服近，去骖远，内骖辔，则服可知已。要无軜中之辔不在手，而在手之辔不入軜中之理。毛、郑、大戴及见古车之制，考古者自当遵之以求通，若拘文而失其音义，因为臆度，则必成乎失，是所贵乎精思而博证也。

竹闭绲縢

《集传》曰:"闭,弓檠也。"《士丧礼》:"弓有秘。"郑注:"秘,弓檠也。弛则缚之于弓里,备损伤也。"然明器之弓,比于藏弓。弛而不用,故以秘护之。若戎车在帐之弓,张而不弛。使弛之而檠缚其里,卒有缓急,何暇释缚而张之哉?毛《传》曰:"闭,绁。"绁,系也。《左传》子犯曰:"臣负羁绁以从。"杜预《解》云:"绁,马缰。"然则"竹闭"者,截小竹,绳贯其中以为马缰。今驴马鞦犹有以短小竹节为之者。盖其遗制与?《士丧礼》:"两笾无縢。"郑《注》:"縢,缘也。"此言,"绲縢",谓以绲约闭外如缘也。当以毛《传》为正。

有条有梅

条有二种。一则毛《传》所云楢也。《尔雅》:"楢,山檫。"檫,今谓之楸,似梓,至秋垂条如线,故谓之条。一则《尔雅》所云柚条,郭璞《注》谓"似橙实酢,生江南"者。梅亦有二。一则今之所谓梅,冬开白花,结实酸者。一则《传》所谓楠,今西川所出大木大数十围者。乃似橙之条,出湖湘、闽、粤,而梅花唯江南多有。故梅圣俞诗云:"驿使前时走马回,北人初识粤人梅。"《说命》之言调羹用盐梅,则干梅实自南往者,故《礼记》"豆实有蔄"注云"干梅",亦可知北方之无鲜梅矣。若楠,唯川、黔有之,既皆非终南所有。此诗云"终南何有",又云"有纪有堂",皆遥望之词,非陟终南而历历指数之也。则条、梅皆非树名。梅当与枚通,小树之枝曰条,其茎曰梅。盖秦山无树,但有灌莽郁葱而已。望终南者,遥瞩其山皋之参差,远领其荆榛之苍翠,以兴望君而歆慕之词,故曰:"其君也哉!"亦遥望而赞美之也。凡此类求通于诗意,推详于物理,所谓以意逆志而得之,虽尽废旧说而非僻也。

六驳

毛《传》以驳为食虎豹之兽,则是不恒有之鸷兽。隰有一焉,已为非常，奚从得六，而与苞栎树檖同为山隰所固有哉？《集传》以为梓榆。梓榆一名驳马，皮青白色，多藓驳，今俗谓之赤驳梆。叶间有包，中皆蚊，俗亦谓之蚊子梆。此木既有驳名，又《尔雅》“驳，赤李”，陶弘景谓之南居李，解核如杏子形。名著《尔雅》，较为近古足征。而梓榆乔木，山有而非隰有，不如李之近水多栽也。

无衣

《春秋》：申包胥乞师，秦哀公为之赋《无衣》。刘向《新序》亦云然。《吴越春秋》亦曰：“桓公注云：桓当作哀。为赋《无衣》之诗曰：‘岂曰无衣’”云云。“为赋”云者，与“卫人为之赋《硕人》”，“郑人为之赋《清人》”，义例正同。则此诗哀公为申胥作也。若所赋为古诗，如子展赋《草虫》之类，但言“赋”，不言“为赋”也。《序》既以为刺用兵，而郑氏因其次于《渭阳》，据为责康公之诗。不知所谓王者何指邪？毛公曰：“天下有道，则礼乐征伐自天子出。”秦康公当襄王之末造，王灵不振，无能有命秦征讨之事。安所得三代有道之事，而称之衰乱之天下乎？

苏氏辙曰：“秦本周地，故其民犹思周之旧时，而称先王。”说尤附会。《车辚》《驷驖》之风，自夸其强而已，岂复有《黍离》之君子为秦民哉！其言“王”者，因楚之僭号，对其臣而王之也；“子”者，斥指申胥也；“于”，曰也，言楚王命我兴师也；“与子偕行”，言随申胥而往也。其为答申胥而救楚之诗明矣。

旧说：删《诗》止于陈灵。乃黎侯失国，在鲁宣公之末年。晋之有公族公行，在成、厉二公以后，当鲁成、襄之间。孔子删《诗》在鲁哀公十二年以后，凡前此者皆得录焉。秦哀有救患之义，申胥立誓死之诚，故节取之，存而不删。《六经》当残缺之后，编次随先儒之记忆，固不可以为年代之先后。如《载驰》后于《定之方中》，《河广》先于《木瓜》，《新台》后于《旄丘》，《清人》先于《萚兮》，讵以年代为次序邪？则亦勿疑此诗之连《黄鸟》而先《渭阳》矣。守一先生之传而不参考之他经，所谓专己而保残也。

陈风

麻苎

麻、苎，今人不察。《集传》曰："苎，麻属。"则亦未能显为分别也。缘今所绩以为布者，概用苎而不知用麻，故苎蒙麻号而无别。按：麻一名麻蕡，《尔雅翼》谓之汉麻，《本草》谓之大麻，一名火麻。叶如蒿，一枝七叶或九叶，叶狭而长。五六月开细黄花，成穗，随即结实如胡荽子，可炒食，亦可榨油，其茎皮可剥渍，绩之以织布及屦。实有雌雄，雄者为枲麻，雌者为苴麻。苴麻者，三年之丧所服也。若苎，则叶大，圆而有尖，面绿背白，有芒刺，无花，子细碎不可食。今南方遍艺之。于诸麻为坚韧，澡之白如雪，故曰白苎，古人以为吉服。大抵麻之类不一，有火麻，有苎麻，有蒜麻，有唐麻。而脂麻、南麻皮不可绩，以其茎叶似枲，故亦蒙麻号。要之，徒言麻者，则火麻是也。

鸮

毛《传》："鸮，恶声之鸟。"《集传》乃云："鸱鸮，恶声之鸟。"不知何据而加鸱字。鸱鸮之为鹠鹠，非恶鸟也明甚。况鸱自鸱，鸮自鸮，鸱鸮自鸱鸮，尤无容混而为一。《集传》则直以为鸺鹠，更无考据。唯《禽经》注"怪鹏塞耳"，云是鸺鹠，当缘此淆讹耳。陆玑《疏》曰："鸮大如斑鸠，绿色。"《埤雅》引俗证，言鸮祸鸟，俗谓之画乌。皆足证鸮之别为一类而非鸱鸮，尤非鸺鹠。《异物志》曰："鸮如小鸡，体有文，色异，俗谓之鹏，不能远飞，行不出域。"陆玑又曰："贾谊所赋鹏鸟是也。其肉可为羹臛，又可为炙，《庄子》曰：'见弹而求鸮炙。'"按此形实，盖今之所谓竹鸡，俗呼为泥滑滑者是已。故曰："有鸮萃止。"萃，聚也。此鸟聚群于丛棘之中。若鸺鹠，则孤飞而不萃。且贾谊赋言："容止甚都。"鸺鹠丑恶盲昧，固不得赞为都雅。但后世不以为恶鸟，与毛《传》异，乃古今避忌，俗尚不同，与鹊鸟吉凶同理，未可执以为疑。

桧风

周道

"周道"者，天子巡守，诸侯会同，所由往来之道。自武王定天下，周公营洛，特开修道路，而有周道之名。《书》所谓"遂通道于九夷八蛮"者是。犹秦汉之驰道，今之官路也。

曹风

蜉蝣

毛《传》云："蜉蝣，渠略也，朝生暮死。"今按：蜉蝣之说有二，一生水上，一生粪中。云生水上者，一名朝菌，高诱所谓"朝生暮死之虫，生水上，状如蚕蛾，一名孳母，海南谓之虫邪"者是也。其一似蛣蜋而小，大如指头，身狭而长，有角，黑色，甲下有翅能飞。夏月雨后丛生粪土中，此则一名渠略者也。二虫仿佛相似，而生水上者但名孳母、虫邪，生粪土者名渠略，则知毛《传》当以生粪土中者为是。且渠略甲下有翅，甲有衣之象焉，翅在其下，有裳之象焉，故曰"衣裳楚楚"，则尤足证粪中生者之为蜉蝣矣。

若"朝生暮死"之说，大要未足深信。《淮南子》曰："蜉蝣不过三日。"阮籍《咏怀》诗曰："蜉蝣玩三朝。"此微子之虫，又非人所畜饲，其生其死，无从知之。蠋、蛾、螵蛸之类，大抵多变化而非死，但不久于其类耳。古人亦多已甚之言。如木槿开后数日方萎，初不如金钱花、燕脂花之决于暮落，而谓之朝开暮落，耳闻之不如目见，信夫！

鸤鸠

毛《传》："鸤鸠，秸鞠也。"<small>秸鞠即鹁鸪。</small>《集传》因之，而又增释之曰："一名戴胜，_{戴胜即戴鵀。}今之布谷也。"愈增淆讹矣。

《尔雅》："鸤鸠，鴶鵴。"郭《注》云："今之布谷。江东呼为获谷。"《尔雅》又曰："鹑_{彼及切}鴀_{皮及切}，戴鵀。"郭《注》云："鹱鴀犹鵱鷜。"璞抑知戴胜与布谷为二种，而以鸤鸠为鴶鵴，则互相紊乱。

《方言》云："尸鸠，燕之东北、朝鲜洌水之间谓之鶝鶔_{即鹑鴀}，自关而东谓之戴鵀，或谓之鹥䴀。自关而西或谓之鵱鷜。"又曰："布谷，梁、楚之间谓之结诰，周、魏之间谓之击谷，自关而西谓之布谷。"是《方言》之所谓鸤鸠者，《尔雅》之鹑鴀也，其所谓布谷者，《尔雅》之鴶鵴也。郭璞据《尔雅》"鸤鸠，秸鞠"之文，执尸鸠为布谷，非戴胜，以辨扬雄之非，而不自知其非也。

《广雅》曰："击谷、鴶鵴_{音鞠}，布谷也。戴鸧、戴纴、鶝鶔、泽虞_{与水鹩名同物异}、尸鸠，戴胜也。"按《月令》："鸣鸠拂其羽，戴胜降于桑。"郑《注》曰："鸣鸠，趋_{音促}农之鸟。戴胜，织纴之鸟。"然则《尔雅》"鸤鸠，鴶鵴"，盖以鸣、鸤字相近，传写之误，实则鸣鸠，鴶鵴，非鸤鸠也。郭璞拘旧文而未之察耳。

今据实辨之曰：鸣鸠、秸鞠、布谷，一鸟也。鸤鸠、戴胜、鹑鴀，一鸟也。布谷头不戴胜，_{胜，头上丛毛，如妇人所戴花胜。}且飞且鸣，故《月令》曰"拂其羽"。一名博黍，一名搏谷，一名郭公。其鸣声，今人谓之曰"播厥百谷"，或云"脱却布裤"，农人候之以下种。故郑氏曰"趋农急"也。其鸣善变而不止。故冯衍《逐妇书》曰："口如布谷。"以多声著，故谓之鸣鸠，从其实而名之也。若鸤鸠，则以头有茸毛，故曰戴胜。而《月令》言"降于桑"，与此言"在桑"相为符合，非若鸣鸠之飞鸣而无定集。其鸣也，声小而不能远闻，故降而后知之。崔豹《古今注》云："鴶鵴与《春秋》鹡鸰异_{盖今人剪舌教语之拔哥。}"此鸟每飞必群，生类蕃衍，故曰："其子七兮。"其来也后于布谷，值桑蚕之时而集于桑，故曰："织纴之鸟。"二鸟之辨，较若列眉。格物者即物穷之，而参印以《诗》及《月令》之言，自涣然冰释矣。

若陆佃以鴶鵴为鹡鸰，以郭公为鸤鸠，宗懔、崔实以获谷为夏扈，毛公"维鸠居之"，《传》以鸤鸠为秸鞠。鹡鸰，鹡鸰_{音唧也}也，而陆玑以为斑鸠。其似山鹊而小，短颈青黑色多声者，布谷也，而郭璞以为鹡鸰：皆互相杂乱而非实。今定鸤鸠为戴胜，秸鞠、布谷为鸣鸠，群疑悉祛矣。

四国有王

《商颂》"莫敢不来王"，《左传》"宋公不王"，皆谓觐王也。郑《笺》云"觐礼于天子"是已。四国有来觐者，郇伯迎劳之，文义正协。《集传》曰："四国既有王矣，而又有郇伯既与劳之。"文不属矣。且当《下泉》之时，王灵虽不振，而玉步未改，岂遂无王乎？自宜以《笺》为正。

郇伯劳之

郇国在今山西平阳猗氏县，鲁桓公五年为曲沃所灭，以其地赐大夫原氏。郇始封之君，盖文王之庶子，故《左传》曰："文之昭也。"《逸周书》"郇叔虞叔"，孔晁注谓是成王之弟者，成王之从弟、郇第二代之君也。"劳之"者，《觐礼》所谓"王使人皮弁用璧劳"也。《周礼·大行人》：上公三劳，侯伯再劳，子男一劳。《小行人》："凡诸侯入王，则逆劳于畿，及郊劳，眡馆，为承而摈。"郑《注》曰："王使劳宾于郊，使宗伯为上摈，小行人为之丞而摈之。"盖于时郇伯为宗伯，而奉使以劳来王之四国。作此诗者，忆西京觐会之盛，宗伯秉礼以将王命。而后则上下交慢，如凡伯之弗宾，单子之不敬，而诸侯亦散叛而不足以存矣。《集传》承毛、郑之说，谓郇侯为州伯，治诸侯有功，于义不合。

豳风

七月流火

毛《传》："火，大火也。"《集传》谓大火，心也。按孔安国《尚书注》曰："火，苍龙之中星。"苍龙者，东方七宿，角、亢、氐、房、心、尾、箕也。其中星，房也，非心也。秋星昴，冬星虚，皆前三后三而处中。二十八星之配七政也，星房虚昴其宫日，皆以太阳之宿为中星。心宫月而次居五，非中星也。但《书》言"中春星鸟"。鸟者，南方朱鸟七宿之统名，则又概举而不仅纪中星，亦可通于夏之中火也。郑氏《周礼注》云："正岁季冬，火星中。"季冬，且中之星氐也，则氐亦火也。《考工记》："龙旗九斿以象大火。"唯尾为有九星，则尾亦大火也。氐、尾皆为大火，故《春秋繁露》曰："大火二十六星。"二十六星者，房四、氐四、心三、尾九、箕四与钩钤二也。然则苍龙七宿，唯角、亢系乎摄提，而以下五宿皆名为火。《书》所谓"日永星火"者，固与"星鸟"之合三鹑而言鸟等矣。故一行《天文志》云："氐、房、心、大火也。"士弱曰："古之火正，或食于心，或食于咮。"咮，鹑火张也。对鹑火而言其精，则大火之名专属于心；对三鹑而言其舍，则氐、房、心、尾、箕五宿皆为大火。此西流者以舍言之，则非独言心可知。

褐

许慎说："褐，粗布衣也。"盖枲之精者为布，枲之粗者为褐。"许子衣褐"，贱者之服粗也。织毛之毼从毛，粗布之褐从衣，音同字异而义自别。古无今之草绵元乃入中国，非五十不衣帛。庶人之服，精者枲布，粗者枲褐也。《集传》谓"一之日于貉"一章为终"无褐"之意，既于褐、毼不分。且毼乃羊毛所织，而狐狸止任为裘。尽古今，通夷夏，未闻以狐狸之毛为毼者。而裘、褐不同，尤其易辨。此《集传》之必不可从者也。

秀葽

《传》《注》俱不言葽为何草。许慎曰："刘向说此味苦，苦葽也。"邱光庭以此为《月令》"苦菜秀"之苦菜。按：苦葽叶如蓬艾，花如牛蒡子花。又《尔雅》："葽绕蕀蒬。"郭注云："远志也。"远志三月开红白花。按：不荣而实谓之秀。苦葽、远志既皆有花，皆非不荣而实。而远志花开三月，于时又异。则非彼二草明矣。

《广雅》云："葽，莠也。"莠，俗谓之狗尾草，似粟，不荣而实，正当四月而秀，多生田野，正与诗合。此章纪物以占寒候。草之将实，岁之晏也。故首纪秀葽，见早登之物而警时变，犹《夏小正》之记，麦秋也。惊其秀而后知其葽，故不曰“葽秀”而曰“秀葽”。古人属辞之工，非迁句以就韵也。

于貉

貉，兵祭也。郑司农众读如祃，郑康成读如陌。《周礼》：“有司表貉于陈前”，“甸祝掌表貉之祝号”。田猎以讲武，故有兵祭。中冬教大阅，遂以狩。“一之日于貉”者，祭表貉而狩也。陆佃云：“往祭表貉，因取狐狸之皮为裘。”是已。旧读如户各切，则以后代貉貈互用，因以善睡之貈为貉，既失混乱。若《集传》云：“貉，狐狸也。”尤误。貈似兔，狐似犬，狸似猫，三种悬绝。狐且非狸，狸且非狐，而况貈乎！

斯螽、莎鸡、蟋蟀

“斯螽”，毛《传》曰：“蚣蝑也。”《尔雅》谓之蜇螽，《方言》及《广雅》谓之舂黍。郭璞曰：“江东呼虴蚱蛨蜢。”今按：虴蛨似螳螂，项稍短而无斧，六七月间好入人葛衣中，闽、粤人生啖之。

“莎鸡”，樗鸡也。《尔雅》：“螒，天鸡。”郭璞曰：“小虫，黑身赤头，一名莎鸡，一名樗鸡。”《广雅》曰：“樗鸠，樗鸡也。盤斑蝥猫，旻青也。”盖连类而广异名，实一虫耳。陆佃曰：“黑身赤首，一名天鸡。”与二《雅》合。其惑于崔豹《古今注》以为络纬者，误也。陆玑云：“如蝗而斑色，毛翅数重。”谓“毛翅数重”则是，而以为似蝗，亦误也。

若“蟋蟀”，则《尔雅》谓之蛬，《方言》谓之蜻蛚，亦曰蚟蛴，《广雅》谓之趗促织。促织今所在有之，或斗以赌赛，身灰黑色，股肥躯短，善鸣。

此三虫者，各为类而非互变，明矣。

郑《笺》自“七月在野”至“十月入我床下”皆谓蟋蟀，初未言“动股”“振羽”亦谓蟋蟀，文义甚明。《集传》乃合三虫为一，谓随时变化而异其名，则既不审于物理，抑读郑《笺》为已疏矣。虴蛨自五月初生，至八九月尚多有之，未见其变为蟋蟀。若莎鸡，唯在豆叶上者为红娘子，在王不留行者为王不留行虫，葛上者为葛上亭长，在芫花叶上者为芫青，其翅具杂采者为斑蝥，不闻能化蟋蟀。蚨蝩大而红娘子小，红娘子有翼以飞，而蟋蟀无翼而跃，蚱蜢青长而蟋蟀黑短，红娘子有大毒而蚨蝩可食，促织可畜玩，其相去如秦、越。且唯红娘子有翅，故曰"振羽"；唯蚨蝩跃而不行，故曰"动股"；唯促织入人室中，故自野而至床下。诗人体物之精如此，尤不可浅心读也。

跻彼公堂，称彼兕觥

郑《笺》曰："国君间于政事而飨群臣。"此言跻堂称觥，在涤场纳稼之后，于君飨群臣义不相属。故《集传》以为民进酒于君，而曰："公堂，君之堂也。民忠爱其君之甚，杀羊以献其君，举酒以祝其寿。"然环一国之民，并具羔羊朋酒，既大劳费，而集于君之堂上，竞举觥以献酬。野人无礼，喧阗狼藉，岂复有上下之章？且豳国虽小，但有千井，即有万夫。阿房、建章之大不足以容，而况豳公之堂乎？

郑氏，《月令注》引此以为大饮烝之典，其说为通。《周礼·党正》："以礼属民，而饮酒于序。"序者，西序也，在国之西郊，故毛《传》曰："公堂，学校也。""杀羊"者，大夫之礼。党正，下大夫也，而莅其事，故牲用羊。"朋酒"者，《乡饮酒礼》所谓"尊两壶于房户间"也。既非夫夫井井而具羊酒，亦君所不临，民以自修其岁事，系之涤场纳稼之后，适相协合。兕觥则《乡饮酒礼》所谓"献用爵，其他用觯"者也。许慎说："觯，饮酒角也。"又曰："觥，兕牛角，可以饮者也。"盖凡以角饮者，或曰觯，或曰觥，义皆通。毛《传》曰："觥，所以誓众。"则以此为罚爵，于义亦迂。"我姑酌彼兕觥"，亦将何所誓而何所罚乎？下云"万寿无疆"，则其非誓众亦明矣。

鸥鹆

《尔雅》："鸥鹆，鸲鹆。"《说文》亦同。陆玑《疏》云"似黄雀而小，其喙尖如锥，取茅秀为巢，以麻紩之，县著树枝”是已。《方言》谓之桑飞，一曰工雀，一曰过羸，一曰女匠，一曰幭雀。《广雅》云：“鷦鷯，鸋鴂，果羸，桑飞，女匠，工雀也。”要其实，则《庄子》所谓鷦鷯者也。故赵岐《孟子注》曰：“鴟鴞，小鸟。”陈琳《檄吴文》云：“鸋鴂之鸟，巢于苇苕。”以《诗》言之，鷦鷯之为巢也坚固，故曰：“绸缪牖户。”其托巢也卑，人易侮焉，故曰：“今女下民，或敢侮予。”系于弱枝，易于飘动，故曰：“风雨所漂摇。”然则此为鴟鸮之自言，而非告鴟鸮之词审矣。

自郭璞以鴟鴞为鴟类，《禽经注》又误以为伯劳，已为淆乱。而《集传》乃曰：“鴟鴞：鵂鶹，恶鸟。”因不以“我”为鴟鸮之自我，使诗意怨诽而伤，失忠厚温柔之旨。按：鸟名有相近而实相远者，如燕燕非燕，雎鸠非鸠，其类不一。鴟自鴟，鷂也；鸮自鸮，鵬也；鵂鶹自为鵂鶹，土梟音浇，不音枵也，《尔雅》谓之梟鴟。名异类殊，何容以彼易此！

且周公奉王以诛二叔，义也。若斥之以食母之鸟，咏歌而流传之，是不仁也。故《大诰》《多士》《多方》未一言及二叔之罪。《蔡仲之命》以王命临之，亦止曰“无若尔考之违王命”而已。公于此固有不忍尽言者。故《孟子》曰：“管叔，兄也。周公之过，不亦宜乎！”而何忍以至不仁之妖鸟此其兄哉！郑氏以鴟鸮，比周世臣之子孙以党属周公而得罪者，于义极顺。《集传》以一鸟名之误废旧说，而陷周公于诅怨天伦之愆。且以鸟巢比王室，鸟子比成王，殊失君臣之礼。王室而曰“我室”，王而曰“我子”，又以恩勤自夸，尤为骄诅。自当从郑《笺》亡疑。

鸛鸣于垤

毛《传》曰：“垤，蚁冢也。”《集传》因谓鸛以食蚁而鸣。以实考之，有二种鸛。食蚁者小鸟，亦袭鸛名。其本名鸛者，知雨之鸟。其大如鹤，俗谓之老鸛，取鱼而食，喙长大，啖而不啄，蚁不足供其一饱，且亦不能啄微眇之蚁。本水禽也，时雨将降，则得其所而鸣。一名焦明，《乐动声仪》曰：“焦明为雨备。”吴淑《赋》曰：“叹室中之思妇，集水上之焦明。”正此诗之本义。垤，水上小丘也。故邱光庭曰：“据诗之文势，此垤不得为蚁冢，盖是土之隆耸近水者。"其说是。若务巧而失实，则释经之大病也。

有敦瓜苦

《墨子》曰："甘瓜苦蒂。天下物无全美。"瓜之类不一，唯甜瓜正谓之瓜。甜瓜之蒂极苦，故《礼记》言"瓜祭上环"。环，瓜之脱华处。不尚蒂者，蒂苦也。"瓜苦"，瓜之苦也。"有敦瓜苦，烝在栗薪"，瓜为人割去，仅留其蒂于棚上，敦敦然聚现，秋色荒凉之象见矣。《经》言"瓜苦"，不言"苦瓜"，其义自明，若以苦瓠为瓜苦，则古人言瓜非瓠，言瓠非瓜，故曰："七月食瓜，八月断壶。"瓜瓠之不相通久矣。

亲结其缡

毛《传》曰："缡，妇人之祎也。母戒女施衿结帨。"《集传》因之，则是以缡为衿下垂之帨矣。祎亦谓之祎，正当矜下。按《尔雅》。"妇人之祎谓之缡"，又曰："缡，緌也。"郭璞曰："即今之香缨。"然则祎与緌皆有缡名，而此言"亲结"者，言夫亲结之。若母结帨，不当言亲，按许慎说："緌，系冠缨。"缡，緌也。緌亦缨也。此结缡者：即《昏礼》所云"主人入，亲说_脱妇缨"之缨也。女子十五许嫁，笄因著缨，明有系，故既嫁而婿亲说焉。"说"而谓之"结"，古语多相反借用，犹"治"之言"乱"耳。又许慎说："缡，以丝介履。"凡以丝结者皆名为缡，于冠、于帨、于履皆然，盖以丝为之。

伐柯

《考工记》："半矩谓之宣，一宣有半谓之欘，一欘有半谓之柯。"半矩者，尺三寸三分寸之一。欘，斤柄，二尺。柯，斧柄，三尺。上古之事质，不别立尺度，即以斧斤之柄为则。柯长三尺，博三寸，厚一寸有半。凡为车之事，皆以此为尺度。故《尔雅》曰："柯，法也。"所谓"其则不远"也。言其长短博厚之尺度可近取则也。不然，则柯一直木耳，可任意为之，但求与斧孔相入耳，何所容其睨视如《中庸》所云乎！

《诗经稗疏》卷一终

诗经稗疏卷二

小雅

苹

唐文宗问宰相："苹是何草？"李珏曰："臣按《尔雅》，苹是藾萧。"文宗曰："朕看《毛诗疏》，叶圆而花正白，丛生野中，似非藾萧。"然文宗李珏要未审知其为何草也。陆玑《疏》云："叶青白色，茎似箸。"抑与文宗之说又别。以义考之，当求之鹿食九草之中。故李时珍《本草》谓是皤蒿。皤蒿一名白蒿，乃蒌蒿之陆生者也。然蒌蒿叶长而花黄，亦与《疏》异。九草中唯茅苊叶如杏叶，开花如碗，子正白，俗谓之杏叶沙参，则与《疏》正合。其名苹者，古今称谓之殊也。以此推之，"食野之芩"，亦当是水芹。芩、芹音相近耳。要以不出九草之中为正。若《夏小正》云："七月苹秀。"苹也者，马帚也。然则《尔雅》所谓莃者，乃今之地肤子草，亦苹、莃传讹之差。大抵汉人传书，多承口授，故音相近而字遂无择。以理事求之，斯可为折中尔。

雒

《说文》："雒，祝鸠也。"音思允切。《春秋传》："祝鸠氏，司徒也。"杜预《解》曰："祝鸠，鷅鸠也。鷅鸠孝，故为司徒。"《方言》："鷑鸠，大者谓之鸨鸠，小者谓之㶉鶒鸠，梁、宋之间谓之鷅鸠。"则祝鸠、鷅鸠，一鸨鸠耳。鸨、斑音相近，今俗书作斑鸠。古者老人杖首刻此鸠，取其不噎，有祝噎孝养之义，故谓之祝鸠。而《四牡》以兴"将父"之思，《嘉鱼》以兴燕义之养。其鸟似鸣鸠而不善鸣，斑如梨花点。方春尚小则绿褐色，或谓之黄褐侯。掌禹锡曰："黄褐侯秋化斑鸠。黄褐侯，青雒也。"然则在春为雒，在秋为祝鸠，名随形异，而实一鸟也。《集传》曰："雒，夫不浮，鹁鸠也。"则沿旧注音雒为佳逴，遂以《尔雅》"佳其，夫不"当此之雒，误矣。夫不者，鸮浮鸠也。其色白，故舟之白者名为白浮鸠。刘宋童谣所谓"可怜白浮鸠，枉杀檀江州"者也。其名佳其，不名为佳，况名为雒！雒、佳异音，雒与佳其异名。概而一之，则失其实矣。

湑、酤

毛《传》曰："湑，茜之也。""以薮曰湑"。酤，一宿酒也。《埤苍》曰："湑，滑美貌。"盖酒经沛茜，则清湑而美；始成之酤，则滓浊而薄。今粤西人造酒始成，即煮饮之，色如泔，盖所谓酤也。人家所酿，澄滤而清者，所谓湑也。"无酒酤我"者，言不得美酒而聊饮未茜之浊醪也。《集传》则云："酤，买也。"酤酒市脯，小人之食，而可登之尊罍乎？

象弭

毛《传》曰："弓反末也，所以解绀也。"按许慎说："弓无缘，可以解辔纷者。"《尔雅》曰："有缘者谓之弓，无缘者谓之弭。"郭璞《注》云："缘者缠缴之，即今宛转也"，"弭，今之角弓也"。盖弓与弭其制不同。以丝缠其体而梢大，若今大梢弓者，谓之弓。见角于面而不用丝缠，梢枝锐出，末反向外，若今之镇江圈弓者，谓之弭。今圈弓有缘，而大梢弓或反无缘，与古不同。古人利弭之小梢以解六辔之纷结，因去其体之缘，使滑泽而不罥。后人则随意缘之，抑或不缘，以从简略耳。

要之，弭者角弓不缠之名，非但指其梢而言。故《春秋传》曰："左执鞭弭。"弓梢非可执者，亦言执角弓耳。杜预《解》曰："弓末无缘。"于"末"之上脱一"反"字，义遂不顺。刘熙乃曰："弓末曰箫，又谓之弭，以骨为之"，则竟以弭为弓梢。不知此之言"象弭"者，偶纪其梢之饰，而梢非即弭。《集传》云："象弭，以象骨饰弓弰"，亦承刘熙之误，使云"以象骨饰弭弰"，斯得矣。凡饰器者皆象牙，而言骨者，象之牙出吻外，非咀嚼之用，故古者谓之骨，而不谓之牙。

旐、旟、旆、鸟章

凡旗帜之属，有縿有旒者为常、为旐，如今之镶边大旗是也。杂帛为物，通帛为旆，其制皆方。通帛者数幅一色，如今五方大旗是也。杂帛者每幅色相间，如今五色大旗之类是也。广充幅，长八尺为旆，下以他帛继而裁似燕尾为旆，其制狭而长，如今之高招是也。旗、旟、旜、旌皆如旆，而竿首各有所注，因以所注者为别。注之以熊虎之皮为旗，《曲礼》所谓"载虎皮""载貔貅"是也。注之以合剥鸟隼之皮毛为旟，《曲礼》所谓"载飞鸿""载鸣鸢"是也。注龟蛇之甲皮为旐，注革鸟而全其羽为旜，析其羽为旌，《韩诗外传》所谓"赤羽如日，白羽如月"是也，今皆不存此制，唯旌首或以旄牛尾为之幢旒，则与《尔雅注》"旌首曰旌"之说合尔，而他则未有注也。常、旐、物、旆广大而方，以备美容，为文旌。旟、旟、旗、旜狭小而长，以便戎车，为武旌。《周礼》九旗及《尔雅》《说文》皆吻合而可征也。

唯《考工记》言"旟、旐有斿"为异。旐施燕尾则为旆，其无斿可知。虽或有斿，必细碎多歧。若如《考工记》或四或七，则三方不相称矣。《考工》乃先代之书，非尽《周》制，则实异而名偶同耳。毛《传》曰："错革鸟为章，白旆，继旐者也。"于义甚明。郑氏始误以鸟章为衣饰，及交龙为旐、龟蛇为旐之画饰，俱非古制。《集传》乃引《曲礼》前朱鸟、后玄武、左青龙、右白虎，以附会之，与郑氏《礼记注》"四兽为军陈"之说相左。欲以后世之画旗概西周之鸟章，未见其可也。且使如四方四兽之说，则南仲所将，不应独缺右部。《六月》唯有前军，《采芑》唯左后二军，皆于事理不合。《曲礼》四兽不言载，唯虎皮、貔貅、飞鸿、鸣鸢言载不言绘。唯招摇为旗，似与今之七星高招相肖。盖旗以示众，画鸟兽为识，而风飐雨濡，或舒或卷，则文乱而不可辨，徒增荧眩，不如注羽竿首之易于察识，作三军之目也。古人立制质而利用类如此，非后代所及也。

在宗载考

《集传》谓："夜饮必于宗室，盖路寝之属。"以实考之，非也。郑《笺》云："丰草，喻同姓诸侯也"，"夜饮之礼，在宗室同姓诸侯。"宗室者，宗子之室也。按：燕以成礼，必有恒所。唯诸侯燕大夫则于寝，大夫卑，以臣礼畜之也。公食大夫之来聘者于庙，以宾礼待之也。天子之待诸侯觐则设斧扆于户牖之间，侯氏肉袒，在庙门之东。受觐于庙者，诸侯尊，不纯以臣礼莅之也。见于庙而燕亦于庙，则嫌于纯乎宾。若改燕于寝，则嫌于纯乎臣。故于同姓诸侯燕之于宗子之庙，臣礼不失而亲亲之道得行也。

凡君燕臣，必别立主人以相献酢。如侯燕大夫，则宰夫为主。今此则以宗子为主。故毛《传》云："宗子将有事，则族人侍。"郑氏未达斯旨，而曰"天子燕诸侯之礼亡此，假宗子与族人燕为说"，则误也。宗子者，《礼》之所谓大宗也。《丧服小纪》云："别子为祖，继别为宗。"郑氏以为百世不迁之宗是已。《大传》云："系之以姓而弗别，缀之以食而弗殊。"缀之以食者，燕食于其庙也。《仪礼》曰"大宗者收族"者也，收者，合而燕食之也。诸儒多不晓其说，唯杜预《宗谱》曰："别子者，君子嫡妻之子，长子之母弟。"君命为祖，其子则为大宗。常有一主，审昭穆之序，辨亲疏之别。继体君为宗中之尊，支庶莫敢宗之。是以命别子为宗主，一宗奉之。故曰，祖者，高祖也。言属逮于君则就君，属绝于君则适宗子家也。今此与燕之同姓诸侯，于天子为服绝，故适宗子之家而成夜饮。昭穆审，亲疏辨，缀之弗别，可以敦亲亲之恩而不损天子之尊。与后世就内殿讲家人之礼者异矣。

《大传》曰："虽百世而婚姻不通者，周道然也。"唯周为有宗子。盖周公定礼，以此为首，故《书》谓之宗礼。其制，立天子母弟之子以为大宗，使世嗣之，以序同姓。周公之长子伯禽就封于鲁，其次子君陈留周而世为大宗，嗣周公县内之封。逮春秋时，有周公阅、周公孔、周公黑肩，皆世周公之封而为大宗者也。天子就宗子之庙以燕侯氏而不为抑，诸侯得成夜饮而不为亢，则唯宗子为献酢之主也。宗子为主以燕，则燕乃宗子之事，而族人皆侍，虽天子亦听命于主人，而夜饮通矣。于此见毛公引据之精，而非郑氏所及。若《集传》"路寝"之说，与"在宗"之文不合，其误明甚。

焦获、镐、方

《尔雅》："周有焦获。"郭璞曰："今扶风池阳县瓠中。"焦获总一泽之名。而《集传》谓："获，瓠中；焦，未详。"则似未征之《尔雅》也。瓠中在今武功、乾州界，地接西安、凤翔之间。既深入而"整居"于此。则游骑所侵，至镐京之西，亦其势也。《集传》乃谓"方"为朔方，而"镐"为千里之镐。夫"整居"者在乾州之南，反以庆阳之镐、宁夏之方为侵及之地，则亦未晓于边腹之形矣。虏入畿甸，故曰"孔炽"。犹汉之烽火达甘泉，唐之突厥至渭桥也。且此狁之归路从太原出塞，则其来路当从鄜延渡河而西，非自宁夏入塞而东，尤不应至朔方。疑此"方"者唐之坊州，地在鄜州之南，故方叔御之，渡河东追，至太原而止。焦获，周之大泽薮，水草所便。虏既屯聚于此，或北蹂鄜、坊，南掠丰、镐，不得远及西北边戎之境。

若《出车》之诗曰："往城于方。"则以伐西戎而言也。《序》曰："西有昆夷之患，北有狁之难。"故备纪其控御之功而杂言之，要非城朔方以捍狁。盖狁在大同塞外，则以太原为边；昆夷在河、洮、秦、巩之外，则以朔方为边。两寇地形相去千里，隔以大河，不得混而为一也。

织文

郑《笺》曰："徽织也。"《周礼》所谓各有属，皆画其象者也。织之为言，识也。觐礼，识之于旐以辨次；军礼，各画其象以别部伍，谓使卒识其将也。后世军中犹有书官位名姓于旗者，盖其遗制。韩信拔赵帜，树汉赤帜，亦拔其主将之帜而树己帜，非尽拔其旗也。流俗泛称旗帜，承讹而无别已。

以先启行

马融《论语注》曰："前曰启，后曰殿。"《左传》齐庄公伐卫，"启，牢成御襄罢师"。"胠，商子军御侯朝。"杜预《解》曰："左翼曰启，右翼曰胠"，非也。胠者，两翼之总名，犹人之有两腋，皆名胠也。两翼而一将者，为游军或左或右也。启为前部，胠为两翼。而《左传》又有先驱、申驱，又在启前。此所云"元戎十乘，以先启行"，先启而行，即所谓先驱已。盖前部居大队之前，与左、右、中、后为五部，而先驱在大队外，远探寇势，犹今所谓哨马撒拨者。是启未行而此先之。《集传》曰："启，开也。"未悉。

炰鳖脍鲤

《大射礼》："羞庶羞。"郑《注》云："或有炰鳖脍鲤，雉兔鹑鴽。"盖燕礼，牲用狗脍肝膋狗戴醢，庶羞之正也。其有炰鳖脍鲤者，加之以示优，故云"或有"，故《诗》称之以纪其馔之盛也。

张仲孝友

《礼》："与卿饮则大夫为宾，与大夫燕，亦大夫为宾。"郑《注》曰："不以所与燕者为宾，燕主序欢心，宾主敬也。公父文伯饮南宫敬叔酒，以路堵父为客，此之谓也。"君燕卿大夫，膳夫为主而别命宾，则君与所与燕者皆尊安矣。天子之大夫称字，张仲者大夫也。燕吉甫而命仲为宾，与卿饮大夫为宾之礼也。毛公谓"孝友之臣处内"。宣王时执政有仲山甫，不闻张仲之治内。《集传》以为"与燕者"，则与燕众臣不无可称，而何独矜张仲邪？

苢

《集传》云："即今苦荬菜。"按：苦荬者，《广雅》之所谓蘼也^{蘼与苢}，人家圃种之，非葍田新亩所有。苢者，似苦荬而茎赤，叶多岐，苗初生可食，五月则中抽高茎，茎端出一花，色黄，似旋葍花，《颜氏家训》谓之游冬，俗呼野苦荬，一名蒲公英，一名黄花地丁，生野田中，正与《诗》合，又枸杞一名为苢，苗叶亦可茹，要非田亩所生，多生水次。"丰水有苢"，或为枸杞，以枸杞出秦中，故可据为丰水之有。异物同名，考义类而知之，又不可以一概论也。

簟笰鱼服，钩膺鞗革

笰，车之后蔽也。《尔雅》："舆革，前谓之鞎，后谓之笰。竹，前谓之御，后谓之蔽。"以竹簟蔽舆后而谓之笰者，竹外有革也。服，牝服也，箱也，音房富切，读如负，以鱼皮鞢车旁，如大车之服然。鱼，鲛鱼也，一谓之沙鱼。所以知非矢箙者，此皆言车，不当及矢箙也。簟笰也，钩膺也，金路之饰也。鱼服也，鞗革也，革路之饰也。天子既赐方叔以金路，宠之以公侯之礼，而又赐之革路以即戎，故曰"路车有奭"。奭，盛也，言其兼有之盛也。奭读如召公奭之奭。毛公以奭为赤貌，郑氏以服为矢服，及鞗革为辔首，《集传》两从之，俱于车制未悉。

隼

郭璞曰："隼，雕也。"按：雕似鹰而大，尾长翅短，土黄色，多力，盘旋空中，无细不睹。出辽东者最俊，谓之海东青，其羽用为箭翎。亦有黑色者，张华谓似鹰而大，俗呼皂雕是也。出西方者谓之鹫，若隼，则似鹰而小，一名鸢，一名鸥，一名题肩，今人但呼为鹞子。其尾翘起，以翅击鸟，击鸟必准，故水準之準从隼。雕自雕，隼自隼，故《禽经》曰："雕以周之，隼以尹之。"明其非一物矣。若李善《文选注》云："鸷击之鸟通呼为隼。"其谬尤甚。雕，海青也；隼，鸢也，鸥也，鹞也，晨风、鹯、阿音呼鹘也。古今异名，浅人遂至淆乱。

振旅阗阗

郭璞《尔雅注》曰："阗阗，群行声。"许慎说："阗，盛意"，与郭通。系之"振旅"之下，于义为允。郑氏乃谓"又振旅伐鼓阗阗然"，《集传》因之。夫出曰治兵，入曰振旅。军以鼓进，以金退。有功而入，宜奏恺乐。乐师典之，大司马执律以齐之，安得鼓声独震邪？且鼓声既曰"渊渊"矣，又曰"阗阗"，词不赘乎？是知"阗阗"以形容群行之盛，而非言鼓声也。若《孟子》所去"填然鼓之"者，则填之为言，尘也。尘，坌也，言众军齐进，如尘坌起也。与此阗阗正不相通。

漆沮

陕西之水名漆者有二。一出扶风县，《水经》所谓出扶风杜阳县之俞山，东北入于渭也。一出永寿县，流至耀州合于沮，《禹贡》所谓渭水又东过漆沮合于河也。此诗及《绵》之篇所云漆沮，连类而举，知其为永寿之漆矣。

沮水出宜君县，径耀州合漆，又径同官至富平县，合北洛水入于渭。《水经》所谓北洛水出北地直路县东，过冯翊祋祤县北，东入于河是已。然沮水过祋祤而不径入河，则《水经》之疏也。《禹贡》言渭东过漆沮入河，是漆沮合渭而后河，不自耀州东北径入，审矣。耀州本祋祤地。

乃孔安国《书传》曰："漆沮，二水名，亦曰洛水，出冯翊北。"其曰"亦曰洛水"，大误。洛，北洛水也。漆沮至富平县始合北洛。北洛出延安洛川县西，非即漆沮，特其下流相合耳。《集传》承孔氏之误，亦云："在西都畿内，泾渭之北。所谓洛水，今自延韦流入鄜州，至同州入河。"既不知洛水之有别源，又不知漆沮、北洛合而入渭，同渭入河，而不自入于河。朱子当南渡之后，北方山川多所未核，胡不取《禹贡》本文一疏析之，以折孔氏之讹邪？若"自土沮漆"，《注》又谓二水在豳地，尤谬。漆沮二水出邠州之东北，过邠东而入渭，不复径邠。"自土沮漆"者，言邠之东界耳。

百堵皆作

一丈为板，五板为堵，百堵凡五百丈。《集传》以为筑室以自居。安有乍还复业之流民而能筑此广袤之室乎？若《斯干》言"百堵"，则天子之新宫，故其诗亦谓之《新宫》。郑《笺》曰："坏灭之国，征民起屋舍、筑墙壁。"墙壁者，城垣也。国已坏灭，则城郭颓圮。百堵之作，其为筑城明矣。若民之屋舍，则厉王之世，西京未遭兵燹，不应毁败。盖当厉王失道，诸侯擅相吞灭，国破民流。而宣王兴灭国而为之安集，如鸿雁之飞集。故诗人咏之，非流民之自言也。使为还归之民复业筑舍而自言，则谁无室家之情，而有得谓其"宣骄"者乎？新造之君大修城池，为长久之计，愚民难与虑始，故或讥其夸功自侈。郑《笺》云"谓役作众民为骄奢"，是已。

穀

毛《传》曰："穀，恶木。"《集传》云："谷，楮也。"郭璞云："皮作纸。"璨曰："穀一名构。名穀者，以其实如穀也。"穀木之穀从㱿从木，五穀之穀从禾，本不相通。璨说殊为附会。今按：楮之与构，本为二种，流俗不分，混呼为穀。其一乔干疏理，结实似杨梅者，皮粗厚不堪作纸，皮间有汁如漆而白，可用涂金者，构也。而《本草》呼其子为楮实，子实红熟时，房中小子如粟，故璨谓其实如穀。其一树小枝弱，条仅如指大，皮可为纸，亦不结实，此则楮也，穀也。楮非构，又不结实。璨与《本草》两失之。构树高数丈，不能托生于檀荫之下。楮小而庳，乔林之下多有之。古无楮纸，而此木叶粗枝细，同于灌莽，故毛公谓之恶木。若《埤雅》云："皮白者是穀，斑者是楮，有瓣者曰楮，无瓣者曰构。"又析为三种，实亦不然。

下莞上簟

郑《笺》曰："莞，小蒲之席也。竹苇曰簟。"《集传》则曰："莞，蒲席。"今按：莞与蒲本非一种。《尔雅》："莞，苻蓠，其上蒚。"郭璞曰："今西方人呼蒲为莞，江东谓之苻蓠。"言西方人呼蒲为莞，则亦以明其为方言之讹，而莞本非蒲也。蒲洪以池生瑞蒲，人谓之蒲家。后因"草付"之谶，改蒲为苻蓠之苻，则苻、蒲不分，羌、氐之语耳。按：《本草》言蒲似莞而叶匾，今陂池泛生，叶粗而易断，仅可作米盐包者，蒲也；其叶厚而细，坚韧可为席者，莞也。《周礼》："蒲筵、莞席。"亦足念莞之非即蒲矣。刘宋《起居注》："韦朗作白莞席三十五领。"昔人盖甚珍之，非蒲比也。古之坐卧，有筵有席。下莞，筵也。上簟，席也。《方言》："簟，宋、魏之间谓之笙。"张揖亦曰："笙，簟席也。"杜甫诗有"桃笙"，盖桃枝竹席。《书·顾命》："篾席黼纯。"孔安国《注》云："篾，桃枝竹。"桃枝竹者，实竹也。此诗之"簟"，盖桃枝竹为之。而郑氏谓为竹苇，苇席，今之芦席，粗恶殊甚，唯丧礼设之。唐郇模请以苇裹尸，而君子寝之乎？

载弄之瓦

毛、郑以瓦为纺砖，《集传》因之。然弄璋取义于君王，弄瓦当取义于酒食。所祝者乃天子之女，其嫁必为公侯之配，虽亲蚕而无纺绩之劳，未有故以贱役辱之者，唯宾祭之尊俎笾豆不容不议耳。且纺砖粗笨，非小儿所可弄。然则瓦者，盖《燕礼》之所谓"瓦大"，《礼器》之所谓"瓦甒"，有虞氏之尊，以供君之膳酒者也。"弄之"亦议酒食之意。要此所云弄者，或三月，或周晬，聊一弄之，若《颜氏家训》所云"试儿"，今俗晬盘，抓周之类，非与之寻常玩弄者。璋、瓦皆重器而脆，易刓毁，岂以授婴儿者哉！

犉

《尔雅》："黑唇，犉。"又曰："牛七尺为犉。"《尸子》亦云。然此所言"九十其犉"者，当以牛长七尺言之，犹卫诗之言"骙"，纪其长大以统其庳小，极咏其盛也。若谓是黑唇之犉，则黄牛之唇十九皆黑，不足见其多矣。"杀时犉牡"，亦言其长大博硕尔。祭牲虽辨色，未闻辨之于唇。故云"有捄其角"，牛大则角长，唯长七尺，故其角捄然也。

虺蜴

许慎说："虺，以注鸣。"今传注家或谓虺为蛇，又或以为蝮蛇，或以为土色反鼻、鼻上有针之蛇者，皆误。蛇固不能鸣，即有鸣者亦不以注。颜之推以《韩非子》有"虫鬼两首"之说，而汤左相仲虺亦作仲虺，因证"虫鬼"之即"虺"，而犹疑虺之为蛇。今按《明道杂志》云："黄州有小蛇，首尾相类，因谓两头蛇。土人言此蛇老蚓所化，又谓之山蚓。"以《韩非子》两首之说考之，则虺盖老蚓耳。蚓每夜长吟，不辨其音之所出。两端皆首，或以注鸣也。《宣和博古图》器有蟠虺文者，蜿曲长细如蚓。古铭有云："为虺弗摧，为蛇奈何！"若蝮与反鼻之蛇，较蛇尤毒，非铭防于未甚之意。唯老蚓弗摧，则恐成巨蛇耳。方书言蚯蚓啮人，能令人生疱如大风，法用百舌窠土或鸭通傅之。故曰虺毒。乃此诗初不以毒言，而但刺其言之无伦。蜴，蜥蜴，蝾螈也。蝾螈不伤人，而但以胸鸣。"胡为虺蜴"者，言凡人之言皆"有伦有脊"，哀今之人言行颠悖，不循义理，岂以注鸣、以胸鸣而不自口出邪？若陆玑以虺蜴总为蝾螈之别名，尤属鲁莽。

朔日辛卯，日有食之

此诗《小序》及申公说俱云刺幽王，而郑《笺》独云刺厉王。《集传》

改从《序》说，自不可易，但无据以折郑氏之误尔。今考《竹书纪年》，幽王二年，泾、渭、洛竭，岐山崩。三年，嬖褒姒，五年，皇父作向。六年十月辛卯朔，日有食之。则此辛卯日食，在幽王之世明矣。

《竹书》虽有战国史官附会增益之文，而编年精审，实三代之遗传。故朱子亦信为征据，见《语类》。且以《皇极经世·内篇》参之，幽王元年庚申，六年乙丑，其年十月，距春秋鲁隐公三年辛酉岁二月，凡五十五年零四月。按《春秋》：是年二月乙巳，日有食之。杜预据《长历》定为辛卯合朔。今以期三百六十五日四分日之一积之，自幽王六年乙丑十月辛卯朔，下至平王五十一年辛酉二月朔，实积得二万零二百零七日，历三百三十六甲子又四十七日，则是年二月朔当为丁丑，其差八日。而以二十八月一闰，距二闰之间，则五十五年零四月。首尾二闰，差十六日。以小尽故，其缩八日。则隐公三年二月朔，正乙巳矣。今以历法求之，梁《虞厂历》，唐傅仁均《戊寅历》，一行《大衍历》，元郭守敬《授时历》皆推得幽王六年二月乙巳朔入蚀限。上推下推，雅与《竹书》吻合。而"百川沸腾，山冢崒崩"，《竹书》正与《诗》合。则此诗之为幽王而作，显有明征矣。

螟蛉有子，果蠃负之

先儒及诸传记皆云：果蠃负桑虫之子，鼓羽作声曰"似我似我"，其虫因化为果蠃。流俗因呼为人后者为螟男。至陶弘景始云："蜾蠃一名蠮螉，黑色，腰甚细，衔泥于人屋及器物边作房，如并竹管。生子如粟米大，置中。乃捕取草上青虫十余枚满中，仍塞口，以待其子大为粮也。"《诗·注》言细腰之物无雌，皆取青虫教祝，使变成己子。斯为谬矣。段成式亦云："开卷视之，悉是小蜘蛛，不独负桑虫。"又陶辅《桑榆漫志》云："于纸卷中见此等蜂，因取展视，其中以泥隔断如竹节状为窠。有一青虫，乃蜂含来他虫，背上负一白子如粒米，后渐大，其青虫尚活。其后子渐次成形，青虫亦渐次昏死。更后看其子皆果蠃，亦渐次老嫩不一，其虫渐次死腐，就为果蠃所食。食尽则穿孔飞去。"又韩保升《本草注》云："有人候其封穴，坏而看之，见有卵如粟，在死虫之上。"果如陶说。

盖诗人知其大而不知其细也。近世王浚川《雅述》，陈明卿《类书》，皆与二陶、段氏之说合。夫之在南岳，有山僧如满言其如此，因导夫之自于纸卷中展看，一一悉符陶、段之说。

　　盖果蠃之负螟蛉，与蜜蜂采花酿蜜以食子同。物之初生，必待饲于母。胎生者乳，卵生者哺。细腰之属，则储物以使其自食，计日食尽而能飞，一造化之巧也。

　　乃《诗》以兴父母之教子，则自有说。而罗愿《尔雅翼》云："言国君之民为他人所取尔。"不知"似"字乃似续之似，遂附会其说。犹云"鸤鸠鸤鸠，既取我子"，亦可谓鸤鸠以众鸟为子乎？愿知果蠃之非以螟蛉为子，而远附《序》说，近背下文，于取兴之义无当。诗之取兴，盖言果蠃辛勤，攫他子以饲其子，兴人之取善于他以教其子。亦如中原之菽，采之者不吝劳而得有获也。释诗者因下有"似之"之文，遂依附虫声以取义。虫非能知文言六义者，人之听之，仿佛相似耳。彼果蠃者，何尝知何以谓之"似"，何者谓之"我"乎？物理不审，而穿凿立说，释诗者之过，非诗之过也。

桑扈

　　桑扈大如鸲鹆，苍褐色，有黄斑点，喙微曲而厚壮光莹，俗呼蜡嘴，好食粟稻。《尔雅》云："桑扈，窃脂。"窃脂者，其色也。窃，浅也。脂，白也。浅白者，白间青，俗谓之瓦灰色。邱光庭曰："窃脂者，浅白色也。"今三四月采桑之时，见有小鸟灰色，俗呼白鹩鸟是已。《尔雅》又云："夏扈窃玄，秋扈窃蓝，冬扈窃黄，棘扈窃丹。"于例可推，窃如虎豹窃毛之窃。郭璞不察，谓其好盗脂膏。陆玑亦曰："好窃人脯肉。"郑《笺》遂云："桑扈肉食，不宜啄粟。"《集传》因之。然则"窃玄""窃黄"何者，为玄为黄而盗之以食邪？且脂膏脯肉，不于庖厨，则于皮阁，从未见有野鸟飞入人家盗脂脯以食之事。偶有之，亦非彼所恃以食如鼠然者。且彼亦何从知人脂脯之所在，而能巧伺以窃乎？凡小鸟之肉食者，皆啄虫耳，然亦未尝不食粟。爵、燕、鸲鹆皆是也。桑扈好食粟稻，尤有明征，"率场啄粟"，正其性然，而《笺》《传》以为失其天性，诬矣。

此诗所兴，言小鸟之"率场啄粟"，人无恶害之者，得以自遂，而"填寡"之罹"岸狱"，曾不如也。故云"哀我"，哀其不能如鸟也，岂尝有桑扈不宜食粟之意哉？陆佃乃谓《尔雅》有两桑扈窃脂，一则盗脂以食，一则为浅白色。不知《尔雅》之重出者非一。拘郭、郑、陆玑之说而曲徇之，为陋而已矣。

如或酬之

《集传》曰："如受酬爵，得即饮之。"按《乡饮酒》及《燕礼》：主人致爵于宾，宾受而卒爵者，献也；宾致爵于主人，主人受而卒爵者，酢也；若酬，则主人送酒，宾于北面坐，奠觯于荐东，复位。主人揖降，遂降立于西阶下，不即饮。故郑《注》云："酬酒不举，君子不尽人之欢，不竭人之忠，以全交也。"则酬酒非得即饮之，《集传》误矣。顾于信谖之义无取，是以郑《笺》云："酬，旅酬也。"旅酬之礼，媵酒者实觯送宾，奠于荐西。宾受之，就主人乃饮，而更实之以授主人，主人受以酬介，渐及众宾，盖行酒也。故郑《笺》云："如酬之者，谓受而行之"，其义精矣。

予慎无罪

《方言》："慎，忧也。宋、卫之间，忧或谓之慎。"此诗言天之降威已忧，将无所别于善恶，予不得不为无罪者忧也。《集传》诠慎作审，于文义不畅。

暴

毛《传》曰："暴也，苏也，皆畿内国名。"《春秋》文公八年十月壬午，公子遂会赵盾盟于衡雍；乙酉，公子遂会洛戎盟于暴。相去三日，就盟两地，暴去衡雍甚近可知。杜预《解》曰："衡雍在荥阳卷县。"晋文公作天子宫于衡雍而会于温，其地皆在今怀庆府。杜预又云："暴，郑地。"

盖东迁之后，暴公亡而郑并之，非地近新郑也。苏者，苏忿生之国，其地在温，一曰苏，一曰温。《春秋》："狄灭温。"《左氏传》曰："苏子叛王，王即狄人。狄人伐之，王不救，故灭。"《传》言苏子而《经》言温，苏之即温可知矣。温，今怀庆温县。二国境土犬牙相入，故嫌忌而相谤。云"畿内"者，东都之畿也。

埙篪

《风俗通》云："埙，围五寸半，长三寸半，有四孔，其二通。"郑司农众则曰："埙六孔"，未言其二通。篪，《风俗通》云："十孔，长尺一寸。"《世本》云："有觜如酸枣。"郑司农云："七空"读如孔。张揖云："有八孔，前一、上三、后四、头一。"诸说不同。《集传》所云，则据《五经要义》之文。要不审其孰是。凡此类，无从考定，博记以俟折中可尔。

杼柚

《方言》："杼柚，作也。东齐，土作谓之杼，木作谓之柚。"考谭地正在东齐，云"杼柚"者，其方言也。《序》言："困于役而伤于财"，"杼柚其空"，言空国以从役也。郑《笺》以杼柚为持纬受经之具，则职贡有丝麻而无布帛，与后世庸调用绢者不同。觐问虽有币，自有常制，不致遂空机杼。毛《传》云："空，尽也。"言人力尽于输作，是已。

佩璲

毛《传》曰："璲，瑞也。"郑《笺》云："以瑞玉为佩。"《集传》因之。按：瑞者，诸侯命圭之名。瑞，信也，以为述职之信也。藻借而执之，觐于天子，纳之于王；其归国，仍反与之。且五等圭璧，颁自王廷，非诸侯之贡王者。各有常制，不可得而长短，尤非琚、瑀、衡、璜之属，可为佩者。则郑氏瑞玉之说，不典明矣。

按崔豹《古今注》曰："绥者，古佩璲也。佩绶相迎授，故曰绥，许慎之所谓'绶维也'。长三尺，与绶同采而首半之。"然则璲者，绶下之维，以缀佩，用丝为之，故曰"鞙鞙"，"不以其长"也。《说文》无璲字，其字作繸。《后汉书·舆服志》云："古者君臣佩玉，五霸迭兴，战争不息，于是解去韨佩，留其系繸，以为章表。故《诗》曰：'鞙鞙佩璲'，此之谓也。秦以采组连结于璲，光明章表，转相结受，故谓之绶。"徐广《注》曰："今名璲为縌。"则璲为绶维亡疑。而青州贡丝则固为谭之职贡也。

先祖匪人

《笺》云："先祖非人乎？何为使我当此难乎？"以不胜乱离之苦，而遂詈及先祖，市井亡赖者之言，而何以云《小雅》怨诽而不伤乎？其云"匪人"者，犹非他人也。《頍弁》之诗曰："兄弟匪他"，义同此。自我而外，不与己亲者，或谓之他，或谓之人，皆疏远不相及之词，犹言"父母生我，胡俾我愈"也。郑氏说《诗》，滞于文句而伤理者不一，如"言从之迈"，则云"欲自杀求从古人"；"匪上帝不时"，则云"纣之乱，非其生不得其时"。如此类迂鄙不成理者，《集传》俱辟之，而于此独未削正何也？

我从事独贤

《小尔雅》云："我从事独贤，劳事独多也。"贤之训多，与射礼"某贤于某若干纯"之"贤"同义。故孟子曰："我独贤劳"，言多劳也。以为贤不肖之贤，则于文义不通。

鼓钟将将

将将，声之大也。喈喈，声之和也。汤汤，流之盛也。湝湝，流之徐也。大与盛，和与徐，各以类兴。毛《传》无所分别，《集传》因之，失之疏。

笙磬同音

毛《传》曰："笙磬，东方之乐也。"盖笙磬者磬名，非笙与磬也。《周礼·视瞭》："击颂磬、笙磬。"郑《注》："笙，生也。""颂或作庸；庸，功也。"有谓笙磬与笙声相应，颂磬与镛声相应者，失之。颂磬犹《春秋》之有颂琴。颂为磬名，则笙非有簧之吹器可知。《大射礼》："笙磬西面，其南笙钟，其南镈，皆南陈"；"颂磬东面，其南钟，其南镈。"《注》曰："东为阳中，万物以生。大簇所以金奏，赞阳出滞；姑洗所以修洁百物，考神纳宾，是以东方钟磬谓之笙。"笙之为言，生也。笙磬一物，而曰"同音"者，毛《传》所谓"四县皆同"是也。笙磬，笙钟，镈，一县也。建鼓在西，与应鼙，二县也。颂磬，钟，镈，三县也。建鼓在南者，与朔鼙，四县也。统诸笙磬以该三县者，笙磬在阼阶东北上，为四县之尊，以振诸乐，群声之统也。

或肆或将

毛《传》曰："肆，陈；将，齐依下去声也。"郑《笺》曰："有肆依下音剔其体骨于俎者，或奉持而进之者。"今按：此连"剥""亨"而言，未及陈列奉进。"肆"当从郑，"将"当从毛。《仪礼》，肆与鬄同，析解之登俎也。《尔雅》："将，齐也。"郭《注》曰："谓分齐也。"齐音才细切。所谓分齐者，如肵俎用心舌，祭用肺，尸俎用右肩，祝俎用髀之类，各有所宜分，故谓之齐。若以陈进言之，则当在"为俎孔硕"之下矣。此诗一章言粢盛，二章言牺牲，三章言俎豆，俎豆陈而后及献酬，四章言致嘏，五章言尸馂以及馂余，而六章终之。古祭礼之次第节文赖此以考，读者当循序求之。若方言"剥""亨"，而遽及陈列奉进，则陵杂而无章矣。

祝祭于祊

郑《笺》云："使祝旁求之平生门内之旁。"今按：《有司彻礼》"乃馂尸俎"，《注》曰："独言尸俎，则祝与佐食，不与傧尸之礼。"故出迎尸者主人，而异于正祭之使祝迎。盖傧尸者不事神而专事尸，无祝告，不拜妥，不嘏，祝无事焉。或诸侯之绎礼，其礼盛，当其奠也，有告祊之事。《郊特牲》曰："直祭祝于主，索祭祝于祊。"祝，告也，非谓太祝之官也。所谓祝者，若《特牲馈食礼》祝曰"孝孙某圭为而孝荐之"者是也。祝于门而飨尸于堂，重在尸而不在祊。《礼器》曰："为祊乎外。"《注》云："既设祭于室而事尸于堂。"《郊特牲》曰"祊之于东方"，失之矣。祊宜在庙门之西室。门者，庙门也，门有室焉。郑氏云"平生门内之旁"，未是。祝不言使，郑氏赘加"使"字。即绎祭用祝，而祝祭必君自莅之，祝不专其事。祝不专事，则求神者君自求之，不当云"使祝旁求"也。则祝为祝告之祝，而非太祝之祝明矣。

但此诗言"烝、尝"之正祭，方在"剥""亨""肆""将"之始，不当遽及绎祭，则意《郊特牲》所谓索祭者，荐熟之后，有此"祝告于祊"之礼，正祭及绎皆有之，而绎则省直祭而存索祭，不必绎而始祝于祊也。时享礼亡，郑氏亦无从考，而漫以意度之尔。

曾孙田之

曾孙者，对曾祖考庙而言也。大夫三庙，一始祖，二祖，三祢。不祀曾祖，不得称曾孙。《少牢馈食礼》，筮祝嘏皆称孝孙。孝孙者，对祖而言。凡称曾孙，皆君也。《书》曰"有道曾孙"是已。若《楚茨》之称孝孙。则自成王对文王而言。天子可称孝孙，卿不可称曾孙，足知此诗，非公卿有田禄者之诗矣。

自此以下数篇，《集传》皆云"有田禄者"。诸侯入相于天子，在王国且不敢用侯礼，故卫武公乘重较而不乘辂车。若卿食侯禄，不世其国，自循三庙之制。况云"有田禄"，其词尤卑。乍有而非固有，安得遽立五庙？且此诗云："从以骍牡"，异于周公之用白牡；启毛燕苷，杀用鸾刀、尤非人臣所得而用。《楚茨》云"洁尔牛羊"，太牢具也。"以往烝尝"，天子之岁事异于诸侯之尝则不烝也。"祝祭于祊"者，直祭、索祭而兼举也。"鼓钟送尸"者，尸谡而金奏肆夏也。《甫田》云"以方"者，大司马罗弊献禽之祀，天子之祃也。《大田》云"俶载南亩"者，耕耤之礼也。皆天子之事，非人臣之所敢僭，凡此诸篇，皆当以《序》为正。

南东其亩

《司马法》曰："六尺为步，步百为亩。"步百者，积一亩之实也。取百步之积而方之，则每方十步。而黍、稷、菽、麦之地与稻田殊，其塍埒必狭长乃可行水。然朱子谓广一步长百步，则太狭而与井地不合。且田体皆顺，抑与此言"南东其亩"者舛异。"南东其亩"者，或南北其亩，或东西其亩也。《考工记》："耜广五寸，二耜为耦；一耦之伐，广尺深尺，谓之畖。"一亩之积，广五步，凡三十伐。径二十步，凡五列之。每列纵者四亩，横者四亩，两纵三横或三纵两横而成一列，为二十亩。五其二十为步百，以成一列。五其列，则每方百步，积万步而为百亩。此则夫田之可方者也。而二十五其四以成一夫，纵者半，横者半。故《南山》之诗曰"横纵其亩"，横者南，纵者东也。一纵一横，交午而成方，则畖间之水各因其径，为所注于遂之道矣。百亩而一夫，夫有遂，广二尺，深二尺。都鄙之制，九夫为井，井有沟，广四尺，深四尺，十里为成，成有洫，广八尺，深八尺。百里为同，同有浍，广二寻，深二仞。则沟洫皆方而起于四。十井为成者，四井为邑，四邑为丘，而旁加一里也。要其数皆以四起，则与四亩之径、广各二十步而一方同。四者，开方之数所自生也。

都鄙近国，车马往来之冲，故方之以便行。而一夫之田，或纵或横，则犹相互焉。若乡遂之制，变九而十。夫间有遂，遂上有径。十夫有沟，沟上有畛。百夫有洫，洫上有涂。千夫有浍，浍上有道。万夫有川，川上有路。以十相乘，势不能方。或屈一夫之遂，纵之横之以就沟。或一夫之遂如都鄙法，而十夫之遂则两列各四夫，一列二夫。两沟而成一列，广四夫，长五夫。积五列而成洫，一纵一横，逮乎五其二十而百夫，沟上之畛犹必有龃龉不受之处，而形如凹字之半。积百而千，积千而万，三十三里少半里，犹不齐也。九川而同，而后方百里，龃龉者得互相受，而疆界始方焉。则自一夫百亩，以抵于同，其或东或南，犬牙相入，而畖亩遂、沟洫、浍、川，参差萦纡者不一也。

沟洫本泻水以防涝，而直流太急，则又苦其易熯，故曲折之以节其流。且地势之高下无恒，亦因之以输灌而不滞。乃郑氏《周礼注》曰："以南亩图之，则遂从沟横，洫从浍横，九浍而川周其外。"是抑与朱子广一步长百步之说小异大同，无复纡折，而径畛涂道皆直截。盖郑氏以南亩图之，而不以南东其亩图之也。唯南东其亩，则径畛涂道畖、沟、洫、浍，皆随之以纡回。水流既节，而抑可以限戎马。后世秦州地网，河北塘水，皆迹此而为之者。故郤克使齐，尽东其亩，而国佐对曰："吾子疆理诸侯，而曰'尽东其亩'，唯吾子戎车是利"，此之谓也。若使尽如朱子广一步，长百步及郑氏一纵一横之说，则与郤克之虐令何以异哉？

况周之授田，有不易，有一易，有再易。一夫而或百亩，或二百亩，或三百亩，其大小区方，尤不易齐。《周礼》言井牧其田野，《左传》"井衍沃，牧隰皋"，牧异于井，其亩夫井邑丘甸之或纵或横，必相地势以经画其疆理，安得尽使截然方折以趋川邪？意此疆井之制，太公实以兵法寓井田，而密用其形势。既以治周畿内之田，而抑行之于其国。故此诗言"南东其亩"，《齐风》亦言"横纵其亩"，而国佐之对，亦引此以折郤克。唯齐为世守其法，而他国无闻焉，则《孟子》所谓暴君、污吏慢之者也。

中田有庐

郑《笺》曰："农人作庐焉，以便其田事。"曰"便其田事"，则固非农人之恒居矣。乃《韩诗外传》曰：古者八家而井，广三百步、长三百步一里，其田九百亩。广一与下"一步""一字"，皆"十"字之讹。步、长一步为一亩。广百步、长百步为百亩。八家为邻，家得百亩，余夫各得二十五亩。家为公田十亩，余二十亩共为庐舍，各得二亩半，八家相保。《诗》曰："中田有庐。"赵岐《孟子注》云："庐井邑居各二亩半以为宅，冬入保城二亩半。"朱子谓："五亩之宅，一夫所受，二亩半在田，二亩半在邑。"盖本诸此。

乃考周里亩之制，则有必不如此者，《大戴礼》曰："百步而堵，三百步为里。"《王制》："方一里者，为田九百亩。"郑氏曰："一里方三百步。"《汉书·食货志》曰："六尺为步，步百为畮，畮百为夫。"是一步六尺，一亩百步，周制也。百步之制，《韩诗》所云长十步，广十步者，以方计之也。金仁山所谓阔一步、长百步，即今种豆麦之田畻者，以长计之也。大概积方一步者百，则一亩矣。至汉武帝始增二百四十步为一亩。古之亩非今之亩也。周之一亩，积方六尺者百。周尺六尺，抵今尺三尺六寸。无论其为方为长，而其积实要止于此。庐舍之地异于田畻，不可长计，当以径十步广十步为率。积方二百五十步，每方十五步八分稍弱，每方九十四尺八寸。以今尺计之，每方五丈六尺八寸八分耳。庐之四周有墙，墙内外有堑有沟。墙下有桑地。墙约一尺余，沟堑内外约五尺余，桑地约七尺。概当每方约去地一丈四尺。从广相距，约去地径者二丈八尺。周遭相距，约去地五丈六尺。是为庐之址，径广相距，每方二丈九尺而已。而父子异室，余夫且有栖宿之所，春炊有室，牛羊有栝栈，鸡豚有榗塒，蔬果有圃，获暴有场，八口之家，势所必具而不可缺。不知此三丈之内，何以能置顿而无不足也。若二亩半之在邑者，以方百里之国计之，提封万井，为夫家者八万，则于邑中当以二十万亩为之宅。积二十万亩之实，得为方一步者二千万步。以方约之，其地径广各四百四十七亩强，三百步而为里，当得十四里零十分里之九。而朝庙、市廛、学校、泽宫、官署，卿、士大夫、商贾、府史、舆台之宅舍，宾客之馆垣、府藏仓廪、厮皂委积、圜土犴狱之所，巷陌、沟涂、城堑之间地，当复如之。则是一城积四十万亩，每方六百三十二亩，径广各六千三百二十步，为里者二十一里强。百里之国，殷之侯国、周子男之国也。而其城之大且如此。若周制，公侯之方五百里者，提封二十五万井。虽有下邑采地，或分处之，而国都邑居之民，参分得一，亦六十四万家。其城之广阔，愈不可涯计矣。

《春秋传》曰："大都，参国之一。"又曰："都城不过百雉。"三丈为雉，一雉而当五步。百雉之城，其围一里零三分里之二，其径七十五丈。以步计之，止一百二十五步。其积实一万五千六百二十五步。以亩计之，一百五十六亩四分亩之一。既不能容所食采邑夫家之宅，而国都参于私邑，以三乘之，当止九百丈之围，城中积得十四万零六百二十五步。以亩计之，得一千四百零六亩稍强。又恶从得二十万亩为夫家之宅乎？又况大国之提封二十五倍于此者乎？使果有四十万亩之城，其围八十四里强，以雉计之，五千五十六雉。而参国之一者，其围八千四百八十二步，以雉计之，一千六百八十五雉半强。与所谓"都城不过百雉"者，几相去二十倍。其说之不符远矣。郑司农众曰："营国方九里，九经九纬，左祖右社，前朝后市。"天子之都，其提封百万井，而都城止方九里。岂区区方百里之国，而有方二十余里之城邪？《绵》之诗曰："百堵皆兴。"以《大戴礼》百步为堵计之，岐周之城围止万步。以五板为堵计之，止五百丈。亦可证其不能容此众民之庐矣。然则二亩半之宅在国者，既国中之所不能容；二亩半之宅在田者，又不足以容八口之夫家。是《孟子》所谓"五亩之宅"者，壹皆在野。其径广各二十二步二尺强，为周尺者十三丈四尺，当今尺八丈零四寸，粗可为八口墙桑场圃居室之宅地。《孟子》言"宅"，此诗言"庐"，宅非庐，其不相通明矣。

宅者，民之恒居也，非止取便田事，必因山水樵汲之便，阴阳向背之宜。自其先世以来，长子孙于斯土，八家各自为封域，以别男女，而息鸡豚粪壤之争。非先王制产而始有者，则亦不在经界之内。任土而受均，其广狭一因原隰自然之势，而不可以亩计者也。《周礼》：上地，夫一廛；中地，一廛；下地，一廛。郑司农众曰："廛，居也。"扬子云有田一廛，谓百亩之居也。但田百亩即有宅地一廛，田以亩计而宅无定限明矣。若庐者，则耕获之次舍，暂息而非所恒居者也。许慎曰："庐，寄也。"云寄，则非民之恒处，而异于廛宅可知。盖于公田之中，割二十亩为草舍，八家通一，无户牖墙壁之限。前为场圃，后为庐舍，安置秉耜，收敛秉秸，栭击藁秸，以蔽风雨，而便田事。妇子来饁有所荫息，田畯课耕有所次止。先王周恤民情而利其用，于此为悉。而李悝、商鞅之流以为间土而辟之，是以后世无存者。故郑氏曰："农人作庐以便其田事。"此之谓也。故曰："中田有庐。"有者，非固有之词。若以为恒处之宅，则谁无家室，而与疆场之瓜或有或无者同侈言其有哉！

且如韩婴、赵岐之说，民无适处，乍邑乍田，负釜甑，牵鸡豚，扶老提幼，以敝敝于道路。在田之仓庾，谁与守之？在邑之糇粮，必日有负挽之劳。卒有冰雪弥旬，馈运道阻，樵苏不给，势且馁困于城市。田弃中野，粪治不豫，肥者成瘠。况北土兼植五谷，麦播于秋，培于冬，芸于春，获于夏。粱、稷、稻、菽种于春，芸于夏，获于秋。终岁无间田，即无间日。方冬入邑，原野阒寂无人，虎狼恣其出入，麏麚闯廱其庭户，盗贼乘虚而发，邻国越境而侵。沟洫崩塌而不修，茅榭飘摇而不葺，而邑居不习商贾，无鱼梁之利，无狩猎之获，无园圃之蔬，无牧豕栖鸡之地。老无所养，病无所饲。辛苦垫隘，永无安居之乐。虐民不仁，无逾此者。而谓先王之为此哉？

故知二亩半在邑者，必无之事也。若赵岐所云"入保"，则四郊有警，正卒入守之寓舍，盖《檀弓》所谓"负杖入保"者是。既非携家而往，不必人各有庐而须二亩半之广。使尽室入保城郭，正似后世清野之虐令，虚乡遂以延寇深入。而原野萧瑟，民无以存，其又何以为国乎？故信韩婴、赵岐不经之说，而不通以事理，几何不以王政贼天下也！

祭以清酒

郑《笺》曰："清，谓玄酒也。"按《周礼》："酒正辨三酒之物。"郑氏《注》曰："清酒，今中山冬酿，接夏而成。"不知康成之何以明于注《礼》而暗于笺《诗》，一若两人之言也。使清酒果为玄酒，复何以云"尔酒既清"邪？《韩奕》之诗曰："清酒百壶。"显父岂以百壶之水饯韩侯哉？《礼运》："玄酒在室，澄酒在下。"澄酒，清酒也，清玄之别审矣。郑司农众曰："清酒，祭祀之酒。"抑不可通于韩侯之饯，自当以康成《周礼注》为正。若《集传》云"郁鬯之属"，不知郁鬯，何得有属？且唯天子飨诸侯为用郁鬯，显父何得有百壶以饯韩侯？且使信如《集传》"清酒为郁鬯"，是用鬯祼行时飨，则名其为天子之祭矣，又何以云"公卿有田禄者"之祭乎？义立于此而不通于彼，往往自相矛盾？则甚矣训诂之不易也。

田祖

毛《传》曰："田祖，先啬也。"按，先啬者，八蜡之一。其祭举于孟冬之月，天子以大索而息老物也。《周礼》："凡国祈年于田祖，龡《豳雅》，击土鼓以乐田畯。国祭蜡，则龡《豳颂》，击土鼓以息老物。"是祈年、祭蜡本非一祭，田祖、先啬本非一神，不得以田祖为先啬也。《风俗通》曰

《周礼》说二十五家置一社，但为田祖报求"，则竟以社为田祖，其谬尤甚。《周礼》说所云者，则合二十五家以置社，因合之以报求也。若《集传》云："田祖，始耕者，谓先啬也，盖神农。"其说之误，本于郑司农，而杂以毛公之说。故合三神为一，愈成纷乱。庶人无祭天子之礼，故祭社者不敢祀颛顼而祀勾龙。祭稷者不敢祀炎帝而祀其子柱。乃琴瑟击鼓于田野以飨神农，是与后世愚民，绘牛头草衣之像号为神农而荐淫祀者，等为猥媟，而谓典礼有之乎？按《周礼》："树之田主。"郑《注》曰："田主、田神，后土、田正之所依也。"诗谓之田祖；依者，天神无所主，立人鬼以为之主也。后土、田正，地祇也。田祖，人鬼也。始耕者，在上世，杳茫不知为何人，而非必神农。《山海经》云："叔均乃为田祖。"郭璞曰："主田之官。"又曰："叔均是始作牛耕。"盖叔均既有驱旱魃之功，又教牛耕以节民力，故黄帝命为田祖之官，后世即以其官为神号而祈报焉。田祖之祀叔均，犹社之祀勾龙，稷之祀柱也。《山海经》言多驳杂，先儒弗尚。然去古尚近，而山川草木多有确据，引以为征，固贤于臆度之亡实也。

坻

《方言》："蚍蜉犁鼠之场谓之坻。"盖积土层累之貌，故以比庾粟之多。若水中高地曰沚，从水从氏，与坻字不同。刘熙曰："小沚曰沚。"水中小小洲渚，平薄无几，庾粟似之，则亦但蔽庾底之一隅耳。

田稚

高诱《淮南注》："有稚稻，或谓之稻孙。"所谓稻孙者，乃已刈复生之禾，农人所弃，害之亦无损。而深秋霜露凛降，亦无虫伤之患。此云"田稚"，与稚稻名同而实异。按《齐民要术》：二月、三月种者为稙禾，四月、五月种者为稚禾，盖螟贼之生，多以秋初晴雨相半，湿蒸所孳。稙禾已登，不任受伤，唯晚种之稚偏逢其害，故特言稚，而不概言禾也。

秉畀炎火

《集传》云："愿田祖之神为我持此虫而付之炎火。"则已明炎火非人以火焚之矣。又云："姚崇遣使捕蝗，引此为证。夜中设火，火边掘坑，且焚且瘞，盖古之遗法。"则是人可秉畀火中，而又何希望于神乎？蝗有翅而善跃，故可用火诱而焚之。螟螣蟊贼，蠕动于心、根、节、叶之间，虽设火坑，安能迫之使入邪？螟螣之类，因晴中夹雨，东风吹黏而成。唯电光灼照，则殪黄而死。此云"炎火"者，电火也，祝神以电照之令死也，炎者，烨烨赤光之貌。

敛秩、遗秉

《聘礼》："四秉曰筥。"郑《注》曰："此秉谓刈禾盈手之秉也。筥，秩名也。"四秉为秩，夫既敛而聚之，为秉为秩，何难载归，而胡为其遗邪？倘如郑《笺》所云："成王之时，百谷既多，种同齐熟，收刈促遽，力皆不足，而有不获不敛，遗秉滞穗。"则狼戾之惰农暴殄天物，而田畯不为督理，其职不修矣。然则此之不获不敛，遗且滞者，盖有意为之，以惠矜寡也。以有余惠矜寡者，往与之嫌于无别，来求之则嫌于见乞，留其有余而若忘之，使来拾焉，则两无所嫌。此先王曲全之仁术，以养民俗于忠厚。"彼有""此有"云者，任人之意为多寡，而不期必之也。

韎韐有奭

韎韐，士服也。《士冠礼》："纯衣，缁带，韎韐。"郑《注》："韎韐，缊韨也。士缊韨而幽衡，合韦为之，染以茅蒐，因以名焉。"盖爵弁之韨，士与君祭之服也。《玉藻》："一命缊韨幽衡。"郑《注》云："缊，赤黄之间色，所谓韎也。"许慎说："士无市有韐，制如榼，榼太缺四角，爵弁服，其色韎，士贱不得与裳同。"此诗咏诸侯而用士服者，殷人五十而后爵，周大夫四十而后爵，诸侯终丧入见而后爵。《白虎通》曰："世子受命，衣士服，谦不敢自专也。"郑《笺》所谓"诸侯世子，除三年之丧，士服而来"是已。特谓以祭服临戎，于义未协。此诗下二章不及征伐之事。此云"六师"者，犹言万乘，言其佐天子以振天下之治耳。下言"家室""家邦"，未及天子，亦明此为天子锡命诸侯之诗，而非诸侯祝颂天子之诗也。

先集维霰

郑《笺》云："将大雨雪，始必微温，雪自上下，遇温气而抟，谓之霰。"此说非也。未雪先霰之顷必极寒，霰转为六出之雪，而后寒始定。何尝先有微温？且雪凝于上，遇温将释，安能复抟而为霰乎？霰不可散而为雪，雪不可合而为霰，成象成形，同类而殊形。故霰晶而微黑，雪皑而不润。霰非雪成明矣。董仲舒答鲍敞之言曰："雨凝于上，体尚轻微，而因风相袭，故成雪焉。寒有高下，上暖下寒，则上合为大雨，下凝为冰霰。"其说是矣。风由地升，渐起而上，故始霰而终雪。《集传》录用郑《笺》未当。

举酬逸逸

"举酬逸逸"者，射礼之燕，所异于燕礼者也。按乡射之礼，献酢既毕，主人洗觯酬宾，宾不举，及众宾毕献之后，主人之吏复举觯于宾，宾又受，奠于荐东。工合房中之乐，司正饮觯。在燕礼，则继以旅酬。其在射礼，不欲终燕事，故以将射而暂辍旅酬，酬爵为之缓举。"逸逸"者，缓词也，即《射礼》所谓"未旅，告于宾，请射"者也。射毕升自西阶，而后宾酬主人。若燕、射之礼，虽献酢已毕，媵爵者致觯于公，公取所媵之觯，兴以酬宾。宾告于摈者，请旅，以旅大夫于西阶。射先虽一举酬，而射毕公又举觯，赐宾与长，以旅于西阶，如初礼。则酬夹射以行，前一举酬，后一举酬，礼不主于酒，而酬亦逸逸其缓矣。其曰"钟鼓既设"者，三县在御，《鹿鸣》《新宫》瑟笙三终而旅酬不举，逸逸其缓，以须射也。毛《传》误以"逸逸"为往来次序，而《集传》因之。郑《笺》以"钟鼓既设"为"将射改县"，既于时序不合，而大射与乡射异，无改县之文。其曰"钟鼓既设""大侯既抗"者，诸侯之礼，宿县在两阶之东西，不碍于射，无所俟改。然则上文所云"酒既和旨"者，其即以宾拜告旨之礼言之与？

有颂其首

《说文》："颂，大首也。"本如字，布还切，其字从页，页，貌也。后人借此以为攽赐之攽，以颁赐为正释，反以"大首也"为借用，读之如焚，失之。

猱

陆玑《疏》云："猱，猕猴也。"《集传》因之。今按《尔雅》："蒙颂，猱状。"郭璞曰："即蒙贵也，状如蜼而小，紫黑色，可畜，健捕鼠，九真、日南皆出之。"云"猱状"者，言蒙贵肖猱也。猱非即蒙贵，而与蒙贵、果然、猩猩为类。故《尔雅》："猱蝯善援。"猱似蒙贵而大，善升木则如蝯。陆佃曰："猱一名狨，轻捷善缘木，大小类蝯，长尾，尾作金色，俗谓之金线狨，生川峡深山中。"陈藏器言其似猴而大，毛长，黄赤色。人将其皮作鞍褥。猱盖丰毛柔垂之兽，故俗以科头为猱头，狗之长毛者为猱丝，与猕猴绝不相类。陆玑之疏谬明矣。

如涂涂附

涂中泞泥谓之涂。"如涂"者，言行于泥涂而染涂也。"涂附"者，言前既受涂，后涂因黏前涂而相附也，凡屡屡行泥泞者皆然，而此则言车轮之辗泥淖也。《考工记》曰："杼以行泽，则是刀以割涂也，是故涂不附。"郑《注》云："附著音酬也。"此诗毛《传》亦曰："涂，泥；附，著也。"与《考工记》正合。《集传》曰："于泥涂之上加以泥涂附之"，似指墁墙壁者而言，未是。此以比小人，俗本无良，为君子者又复教之以不让，则相染益恶而无涤除之期，非徽猷之可与属也。

充耳琇实

《礼》：自大夫以下弁而无冕。充耳者，瑱也，冕之饰也。《古玉图考》绘有充耳，形圆而长如大枣，顶上一孔以受系，下垂如赘。故《旄丘》之诗曰："褎如充耳。"言如旒之垂空赘于左右也。《集传》以为耳聋多笑，纤巧不典。人士而服充耳，其实卿也。卿而谓之士者，士者男子之美称，可通称之，且对君子女而言士女也。

尹吉

吉姓亡考，字或作姞，南燕之姓，国在今胙城县。然南燕未闻入仕于周，亦未闻与王室为婚姻，盖周之庶姓，非贵族也。或此称尹吉者，即吉甫之后孙，以王父字为氏，古之赐姓者或以字。吉甫位望重，因赐其诸孙为尹吉氏，以别于诸尹，而世吉甫之禄位，故曰尹吉。

蓝

蓝之为草，古今品类不一，但叶可渍染青碧者，皆蒙此名。李时珍《本草》考有五种：一蓼蓝，叶如蓼，五六月开花，成穗细小，浅红色，子亦如蓼，岁可三四刈，《月令》"禁民毋刈蓝"者是也。二菘蓝，叶如白菘。三马蓝，叶如苦荬，则《尔雅》所谓葴马蓝，郭璞曰"今大叶冬蓝"是也，俗谓之板蓝。菘蓝、马蓝开花结子并如蓼。四吴蓝，长茎如蒿而花白。五木蓝，长茎如决明，高者三四尺，分枝布叶，叶如槐叶，七月开淡红花，结角长寸许，累累如小豆角。收子畦种之，今俗谓之青子蓝，任昉《述异记》以谓"汉宫蒉园供染绿纹绶小蓝"者是也。

乃时珍生长蕲、黄，不知闽岭、湖南畦种作淀俗作靛，以供东南布帛衣被天下之用者，别有大蓝，丛生，叶如嫩茗，而枝脆叶茂，清明取近根宿茎插之，霜降刈之；刈之不速，则一夕经霜而萎黑；既刈，乃取其茎窖藏之，为来岁种，无花无实，非至肥之土芸培至三四者则不茂。此外别有甘蓝，其叶长大而厚，经冬不死，开黄花，煮食其叶甘美。胡洽云河东羌胡多种之，则今潞州人以染竹根青者。贾思勰曰："蓼中之虫，岂知蓝之甘乎！"此蓝是也。

若《诗》之言蓝者，乃蓼蓝也。唯此一种蓝生于原隰，非必家园畦种，亦有采归种之者。故《齐民要术》种蓝法云："初生三叶，浇之，薅治令净。五月新雨后即拔栽。"其余诸蓝，俱以可渍汁而染，与蓝同用而袭蓝之名耳。古今称名互相假借，如此类者不一，不可不辨。

英英白云

露降不以云，故《集传》以此为"水上轻清之气"。然水气上蒸之似云者，或晨或暮，固亦霏微岸草间，而乍生乍散，不能濡润菅茅。若露之湿草者，高山平原无水之地随在而有，固不资于水气。且水气腾上，不能逾二三尺，冉冉困困，平伏涣散，不可谓之"英英"；与云殊类，亦不可名为"白云"。以此说《诗》，虽巧而实未安。今按：晴夜所降之露，所谓白露也，有云则无，无云则有。而凡浓雾细雨，沾濡草木，湿人衣履者，亦可谓之露。张旭诗云："入云深处亦沾衣。"高山大壑云起之处见如微雨，而渐即平野回望之，则唯见为白云而已。露之为言濡也，谓湿云之濡菅茅也。遥望之则白云，入其中则为雾，雾亦谓之露。故《素问》云："雾露中人肌肤。"《乐府清商曲》云："雾露隐芙蓉。"皆此谓也。白云自可露菅茅，安在其为"水上轻清之气"哉！

滮池北流

《三辅黄图》云："冰池在长安城西，旧图云：西有滮池，一名圣女泉。"盖冰、滮声相近，传说之讹也。《一统志》曰："滮水出咸阳县之滮池，流至西安府西北，合镐水。"然镐在渭南，咸阳在渭北，则滮水不能绝渭而入镐水。盖滮池在咸阳县之南境，地在渭水之南，与今县治隔渭，故北流入镐以合于渭。滮池系之咸阳者，其县之境内也。毛《传》曰："滮，流貌。"郑氏谓："丰、镐之间水皆北流。"俱为疏漏。且渟者为池，行者为流，自非实有此池为濊水之源，则言"濊"不当谓之"池"，谓之"池"又不当言"流"矣。

苕

草木之名古今互异，有同名而异实，有异名而同实，唯据所言前后之文以考之，斯为定论。《经》言："苕之华，芸其黄矣。"则即于黄华求之，然后为《经》所咏之苕而不可乱。他所引证，未足为真，审矣。《尔雅》："苕，陵苕。"郭璞注云："一名陵时。"张揖《广雅》云："茈葳，陵苕，蘧麦也。"陆玑《疏》则曰："苕，陵时，一名鼠尾草，似王刍，叶紫，华可以染皂。"今按：紫葳，陵霄花也，一名陵时，蔓生，附木而生，高数丈，其花红艳，非芸黄也。蘧麦者，石竹也，一名南天竹，花有细白、粉红、紫赤数种。俗呼洛阳花，陶弘景谓其根即紫葳，苏恭辨正其误，是也。鼠尾草一名陵翘，一名茢，叶如蒿，可以染皂，穗如车前，花有红白二种。凡此数种，皆非黄华。足知古今名异。陵时、陵翘互袭陵苕之名，而非《诗》所言之苕。今按：苕可为帚，曰苕帚，则今之所谓地肤子草者。《尔雅》："一谓之王篲，此草七月开黄花，而叶与蘧麦相似"，故张揖以近似而乱。则《尔雅》"苕，陵时"，或与王篲异名互见，而凡谓为陵霄花、蘧麦、鼠尾草者，皆非也。

牂羊坟首，三星在罶

《尔雅》："吴羊，牝牂。夏羊，牝羖。"吴羊、绵羊；夏羊，山羊也。吴羊头小角短，山羊头大角长。《初筵》之诗曰："俾出童羖。"吴羊虽瘦，终无头大之理。故毛《传》曰："'牂羊坟首'，言无是道也。"罶小而星移，其影易没。故毛《传》曰："言不可久也。"若如《集传》云，"无鱼而水静"，则竟无可食矣。奚但其不可饱乎？故毛《传》曰："人可以食，鲜可以饱，言治日少而乱日多也。"自当以毛《传》为正。

《诗经稗疏》卷二终

诗经稗疏卷三

大雅

殷士

毛《传》曰："殷士，殷侯也。"郑《笺》曰："殷之臣。"《集传》遂曰："商孙子之臣属。"盖以士为大夫士之士，则贱有司尔。今按：裸将大礼，非士得与。"常服黼冔"者，诸侯之服，非士服也。在殷为冔者，在周为冕。黼者，玄冕之服。士弁而祭于公，安得僭服黼冔哉？殷之侯、伯，周降而为子、男。衮冕以助上帝之祭，希冕以助先王之祭，玄冕以助先公之祭。此言衣黼冕以赞裸将，其禘祫而合祭先公与？固当以毛《传》为正。"殷士"犹言殷人也，别于孙子，而为异姓诸侯之词。

裸将

毛《传》曰："裸，灌鬯。"但言灌鬯，初未云灌之于地。自《白虎通》始有灌地降神之说，唐《开元礼》遂举浇酒委地之事。《集传》为后世流俗所惑。而庆源辅氏为之说曰："先以郁鬯灌地，求神于阴。既奠，然后取血膋实之于萧以燔之，以求神于阳。"则谬甚矣。

《郊特牲》曰:"既灌然后迎牲,致阴气也。萧合黍稷,臭阳达于墙屋。故既奠然后焫萧合膻芗。"曰"既灌",又曰"既奠",奠即灌也。皆用郁鬯之谓也。灌与迎牲相接,迎牲在尸入之后。君出迎牲,而大宗亚裸。牲入而后焫萧,则焫萧以报气,在尸受亚裸之后。而君裸在尸入之初,尸入则有尸可献,固不当灌地以间尸敬。若云尸未入而先灌地,抑与"既奠然后焫萧"之文不合。

奠之为言,置也。《昏礼》,妇执笲、枣、栗,奠于席。《特牲馈食礼》:"祝洗酌奠,奠于铏南。"许慎曰:"奠,置祭也,以酒置于下基。"盖古礼不以亲授为敬,故臣执贽于君,婿将雁于舅,皆谓之奠。奠用郁鬯则谓之灌。后世不知灌义,因不知奠义。然则新妇之枣、栗亦倾之于地乎?岸然植立,取酒浇泼粪壤,等于嚄蹀,既仁人孝子所不忍为,且饮以养阳,浇之于土则失其类。况云降者,自上而下之词。若沃灌于地,则求之地中,升而非降矣。

原夫倾酒委地,所谓酹音泪也,起于争战之世,要鬼设誓,倔侮忿戾者之所为。流俗不察,用以事其祖考神祇。不知何一陋儒,循为曲礼,而诬引古礼以徇其鄙媟。试思此浇泼之顷,反之于心,于女安乎?张子曰:"奠,安置也。若言奠贽,奠枕是也。注之于地,非也。"其说韪已。《家礼》既辨,其非倾于地,而复有束茅降神之礼,则抑徇俗而不正。邪说横行,贤智且不能自拔,何不详考之礼文乎?

按《祭统》曰:"君执圭瓒裸尸,大宗执璋瓒亚裸。"郑《注》曰:"天子之祭礼,先有裸尸之事,乃后迎牲。"其异于《特牲》《少牢》之祭,祝酌奠,君自裸,而不使祝奠,此天子之礼所以别,然其为事尸之初献则一也。《特牲》《少牢》所奠之觯,必待尸入而奠于尸席。尸乃即席坐,答拜,执奠,坐,祭而啐之,告旨而仍奠之,亦不倾之于地,而尸必举焉。况裸为礼之大者,君与大宗之所拜献,而王尸不举,乃以弃之于土壤乎?倘以馈食之觯已倾泼之矣,尸又何所祭而何所啐之?故《考工记注》曰:"裸,谓始献酌奠也。"言献,则亦九献之一,而献之尸矣。且彼所谓灌地者,将背尸而灌之邪?抑尸已即几筵,而他求之几筵之外,是以祖考为游魂也。若向尸而灌之乎?则尸人也,乃相对而倾酒于地,有是理哉!故《祭统》明言裸尸而不言灌地,如之何其弗察也。

又《周礼·大宗伯》"以肆献祼享先王",郑《注》曰:"祼以郁鬯,谓始献尸求神时也。"《小宰》赞王"祼将之事",郑《注》曰:"将,送也。送祼,谓赞王酌郁鬯以献尸谓之祼。祼之言灌也。明不为饮,主以祭祀。"不为饮者,与《馈食》啐而不饮,其义同尔。故郑氏又曰:"凡郁鬯受祭之啐之奠之。"始献,啐而不饮,别于后献之卒爵,皆以明祼之为始献尸也。又王出迎牲,后乃亚祼。后不与,则大宗亚祼。恐敬尸之有间也,故亚祼举焉。若灌地以降神,则神已依尸,何事此一祼再祼之仆仆乎?

孔安国《论语注》曰:"灌于太祖以降神。"太祖者,太祖之尸也。禘主太祖,故特献太祖而用祼礼。群庙则自朝践始。降神者,俾神降于尸也。朱子乃改"太祖"二字为地字,唯取《白虎通》之俗学破礼,乃果于窜易古书,有识者不敢徇也。又《礼器》曰:"诸侯相朝,则灌用郁鬯。"《周礼·郁人》:"凡祭祀宾客之祼事。"《大行人》:王礼诸侯公"再祼",侯、伯、子、男"壹祼"。然则诸侯宾客人也,亦将灌地以降之乎?盖以醆曰奠,以瓒曰祼,用醴齐曰朝践,用盎齐曰酳,而用郁齐则曰灌。灌犹酌也,非灌园、灌注之谓也。《白虎通》误之于前,杜预《左传解》复因郑司农众错训茜与缩通酒为以菁茅藉茜郁鬯,遂谓束茅而灌以酒,承讹于后,使后世为礼者用末俗设誓酹酒之陋习,行诸淫祀,施及郊庙,为忍心悖理之大愿,波流而不知革。辅氏推其邪妄,因以焫脂为燔,不恤"以肉傅火上曰燔"之明文,抑不知合萧者用膋而不用血,乃谓取血膋实之于萧焫之。其疏谬不通,惑乱礼制,已不足采。且一曰求阴,一曰求阳,不解《郊特牲》《祭义》之文,横相牵曳。讵复知焫萧之焫于尸侧,而望空焚之,遂使烧香泼酒之夷俗登于典礼。其下流之邪妄,遂有焚楮钱、浇浆饭,以有用之物付之一炬,而委酒食于地,恣狗彘之争食,慢鬼神,毁哀敬。为君子者亦用之不疑。使辛有见之,且不知涕之何从止矣,悲夫!

挚仲氏任

任姓者,奚仲之后,为夏后氏车正,封于薛俗称薛。《潜夫论》曰:"奚仲后迁于邳,其嗣仲虺居薛,为汤左相。"薛,任姓。此云"挚仲氏任"，《集传》云："挚，国名。"然挚国不他见。若以为殷之诸侯，至周失国，则文王母族不应废灭。挚、薛古音相近通用，挚盖薛也。仲虺为商宗臣。其后嗣留仕于殷，食采于畿内，故曰："自彼殷商。"至周改封，始启土于山东，而国号则仍其旧。薛初见于《春秋》，称侯，其后降称伯，盖大国也。亦应以太任故，受元侯之封。不然，则车正之泽，固不能如是其丰也。《唐书·宰相世系表》云："奚仲为夏车正，更封于薛。又十二世孙仲虺为汤左相。太戊时有臣扈，武丁时有祖己，徙国于邳。祖己七世孙成侯又迁于挚，一谓之挚国。"然则挚之为薛明矣。《左传》宗人衅夏曰："周公娶于薛。"薛与周固世为婚姻之国也。若挚虞《思游赋·序》曰："有轩辕之遗胄，氏仲任之洪裔。"则远托华胄而近遗本支也。

缵女维莘

地之以莘名者非一。古有莘氏之国在河北濮东者，晋文公登有莘之墟是也。地在河、汝之间者，《春秋》"荆败蔡师于莘"是也。在河南函谷之外者，神降于虢之莘是也。蔡、虢之莘，邑也。城濮之莘，古诸侯之国也。若此姒姓之莘，在郃阳渭涘，非古有莘国。《唐书·宰相世系表》云"夏后启封支子于莘，夏后故姒姓，今同州郃阳县有故莘城"是已。姒姓之莘当作姺，或作侁。伊尹耕侁于莘野，一曰为有侁氏之媵臣，赵武曰："商有侁邳。"《左传·注》：或音铣或音洗者，皆误。《竹书》："河亶甲之世，侁人叛入于班方。彭伯韦伯伐班方，侁人来宾。"则侁当殷世为强国。乃入周而莘国不嗣，姒姓之国为杞为鄫。则侁地入于畿而改封于东国矣。莘、侁、姺古字通用，此莘宜作侁，以别于城濮之有莘。

其会如林

会之为义，自外来合之称。《春秋》：会他师则称会；其起本国之兵，称帅不称会。牧野之师，未闻有诸侯助纣者。其云受有亿万人，就天子之六军而言。纣所党恶者，飞廉、恶来之属，皆畿内卿士。奄五十国，初皆伏而未动。而待三监内讧，乘乱始起。考之经传，牧野未有与纣会师之国，安得有如林之众邪？按许慎说"其旝如林"，字作"旝"，谓"建大木置石其上，发以机，以追敌"。盖今之炮也。然《春秋传》云："旝动而鼓。"未有以发炮而后鼓声始作者。且炮之为用，利在守险。牧野散地，无险可守，檀车四布，炮何从施？

杜预曰"旝，旃也，通帛为之，盖今大将之麾也，故先动旝而后鼓。"乃杜预所云"大将之麾"，就郑言之尔。通帛之旃，师都所载。二千五百人为师。郑有二军，曼伯将左，祭仲将右，每军二千五百人，故以师都之旃为大将之麾。若牧野之师，纣亲将，自建天子之旌旗，以麾进止。旝其师都之长所建尔。使有十万人，则建四十旝，故曰"如林"，因其旗以知其众。旝从扴、會，明为旗属而非炮。折中众论，当以杜说为长。

鹰扬

毛《传》释"如鹰"之说殊未分晓。《集传》曰："言其猛也。"太公年已耄而雄心不戢，恃筋力以为勇。身为上将，儇捷以争利于原野，廉颇、李勣之所不为，而谓太公为之乎？鹰扬者，阵也。八阵有鸟阵。鹰扬者，鸟阵也。其后郑庄公为鱼丽，郑翩为鹳，其御请为鹅，皆鹰扬之类。

堇荼如饴

毛、郑俱以堇荼为菜。以实求之，非也。荼之可食者味本辛香。堇则《尔雅》所谓"啮苦堇"者是。郭《注》云："今堇葵也，叶似柳，子如米，汋食之，滑。"许慎亦曰："茎如荠，叶如柳。"马融《广成颂注》云："堇菜，花紫，叶可食而滑。"故《内则》曰："堇、荁、枌、榆以滑之。"《本草》谓之石龙芮，采苗食之，味辛甘而滑。谓之苦堇，旧说以为古人语倒，犹甘草之为大苦也。荼以辛胜，堇以滑美，原不取"其甘如饴"。且此诗本咏周原之肥美，宜于禾稼，非论野蔌。凡地之宜禾者，草必不丰。若茂草之原以植五谷，必瘠而所收者薄。堇虽可食，而原隰之卉，使其茂美，非佳壤矣。

堇荼者，《内则》之所谓"谨涂"也。堇者，许慎曰："黏土也。"荼与涂通，泥也。《诗》则通涂为荼，《内则》则通堇为谨。古人文字简，类多互借，又或传写之讹。堇涂，穰草和泥，黏而肥泽，膏液稠洽，如饴之黏，故曰"朕朕"。周原地后入秦，秦地宜禾，此之谓也。

以堇荼为二菜之名，既非《经》义。若《集传》谓堇为乌头，则尤沿郭璞之误，而于"如饴"之文尤为背戾。《尔雅》："芨，堇草。"而郭璞谓是乌头，不知"芨，堇草"者，蒴藋也，一名接骨草，一名陆英。寇宗奭曰："花白，子初青如绿豆颗，每朵如盏而大，有一二百子。"其非乌头苗也。盖草之名堇者，其类不一也。旱芹，一也，似芹而生于陆，音勤。蒴藋，二也，音近。石龙芮，三也，音谨。堇，堇菜，四也，一名箭头草，苗生塌地，结荚如箭镞，嫩叶亦可食。乌头苗，五也，一名孩儿菊。和堇，六也，似芹而叶有毛，误食杀人，一名断肠草。诸堇之中，乌头苗及和堇有大毒，入口即死。乌头者，射罔也，无有人敢尝之者，谁从知其"如饴"即令其甘"如饴"，以之杀人愈甚，周原何用有此恶草，而以甘浓为地之美乎？《三十国春秋》载刘殷母王氏盛冬思堇，殷入泽哭，得堇斛余。使为乌头，则殷母何用思之？而殷且以斛余之毒草食母邪？愈知璞说之非矣。然而堇涂非堇菜也，黏土也。

柞棫

郑《笺》曰："柞，栎也。棫，白桵也。"《集传》因之，乃又曰："柞，枝长叶盛，丛生有刺。"则误矣。按《尔雅》："栎，其实梂。"《广雅》："栎之实为橡。"则其为橡子树亡疑。橡有两种，大者树高而叶小，小者树庳而叶大。要其枝不长，叶不盛，生不丛而无刺。其枝长叶盛丛生有刺者，则今俗之所谓柞木，非柞木也。既曰："柞，栎也。"则不当以今之所谓柞者为柞矣。柞、棫皆小树，故曰"拔矣"，不待斧斤之伐者。若今之所谓柞者，树高一二丈，围数尺，干强叶盛，坚重多瘿，非易拔者也。《尔雅》："朴，枹者。"郭璞《注》曰："朴属丛生者为枹，《诗》所谓棫朴枹栎。"今考《棫朴》之诗，毛《传》曰："朴，枹木也。"《尔雅》又云："枹，遒木，魁瘣。"则今之所谓柞者，盖枹也，即诗之所谓朴也。其木理坚劲，故曰"遒"；瘿节拥肿魂磊，故曰"魁瘣"。然则朴者今之柞，而柞者今之栎，古今名实淆乱如此类者众矣。李时珍谓今之柞木，其木可为凿柄，故名凿子木，方书误作柞木，皆昧此义，其说是已。

"械，白桵"者，《本草》谓之蕤，其仁曰蕤仁。韩保昇曰："出雍州，树生叶，细似枸杞而狭长，花白，子附茎生，多细刺。"苏颂曰："木高五七尺，茎间有刺。"此说与郭璞《尔雅注》"桵，小木，丛生有刺，实如耳珰，紫赤可啖"之说相符。桵、蕤音同，故讹为桵。生雍州，则与诗又合，疑即南方所生之胡颓子，俗呼羊奶子，一名牛筋子者是。蕤仁之木，与大叶结橡子之栎，皆庳小，木梗塞道，故以类举。若凿子木，则其生不繁而木高大，非其伦也。

昆夷骁矣

昆夷在凤翔之西，秦陇之右，西戎也。猃狁夹河，在延、绥、河套之间，北狄也。太王居邠，与延庆接壤，有北狄之难，而无西戎之警。既自邠迁岐，则北远狄患，至后乃有西戎之逼。此言昆夷，定为文王时事。"肆不殄厥愠"，肆之为言，故今也。今者指文王，非谓"民之初生，自土沮漆"时明甚。郑氏谓文王"不绝去其恚恶恶人之心，亦不废其聘问邻国之礼"是也。《孟子》所谓"文王事昆夷"是也。《集传》每混西戎、北狄为一，失之。

济济辟王，左右奉璋

其言"辟王""周王"者，盖周公之追称也。即依毛公，以璋为裸献之器，亦诸侯之大璋耳。天子用圭瓒，诸侯用璋瓒。故《考工记》曰：天子用全，诸侯用瓒。瓒之为言，杂也。柄用大璋，而以黄金为勺则杂，《旱麓》所谓"黄流"者是已。《书·序》："平王锡晋文侯秬鬯圭瓒。"孔安国曰："以圭为杓柄谓之圭瓒。"则天子所赐侯、伯者，柄如圭，而实亦璋瓒也。言"奉璋"而不言奉圭，初未尝言文王之用王礼矣。自为《公羊》之学者言周先称王，后伐商，《春秋繁露》因谓奉璋为文王祭天于郊。不知郊之用玉，唯四邸之圭，而无如盘之瓒。若璋瓒，唯禘祀亚献则用之，而祀山川亦用大璋、边璋、中璋，郊祀则器用陶匏，荐用玄酒，大圭不琢以礼神。故《郊特牲》曰："酒醴之美，玄酒明水之尚，贵五味之本也。""大圭不琢，美其质也。"又曰："至敬不飨味而贵气臭也。"《周礼·大宗伯》"以禋祀祀昊天上帝"，"以肆献祼享先王"，而《郁人》《鬯人》《司尊彝》俱无郊祀之文，则郊异于宗庙，无祼鬯之礼，而何用璋瓒为？璋非祭天之器，乃据此"奉璋"之文诬文王之受命而郊，其妄明矣。

《旱麓》之诗曰"瑟彼玉瓒，黄流在中"者，言"黄流"，则亦璋瓒而非圭。毛公既误以玉瓒为圭瓒，郑氏又误以圭瓒为青金外、黄金勺之璋瓒，乃云王季有功德，受此赐。而于此诗之《笺》，复引宗庙之祭，王祼以圭瓒，亚祼以璋瓒乱之，虽较董仲舒郊祀之文差有典据，而不知诸侯之璋，形如天子之边璋。妄以王礼施于侯度，既使文王有改玉之嫌，而董、班、何休因谓文王行南郊见帝之事，附会其质文三统之邪说，使后世奸雄妄干天步，其害名教，启祸乱，亦惨矣哉！朱子力辟《公羊》之邪学，而《集传》于此又屈从郑氏之说，则亦簸扬之未精也。

且亚献者后也，其奉璋者世妇外宗也，非髦士所得左右，而亦非辟王之所有事矣。况此诗一未及祭祀之事，而下云"周王于迈，六师及之"，则此璋者非祭祀之大璋、璋瓒，而起军旅之牙璋也。以牙璋而误为璋瓒，因璋瓒而混为圭瓒，因圭瓒而指为郊祀，辗转失真，遂以诬文王之僭王号而祀南郊，毫厘之差，不但谬以千里矣。扬雄曰："僭莫大于祭，祭莫大于天。"是可忍也，孰不可忍也！若文王未称王而言六师，郑氏谓"殷末之制"是已。文王专征而可有六师，殷之所许。以侯、伯而用圭瓒祭帝于郊，亦殷制乎？文王而郊，用天子之圭瓒，何以称为至德哉？

榛楛

榛有二种。其结实似栀实而味香甘，《礼》所谓榛栗枣修也。《说文》作亲，从辛从木。传写作榛者，俗通用。亲，乔木也，非所在恒有之木。而《邶风》与苓并称，此又与楛连举，则非榛栗之榛可知。济济者，丛生之貌。张揖曰："木丛生曰榛。"丛生于旱麓，故古人动称荆榛塞路，盖即《皇矣》之诗所谓栵也。解详《皇矣》，其栵下。

楛，《集传》曰："赤荆也。"赤荆者，茎微紫赤而方，叶圆而柔厚，八月开紫花，弥满山谷，俗谓之布荆。恶木谓之楛。此木茎脆易折，繁生碍路，故谓之楛，往往与椐夹杂而生。以类相连，益知榛之为栵也。

黄流在中

《集传》曰："黄流，郁鬯也。酿秬黍为酒，筑郁金煮而和之。"尽反毛、郑，不知何据。毛《传》云："黄金所以饰流鬯。"鬯犹通也，谓以金饰其流通之际，即所谓黄金为勺也。流者，酒之所从注也。《博古图》绘爵匜之属皆有流。《士丧礼》："匜实于盘中南流。"玉瓒以玉为柄而金为之流，故曰黄流。流即勺也。此盖诸侯裸献之边璋，黄金勺，青金外，所谓璋瓒也。其外青金，故黄流在中。青金，银也。黄金，金也。银质而金镶也。《明堂位》记灌尊之勺，"夏后氏以龙勺"，"周以蒲勺"，郑氏谓"合蒲如凫头也"。《广雅》曰："龙疏，蒲科，杓也。"盖周之裸瓒，其勺为科，合聚如凫头，酒从中流。一曰流，一曰勺，酒所从倾注也。《考工记》注曰："瓒如槃，其柄用圭，有流。"又曰："鼻勺，流也。"则黄流之即黄金勺明矣。《白虎通》曰："玉饰其本，君子之性。金饰其中，君子之道。"故《诗》以兴"岂弟君子"，义取诸此，安得以黄流为郁鬯乎？

若《集传》所云："筑郁金煮而和之。"尤为差异。或因误读《白虎通》而意郁鬯为黄色之郁金。《白虎通》曰："鬯者，以百草之香郁，金合而酿之。"所云"金合"者，以金为合酿之器也。朱子连"金"于"郁"以为句，加"筑"于"秬黍为酒"之下，易"合酿"为"煮和"，遂谓先以秬黍为酒，捣筑郁金为末，置酒中煮之，以变酒色使黄，而谓之黄流。割裂古文，其误甚矣。

按《说文》，郁，芳草也，十叶为贯，二十贯为筑。筑者，二百叶也，既非以杵臼捣筑之谓；所谓郁者，亦芳草之叶，而非世之所谓郁金者。刘向曰："鬯者，百草之本也。"许慎又曰："煮百草之英二百叶以成郁，乃远方郁人所贡，以之酿秬黍为酒以降神。"郁人，今之郁林州。《诗含神雾》曰："郁二百叶，采以煮之，为鬯郁以酿酒。"大概如今南方草曲之制。郁本众草之英，非世之所谓郁金审矣。且煮郁者，煮百草之英，用以合熟黍而酿酒，其用如曲，非如今人煮药酒之法，煮之于既成酒之后。故孔安国《尚书传》曰："黑黍曰秬，酿以鬯草。"郑氏《郊特牲注》曰："秬鬯者，中有煮郁，和以盎齐。"曰"酿"，曰"中有"，则以之酿而酒中固有之，非旋加于酒而煮之也。

且谓郁金煮酒为黄流，更似不知所谓郁金者。《魏略》云："郁金生大秦国，二三月花如红蓝，四五月采之，香。"陈藏器《本草》亦云然。《南州异物志》云："郁金香出罽宾国，色正黄，与芙蓉花裹嫩莲者相似。"《唐书》云："太宗时，伽毗国献郁金，叶似麦门冬，九月花开似芙蓉，其色紫碧，香闻数十步。"诸说不一。王肯堂《笔麈》谓出西域，一名撒法蓝，一名番红花，状如红蓝花，蒸之芬馥清润。其说与《魏略》、陈藏器略同，要为西番之奇卉。左贵嫔《郁金颂》云："伊有奇草，名曰郁金。越自殊域，厥珍来寻，芳香酷烈，悦目怡心。"《古乐府》云："中有郁金苏合香。"唐诗："兰陵美酒郁金香。"皆谓此草固非中国所有。《大明一统志》载广西罗城县产此香，亦徒有其说。今所未见。三代，西域未通，无从有此。固非酿鬯之郁。而郁金之名，实唯此番红花为当其实。

朱子生当南宋，偏安于东南，大秦、罽宾为金、夏所隔，亦不知有此香。而以为煮酒成黄色者，则姜黄之小者，蝉肚鼠尾，破血散气之草根耳。其臭恶，其味苦，染家用以染黄。若以煮酒，令人吐逆，人所不堪，而以献之神乎！以姜黄为郁金，以郁金为郁，既辗转成讹，而以煮酿为煮酒，以二百叶之筑为捣筑，则为意想姜黄之可捣可染酒变色，而因谓酒为流以与儒先传注相背，则误甚矣。义理可以日新，而训诂必依古说。不然，未有不陷于流俗而失实者也。

憎其式廓

毛《传》云："廓，大也。憎其用大位，行大政。"既似歇后语；郑《笺》云"憎其所用为恶者大"，又似隐语。故《集传》疑之，而云未详。《潜夫论》曰："夏、殷二国之政，用奢夸廓人，其说较通。""式"，用也，见《尔雅》。"廓"，人以"丰亨豫大"惑其君者。

其菑其翳

毛《传》："自毙者翳。"然则立死者又谁毙之乎？《尔雅》："木自毙，
柛；立死，椔；毙者，翳。"盖统名自死之木为柛，自死而植者为菑，自
死而倒者为翳也。故《荀子》曰："周公之状，身如断菑。"言植立不动
也。"自毙"之毙，毙也。"毙者"之毙，倒也。与《周礼》"毙田"、《仪
礼》"毙旌"之毙义同。"作"者，作其菑也。作起其根而仆之也。"屏"
者，屏其翳也，摒除而去之也。

栩

《尔雅》："栩，栭。"毛《传》亦云。郭璞曰："树似檞橄而庳小，子
如细栗，可食。"盖即"狙公赋芧"之芧。杜诗："园收芋栗未全贫。"俗
讹芧为茅，因呼茅栗。《内则》有"芝栭"，栭即此。其树亦谓之栎，丛生
小木也。许慎以为栝，非是。栝，佳木也，不当与灌木同其"修""平"。
若《集传》谓为行生之木，木无生而成行者。松杉之成行，人为之也。既
种之成行，必不碍于人，何事"修""平"之乎？"修""平"者，芟去
之，使道路平也。若陆玑《疏》曰："叶如榆也，坚韧而赤，可为车辕。"
尤误。

串夷载路

大王之时，既无西戎之患，则此串夷之非昆夷明矣。毛《传》曰：
"串，习；夷，常；路，大也。"于"帝迁明德"之义相承，郑《笺》《集
传》之释，不如毛说之允。《尔雅》云："路，大也；串、贯，习也。"郭
《注》曰："串，厌习也。"与毛《传》吻合。"载"，语辞，见于《诗》者
不一。"路"之训大，"路车""路寝"皆大也。如谓"载路"为充满道路，
则徒云"载路"，何以见昆夷之满路而去，非满路而来邪？《生民》之诗
曰："厥声载路"，义与此同。"覃"，长；"訏"，大。而复云"载大"者，
自言"厥声"，以足上文，不嫌复也。若以为呱声满于道路，则寒冰鸟集

之下，原非通衢。且满路者，纵满邪？横满邪？以为横满，则虽九轨之道，凡儿之啼皆可相闻，不必罩讦之呱。若以为纵满，则路之延长，不知纪极，将画何地以为所满之区限乎？古人虽无意求工于文，而体物精当，必不为歇后半明半昧之语。倘不言昆夷之遁去，而但云满路，不言后稷之呱令路人闻之，而云充满于道途，此后世稍知修辞者之所不为，而谓《六经》有此乎？自当以《尔雅》毛《传》为安。

以按徂莒

"按"者，自上临下，适与相当而压之也。《夏小正》："汉按户"，当户上也。以手抑而下之曰按，故导引法谓之按摩。侵阮之寇与阮相持，文王之师起而逼抑其垒。关陇之地，西高东下。自岐向阮，乘高而下。文王受专征之命，帅六师以压之。正当其冲，使之欲遂不能，欲退不得，销沮折服，所谓按也。"按"，本安去声。其入声，音与"遏"同，故《孟子》借用"遏"字，实则与"遏"义殊。"按"，压也，"遏"，止也；即读为頞，頞、遏音近亦当以压抑为义。

侵自阮疆

《春秋左氏例》：有钟鼓曰伐，无钟鼓曰侵。谷梁氏曰："苞人民，驱牛马，曰侵。斩树木，坏宫室，曰伐。"陆佃曰："无名行师曰侵。"胡氏折中其义，而曰："潜师掠境曰侵。"然潜师之义亦有未安。潜师者，必孤军潜至，如齐桓帅八国之师，越千里而往，师安能潜邪？《周礼·大司马》九伐之法："负固不服则侵之。"王师讨有罪者，亦无潜掠之理。唯公羊氏曰：粗者曰侵，精者曰伐。精粗者，自受兵者之害深浅言也。郑氏《礼注》曰："侵云者，兵加其境而已，用兵浅者。"许慎说："侵渐进也，从人手执帚，如扫之渐进。"即公羊之所谓粗也。故《泰誓》曰"侵于之疆"，此曰"侵自阮疆"，皆以疆言，抵其境未造其国也。"负固不服则侵之"，掠其疆，夺其险也。知侵为加兵境上之名矣。则此言"侵自阮疆"，而非侵"密"也。使伐密师于阮以救阮，则当言伐、言救、言袭，而不当言侵。侵密必自密境，安得自阮疆而侵之？盖密、阮相攻，两俱不道，由近略远，故先阮以及密。"自"云者，如"汤征自葛载"之"自"，兵之始也。阮地后亦入于周，与密同灭，盖一举而两并之，所谓兼弱攻昧，取乱侮亡也。若阮非与密同膺负固之讨，则密衄而阮安，阮虽永存可也，胡为乎未几而地绲于周也哉？"我冈""我阿"，则兵之所至，随收其地以入版图矣。

鲜原

《逸周书》曰："王乃出图商，至于鲜原。"孔晁《注》云："近岐周之地也。"《竹书》："商纣五十二年，周始伐殷。秋，周师次于鲜原。"《帝王世纪》曰："岐山，周城，太王所徙，南有鲜原。"鲜原者，岐阳之下有小山，而下属乎原，即所谓周原已。毛公曰："小山别大山曰鲜。"岐山为大山，而原上别有小山也。郑《笺》云："鲜，善也。"《集传》因之。未是。

是类是祃

毛《传》曰："于内曰类，于外曰祃。"《尔雅》云："是类是祃，师祭也。"郑氏因之，要未言所祭者何神也。今按：类之为祭，名同而制不一。《虞书》："肆类于上帝。"《周礼·太祝》："宜于社，造于祖，设军社，类上帝。"此则上帝之祀有名为类者，而《集传》因之，然文王是时，以服侍殷而守侯度，必无祭帝之理。其以文王为祭帝者，则公羊氏先受命之说，惑于秦之僭立帝畤而因以诬圣也。然则此之言类者，与《虞书》《周礼》《太祝》之类，名同而实异可知已。

《周礼》四类，郑司农众曰："三皇，五帝，九皇，六十四氏。"郑康成曰："日月星辰，运行无常，以气类为之位。"许慎曰："以事类祭天神。"天神者，统于天之神，即康成所谓日月星辰，非上帝也。《周礼》以次之四望之下，天神不宜后于地祇，则事兼人鬼。司农以为先代有天下者之祭，亦通。盖礼天神者，必配以人鬼以为之依。则类祭日月星辰，而以三皇、五帝、九皇、六十四氏配焉，礼之所宜。抑告兴师之故于前王，或所伐之国为其苗裔，庶妥之而俾无怨恫也。此之类祭，盖谓此矣。

上帝之祀，与天神、先代帝王之祭俱谓之类者，类祭之礼，无坛有兆，舜方摄政，不得郊而见帝于圜丘，故降杀而用类礼，兼上帝、天神而合祀之，后世因以为王者师祭之礼，《武成》所谓"底商之罪，告于皇天后土，所过名山大川"是也。类之为言，聚也。"以事类"云者，所宜致告之神，聚而合祀，不似凡祭之专有所事，而牲牷币玉之文亦减焉，或兼上帝，或断自天神以下，唯事之所宜，礼从简而与事称也。舜摄巡狩之典，《周礼》《太祝》定于成王之后，故有类上帝之礼。文王终守侯服，则唯祭天神人鬼而不及上帝。要以事类底告，故均可名之曰类。然其隆杀之别，固不可引彼以证此也。再考《周礼·小宗伯》："凡大灾，类社稷宗庙，则为位。"是社稷宗庙亦有类名，亦但以事故合祭告之，有兆位而不为坛，斯可名曰类。益知类不必定祀上帝矣。

若祃之异于类者，毛公以"于内""于野"为分，《尔雅》《说文》俱统言师祭，则祃所祭告之神，即类之所祭告也。师未出，而为兆于国以祭曰类；已出次舍，为表于所次以祭曰祃。故郑康成谓与"田祭表貉音骂"之貉同，郭璞亦曰："祃于所征之地"，盖地异而祝号不殊也。《集传》乃谓祭黄帝及蚩尤，不知何据。且祀主皇帝而并享蚩尤，亡论贞邪殊类，而生为仇敌，死共兆位，亦何异拓跋氏之以尔朱荣侑其祖乎？汉儒之必不可毁者，此类是也。

灵台

毛《传》曰："神之精明者称灵。"郑《笺》云："天子有灵台，所以观祲象，察气之妖祥也。"胡氏《春秋传》亦云"天子有灵台，以候天时"，盖本诸此。以观氛祲而谓之灵台，复以何者而为灵囿、灵沼乎？故《孟子》谓民谓之灵，为赞美之辞。灵，善也。《书》曰："吊由灵。"《说苑·修文》篇曰："积恩为爱，积爱为仁，积仁为灵。"仁积则物性尽而清明四达，故曰"神之精明者"，言明德之通于神明也。灵台之称，义取诸此。若朱子谓若神灵为之，则与汉武之以"通天"名观，宋徽之以"神运"题石者，又何以异？要此灵台定为游观之所，非为观象而设。汉人习专家之学，遂建灵台令为天文官，殊为附会失实。又以唯天子为有灵台，遂谓文王受命于丰，作灵台，用天子之制。不知文王灭崇，幅员渐广，因水土之便而迁丰，亦犹齐迁临淄、晋迁新田而已，何得诬为受命，以资篡据者之口实？其曰"王"者，盖诗作于革商之后，以追王而王之也。其以文王受命作台者，则唯惑于天子有灵台以观氛祲，而不知灵之训善，而为臣民归美之词也。灵台遗址，在今鄠县。《三辅黄图》谓在长安西北四十里，高二丈，周回百二十步。台崇二丈，抵今尺一丈二尺，固不足以迥出冈阜而观氛祲也。

辟廱

《王制》："天子曰辟廱，诸侯曰頖宫。"《鲁颂》"思乐泮水"，毛《传》同《王制》之说，郑《笺》云："辟廱者，筑土雝水之外，圆如璧，四方来观者均也，泮之言半也，半水者，盖东西门以南通水，北无也。天子、诸侯宫异制同形。"然既曰天子、诸侯宫矣，宫则非学也。乃郑氏之注《王制》也，又曰："尊卑学异名。辟，明也；廱，和也，所以明和天下。頖之言班也，所以班政教也。"同出郑氏一人之言，而参差如此。盖惑于《王制》有"受成于学""释奠于学，以讯馘告"之文，与《鲁颂》"在泮献馘"语迹相蒙，因自纷乱，而无画一之论。

《王制》一书，杂引而不相通。卢侍中植云："《王制》，汉文时博士所录"，非周之遗典，盖不足据。然其曰小学在公宫南之左，大学在郊，既有大学，复有辟廱，则《王制》已析之为二矣。

凡古今言辟廱，泮宫者不一，未可偏据。《白虎通》曰："泮宫者，半于天子之宫也，言垣宫名之，别尊卑也。"《广雅》曰："辟廱、頖官，宫也。"宫犹署也，是以辟廱为天子，诸侯之宫也。《大戴礼》曰："明堂九室，以茅盖屋，上圆下方，外水名曰辟廱。"蔡邕《明堂论》引《左传》臧孙"清庙茅屋"之说，证明堂、辟廱、太学为一，是以辟廱为明堂之流水也。《明堂位》曰："瞽宗，殷学也。泮宫，周学也。"蔡邕《独断》曰："三代学校之别名，夏曰校，殷曰序，周曰庠，天子曰辟廱，诸侯曰頖宫。"则与郑氏之说，同以辟廱为学也。众论无所底定如此。

今按《三辅黄图》，周文王辟廱在长安西北四十里，汉辟廱在长安北七里，汉大学在长安西北七里。又云，犍为郡水滨得古磬十六枚，刘向说帝宜兴辟廱，则汉成帝始立辟廱，而董仲舒《策》曰："太学，贤士之关，教化之本原也。"是汉武帝时已有太学，是太学自太学，辟廱自辟廱，在汉亦然，而况于周乎？桓谭《新论》曰："辟廱，言上承天道以班教令。"终军《书》曰："建三宫之文质。"三宫，辟廱、明堂、灵台也。又齐泰山之下有明堂，而未闻有辟廱，则明堂固非与辟廱而为一。故陆玑《策秀才文》曰："辟廱所以班礼，教太学所以讲艺文，而蔡邕《月令》谓之一物。将何所从？"则玑固已疑邕说之非矣。

朱子折中古说，而曰："辟廱，天子大射之处。"其说为允。然而犹有未当者。张衡《东京赋》："徐至于射宫。"薛综《注》曰："射宫，谓辟廱也。"朱子之说与此为合。今以《诗》之本文与《周礼》及许慎之说参考之，则辟廱非大射之宫也。许慎曰："泮宫，诸侯乡飨射之宫。"又曰："辟廱，天子飨饮辟廱。"《周礼·司弓矢》："泽共射椹质之弓矢"。郑司农众曰："泽，宫也，所以习射选士之处也。"《射义》曰："天子将祭，必先习射于泽，泽者所以择士也。"泽宫者，壅水为泽、盖即辟廱泮水之谓也。射于泽，而后行大射礼于射宫。泽与射宫，宫异地，射异日，椹质大侯异物。则其非大射之宫明矣。

《郊特牲》曰："卜之日，王立于泽宫，亲听誓命。"则泽又为莅誓之所，非若大射之宫专为射设也，"在泮饮酒"者，飨也。"既作泮宫，淮夷来服"者，习射讲武，誓众威远之道也。誓于斯，则献功于斯，故"在泮献馘"也。许慎"飨饮"之说，于斯为确矣。

此诗抑曰；"虡业维枞，贲鼓维镛。于论鼓钟，于乐辟廱"，"鼉鼓逢逢，矇瞍奏公"。《大射礼》：乐人宿县，笙钟、建鼓、应鼙、朔鼙陈焉，"鼓钟"之谓也。太师、少师升自西，歌奏《鹿鸣》《驺虞》《貍首》，终奏《陔》，公入《骜》，"奏公"之谓也。此乐皆射宫之所设，而泽亦有之者，习射必比于乐，射必先燕，燕射之乐不容异于大射。且或来飨饮，必具乐也。然则泮宫、辟廱均为泽宫之名。飨于斯、射椹质于斯，设悬奏乐于斯，有戎祀之大事则莅誓于斯，师出有功则献捷于斯。故文王于斯奏公，鲁侯于斯饮酒献馘，于斯淑问郊卜，于斯莅誓也。桓谭、陆机所谓"班教令"者，其此谓与。

若《明堂位》以瞽宗例辟廱，蔡邕以辟廱为大学，则或因大司成兼正乐典教之事，而此诗有"鼓钟奏公"之文，遂相附会。不知《大司乐》"祭于瞽宗"，《大胥》"春入学"，各有官署，见于《周礼》者足据。而国子之教，在《大胥》则曰"舍采合舞"，《大司乐》则曰以乐德、乐语、乐舞教国子，《小胥》则曰"巡舞列"，《籥师》则曰"舞羽吹籥"，《月令》亦曰上丁入学习舞，入学习吹。则国子之所肄于学者，舞也，吹也。钟鼓之考击，既非学子之所有事，奏公之朦瞍，亦非司教之人，参考可知，无容混而一之也。

若戴埴《鼠璞》谓辟廱、泮宫为文王、鲁侯所处之别宫，则又惑于班固、张揖之论而不审。《明堂位》又曰：鲁人先有事頖宫，以泮宫与虡池、配林同为方望之祀，抑自与其周学之说相背戾矣。

杜佑《通典》云："鲁郡泗水县，泮水出焉。"则泮本鲁之水名，而泽宫立于其上。而郑《笺》云："辟廱者，筑土雝水之外。"亦明雝乃岐周之水名。盖因水而立宫，引水以环之。则于周为雝，于鲁为泮。若他国之泽宫，不谓之泮，夏、殷之泽宫不谓之廱。汉人承而不改，殊为不典。郑氏辟明廱和之训，亦拘文而失实也。胡氏《春秋传》曰："鲁尝作泮宫矣，学校以教国之子弟，故不书。"盖亦为《明堂位》之说所乱。今世乃于先师庙门之内作半池以仿泮水。夷夫子之宫于射饮莅誓之泽宫，殊为不敬之大。倘如《明堂位》所云：瞽宗、頖宫一也。则又以夫子为乐祖，不愈悖乎？礼制之乱，俗儒误之也。泮水之侧，有芹有茆，岂半亩洿池之谓乎？文王时为西伯，而立辟廱，则亦与鲁之泮宫等。周有天下，始尊为天子之制，实则以雝、泮二水立名，非如明堂、太学，定为天子之独有也。

丰水有芑

毛《传》曰："芑，草也。"按：草之以芑名者二。一为白粱，"维穈维芑"之芑也；一为苦荬。《广雅》所谓"荬蕧"者，则"薄言采芑"之芑也。芑芑音相近，或谓之芑，或谓之芑，古字通用。芑字又与杞通。"陟彼北山，言采其杞"，盖亦荬也，而字从木。此丰水所有之芑，木也，而字从草，不必泥也。

木之以芑名者亦二。《尔雅》所谓"杞，枸檵也"。《孟子》"性犹杞柳"，赵岐曰"杞柳，柜柳"是也。柜亦与杞通用，而字或作榉。此丰水所有之芑，乃芑柳也。盖白粱艺于田畴，苦苣生于原野，均非水滨所有。故采之者或陟北山，或于葍亩，非能循水湄而求之也。所以知非枸杞者，《山海经》曰："东始之山有木焉，其状如杨而赤理，其汁如血，不实，其名曰芑。"字正从草。状如杨而赤汁，正今之所谓榉柳，而《孟子》之所谓杞柳也。其木与柽同，而柽小芑大。其生也必于水次，高木成林，故武王依之以立国，盖故国乔木之意。若区区一草，何足纪哉。

生民

后稷无人道而生子，其说甚诞。朱子以为先儒疑之，是也。而张子引天地生物之始，以信其必有。是盖不然。天地始生之事，不可知者无涯，安能以概之中古乎？抑或以虱有无种而生者为喻，虱之一日当人之十年，百人之身，百日之内，必有特生之虱。自稷以来，历数千年，尽四海，何无一特生之人邪？郊禖之礼，天子亲往，后率九嫔御。姜嫄既非处子，而与于祈子之列，何以知其无人道哉？凡此，诗言自明，读者未之绎耳。

"履"，蹑也，蹑迹而相随也。"帝"，高辛也，"武"，大也。"敏"，动，"歆"感也。随帝往祀，祀毕而归，心大感动，因以介帝而止之。"介"，迎也。"止"，宿也。帝与嫄同止，正以言其人道之感。使未当夕而有娠，则姜嫄不敢告。宫中不以为罪，必以为妖，何复郑重处之侧室，戒不复御，而以生子及月之礼待之乎？且至是而言不御，则前此之常御可知，又何以云无人道之感邪？以生子及月之礼处之，既无嫌矣，而后又胡为弃之也？惟其见弃，故启后世之疑，因而无人道之诞说生焉。

乃所以见弃之故，诗又已明言之矣。"上帝不宁"，天不佑高辛而宁之也。"不康禋祀"，宗社危也。凡言"不"，而释以岂不者，正释不可通，则反释之，非必"不"之为"岂"不也。偶尔生子之易，人间正复何限，亦何至称上帝之宁，禋祀之康，郑重如此哉？信其郑重欣幸之如此，而又胡为弃之也？

盖高辛者，帝挚也。姜嫄，挚妃。后稷，挚之子也。帝喾有天下，号高辛氏。世以为号，帝挚犹称高辛。尧自唐侯入立，而后改号为唐。如谓必帝喾而称高辛，则黄帝与炎帝战，亦轩辕与神农战邪？唯后稷为帝挚之子，故《尚书》《世本》俱不言稷为尧弟。而及夏禹有天下，后稷尚存。使为喾子，则稷逾百五十岁矣。未闻稷之有此逾量之年也。

帝挚者，无道之君也。帝命不佑，宗祀不康，国内大乱，诸侯伐而废之，迎尧而立。当斯时也，必有兵戎大举，特典籍亡存，莫从考证。所幸传者，正赖此诗耳。"居然生子"者，不先不后，恰于不康不宁大乱之际而免身也。挚既失守，后妃嫔御蒙尘草莽。姜嫄不能保有其子，而置之隘巷。或自隘巷收之，知为帝妃之所生而送之平林。平林者，古诸侯之国也。《逸周书》曰："挟德而责数日疏，位均而争，平林以亡。"古有此国，在河北隆虑之墟，而后亡灭。或为姜嫄之母党，或为帝挚之党国。伐者，国为人所伐也。送者方至，而平林受兵，不遑收恤，捐之于寒冰焉。逮夫乱之稍定，乃于飞鸟之下收养之。于时天下渐平，尧已定位，而姜嫄母子乃得归唐，而稷受有邰之封。此则后稷历多难以得全之实也。诗历历序之，粲如日星，而人不察。汉儒好言祥瑞，因饰以妖妄之说，诬经解以附会之，乃使姜嫄蒙不贞之疑，后稷为无父之子，成千秋不解之大惑，读者以理审之，以意求之，以事征之，以文合之，当知愚言之非创而乐求异于前人也。

诞降嘉种

郑《笺》云："天应尧之显后稷，故为之下嘉种。"说甚夸诞。孔子顺曰：《诗》美后稷能大教民种嘉谷以利天下，故《诗》曰："诞降嘉种"，犹《书》所谓"稷降播种，农殖嘉谷"。其说是也。盖洪水之余，耕者或失其业，种谷不备。即或稍有，亦得自鲁莽灭裂之余，而非其嘉者。后稷以其莆草之功，能尽稼理，独得"黄茂"之谷，故以降赐下民，俾以为种。如宋以占城早稻颁赐天下，亦其遗意。"降"，下也，颁也。"嘉种"者，即"黄茂"也。故毛公曰："黄，嘉谷也，茂，美也。"汉儒好言瑞应，遂有天降之说。不知天之雨粟，亦妖异而非祯祥。王充以为风飘他处之粟，非天之能雨，说亦良是。其以为圣人能感天之雨粟者，亦释氏诞妄之说，相与为类耳。汉之俗儒，同佛、老鬼神之说，宋之驳儒，同佛、老性命之旨，皆反经以正人心者之所必辨也。<small>驳儒谓张子韶，陆子静之流。</small>

取羝以轵

轵者，行道之祭。《周礼·大驭》所谓"犯轵遂驱之"，《聘礼》所谓"释轵乃饮酒于其侧"是已。聘礼既为大夫越境之行，大驭驭王玉路以郊祀，南郊在国门外，以行远故，必犯轵以祓不祥。若齐仆驭王修宗庙之祭，在公宫左，无容犯轵。此诗上云释炎黍粱，下云燔烈，既为馈食之祭，则无犯轵之礼明矣。且轵之用牲，杜子春曰："轹轵磔犬"，亦不用羝。盖其事小，不得用宗庙之牲也。后稷于唐、虞为卿士，故言有家室而不言有国，于礼不得具太牢，则以羊为上羞。此"轵"字或"羞"字之讹。"羞"与上文"揄""蹂""叟""浮"叶韵"脂""惟"亦可通叶。不敢信为必然，姑阙可也。徇其误而曲释之，必有所窒矣。

肆筵设席

毛《传》曰：设重席也。《集传》因之。按：重席者，席上加席，一筵而二席也。今此优同姓之侯氏，虽情在加笃，而重席者，唯王于斧依之前，则用以自尊。礼无可逾，不得为侯氏设也。然则所谓"筵"者，"莞筵纷纯"也。"席"者，"缫席画纯"也，"几"者，"彤几"也。一筵一席，而非有重。《周礼》诸侯之昨醉通席与"筵国宾于牖前"者如此，乃待诸侯之隆仪，而必不可同于天子，毛《传》失之。

四镞既钧

毛《传》曰："钧，矢参亭。"参亭者，三订之而匀也。镞矢，一在前，二在后，参而订之，故曰参亭。然镞矢，弩矢也。弓矢与镞矢等者为杀矢。杀矢、镞矢用诸近射田猎，唯恒矢则用诸散射。散射者，礼射也。

此宜用恒矢之轩辌中_{如字}者，而顾用参亭之镞矢，盖射椹质而非射大侯也。椹质难入，故用镞矢以益其力。《周礼》："泽共射椹质之弓矢。"郑司农众曰："泽，泽宫也，所以习射选士之处也。"《射义》曰：天子将祭，必先习射于泽。泽者，所以择士也。已射于泽，而后射于射宫。射中者得与于祭。故曰"序宾"。宾者，祭之宾，而非射之宾也。其礼行于祭之先日，而此追叙之，《集传》曰："既燕而射以为乐。"盖属未审。

酌以大斗

此"斗"字本音知庾切，字或作枓。《仪礼》："司宫设罍于洗东，有枓。"《注》云："斟水器也。"如字读如陡者，量器。其音知庾切者，斟器。音义各别。按：《宣和博古图》有汉龙首镵斗。其器圆，容一升。又有熊足镵斗，圆而上有口承盖，容一升四合有半，皆有流有柄，三足有耳。许慎说：镵斗，温物之器。又赵襄子使厨人操斗以食代王。斗固为行食之器。而其有流虬起，如《博古图》所绘二斗者，则必酌酒之具也，所容不过升余。此云"大斗"，其容必倍。酌之以实觯爵必相容，自与量器之斗_陡容十升者异。淳于髡曰："一斗_陡亦醉。"则通计所饮而言，非以酌也。《谈苑醒醯》引《律历志》"聚于斗"，《沟洫志》"其泥数斗"，《易》"日中见斗"，皆作知庾切，亦误。北斗之斗，象斟器，当读如大斗之斗。"其泥数斗"，十升也。自当如字，当口切。旧注以此"斗"字读知庾切，当叶韵，非是。

鞞琫容刀

《小尔雅》曰："刀之削_{七笑切}谓之室，室谓之鞞。琫珌，鞞之饰也。"分疏未悉，不如刘熙《释名》之明。刘熙曰："琫，捧也。捧，束口也。下末之饰曰鞞。鞞，卑也，在下之言也。"皆刀鞘之饰也。故毛公曰："下曰鞞，上曰琫。"今按：《古玉图考》绘有玉璏_{珌同鞞}，琫二。其琫形如环而椭长，旁蟠螭，环孔大而穿。珌如筒，旁出蟠螭，筒中孔小而不穿。云是高辛墓中物，如环孔大椭长而穿者，鞘口饰也；狭长如筒，孔小而不穿者，鞘下饰也。正与毛公、刘熙之说合矣。唯《左传》杜预《解》云："鞞，佩刀削鞘上饰。鞛同琫饰。"则以鞞为琫，琫为鞞，然其为鞘室之饰则同也。《集传》乃以鞞为刀鞘，琫为刀上饰，误矣。以鞘为鞞，似沿《小尔雅》而误。以琫为刀上饰，则更无可据矣。刀剑上饰谓之鹿卢，《古衣服令》曰"鹿卢玉具剑"是也。"容刀"者，为容之刀，具刀形而无利刃，如今肩舆前旁插之剑，以为容观而不适于用，《传》《注》未悉。

执豕于牢

上言"曹"者，牧豕之地，此言"牢"者，豢而待杀之槛，《独断》所谓"三月在外牢，一月在中牢，一月在明牢"者。虽祭祀之牲与燕饮之牲，豢之有异，而可因以知牢之制也。

其军三单

毛《传》曰："三单，相袭也。"立义精核而不易解了。郑氏乃云："丁夫适满三军之数，单者，无羡卒也。"则误矣。公刘自西戎迁豳，地狭民寡，安得有三军之赋乎？"单"者，董仲舒所谓口军也。百亩以食八口，除老弱妇女，率可任者三人，三分而用其一。盖百亩而赋口军一，与后世所谓三丁抽一之说略同。"单"，一也；三口而一军，故曰"三单"。其赋太多，而不与周制同者，公刘当草创之初，外御戎难，内修疆圉，一时权制，而上下同患，民不怨劳，则仁爱所结，亦谅其不得已也。顾定赋则然，而上役休罢，更番充伍。故毛公曰"相袭"者，犹言相代也。亦以明三单之非横役矣。然此三单之法，唯以之度隰原之赋，而夕阳之山，瘠者则但"彻田为粮"，而不赋其军。及芮鞫既即之后，隰原之赋则亦应渐减，则所谓"止旅乃密"者是已。

取厉取锻

毛《传》曰："锻，石也。"郑《笺》云："所以为锻质。"盖许慎之所谓小冶也。小冶者，泥杂瓦屑为之，以盛五金而熔炼者。若用石为之，则入火爆裂，此物理之必然者，古今一也。且厉石锻质，所在辄有。豳在渭北，去渭二百余里，必远涉渭南而取之，何其迂而不惮烦邪？且厉锻之需无几耳，使数人取之，可给万人数年之用。此何以足纪哉？厉、锻盖古地名。延绥塞上有故祖厉城，疑即厉与？"取"者，收夺之名。"乱"，治也。"涉渭为乱"者，南略地而至于渭；"取厉取锻"者，北略地而至于狄境。故曰"止基乃理"，以土地之斥而言也。"爰众爰有"，而曰"止旅乃密"，地斥而民以众也。以文义求之，自应如此。若《集传》云："锻铁也。"尤不知其何据。

戎虽小子

《民劳》《板》《抑》三诗，言"小子"者数矣，"戎虽小子"，郑氏以为王以"小子自遇"。"小子跷跷"，郑氏以为"女反跷跷然如小子"。"于乎小子"，《集传》则以为卫武公之自称。然斥王为小子，既嫌于倨侮。武公八十而自称小子，谦不中礼矣。《逸周书》芮良夫曰："惟尔执政小子。"又曰："惟王暨尔执政小子。"则小子盖当时执政之称也。按《周礼》《夏官》有小子，其属下士二人。职虽卑贱，而掌徇陈，赞牲、受彻之事，则左右之近臣也。或因狎习而与执政，故《诗》《书》皆斥告之，犹趣马亦下士，而《十月》《云汉》皆郑重言之。盖周末宠任童昏便嬖，小子在王左右，得以上执国政，遂为要职已。《淮南子》曰："卫武侯谓其臣曰：'小子无谓我老而羸，我有过必谒之。'"益知小子非武公之自称矣。

泄泄

《尔雅》："宪宪，泄泄，制法则也。"郭《注》云："佐兴虐政，设教令也。"厉王暴虐，与幽王淫昏，其恶不一，改易旧章，兴利虐民，如弭谤之类，教令烦苛。而荣夷公之属为广设科禁以逢合之，即下文所谓"自立辟"也。故《孟子》以改制先王之道者为"泄泄"。"泄泄""沓沓"，皆水流冗迫喧逐之貌，失之急而非失之缓。若以为怠缓悦从，则琐屑小人不足以为大害，且厉王苛虐，亦不足以逢其恶也。《孟子》所指斥，亦李悝、商鞅、申不害之流，非佞幸也。

夸毗

《方言》："夸，淫也。毗，懑也。"《尔雅》："夸毗，体柔也。"毛《传》亦曰："体柔之人。"盖淫夫耽色，心懑急而体柔靡之状。故曰："威仪卒迷。"则夸毗者，筋骸不束而无仪可象也。小人之迷于货贿权势者，诚有如淫者之懑闷而骨醉情柔也。《集传》云："夸，大；毗，附也。"析字立义，而非古语之本指，古今各有方言，自不容以今人字义解之。

则莫我敢葵

云葵之为揆，于义无取。揆音求垒切，与葵字音义悬隔。按："葵"，草名，向日倾而荫其趺。故《左传》曰："葵犹能自卫其足。"是葵有荫义，借为庇荫之旨。"莫我敢葵"，言上方兴虐政，疾苦其民，牧民者莫敢亢上意以庇民也。《小雅》"天子葵之"，义同。言"乐只君子"，宜为天子所荫庇也。

蜩螗

毛《传》曰："蜩，蝉也。螗，蝘也。"蝘者，即《夏小正》所谓匽也。《小正》："五月良蜩鸣，良蜩也者，五采具。"又曰："匽之兴，五日翕，望乃伏。"又曰："唐蜩鸣。唐蜩者，匽也。"然则"蜩"之与"螗"，类同而实为二物矣。《尔雅》："蜩蜋，螗蜩，蜩螗。"盖螗蜩，蜩也；蜩螗，螗也。《埤雅》曰：蜩与螗异，实非一物。螗，江南谓之螗蜅。蜩亦蝉之一种，形大而色黑，昔人啖之，《礼》有"蜩范"是已。故《庄子》"痀瘘承蜩"，承之以食。然佃以为色黑，则与《小正》"五采具"之文不合。今按：色黑而鸣声大者，马蜩也，一谓之蝒，一谓之蚱蝉；具五色者，螗蜩也。二者皆蜩也。则《小正》《埤雅》之言，不妨两存。

虫鱼禽兽，形同色异，原无分别，亦犹丹白皆鸡，骍玄皆牛耳。若蟧，则似蝉而小。郭璞曰："蟧蜩者蝘，俗呼为胡蝉。"《方言注》又云："似蝉而小，鸣声清亮。"今山中有此一种，大如小指，鸣于涧薄草际，不登高树，夏初雨后，鸣声圆细，至盛夏即无，盖《小正》所谓"五日翕，望乃伏"也。二者形状略同，而大者乃蜣螂丸中之子所生，既蜕而复为蜣螂。小者蛴螬所化，所谓"复育为蝉"也，其伏则不知所终。要之，蟧小于蜩，而陆玑乃以"蟧为蜩之小者"，误矣。"如蜩如蟧"，各有所喻。"如蜩"，烦嚣相和也。"如蟧"隐见不恒也。"如沸"，沦乱不宁也。"如羹"，蒙糊无别也。《传》《注》俱所未悉。

匪上帝不时

《广雅》："时，善也。"匪上帝不善，言匪上帝不生善人，特殷不用耳。旧训"时"作"辰"，与下文文义不属。

飞虫、赫

虫之飞者，扑之而已，无容弋而获之。弋者，生丝缴矢，所以射鸟，非所以获虫者也。飞虫，盖即拼飞之桃虫，鹪鹩也。故郑《笺》谓："自恣飞行，时亦为弋射者所得，言小人放纵久，无所拘制，则将遇伺女之间者得诛女，我恐女见弋获，往教正女，覆阴女，使免于祸女反赫我也。"赫，读如《庄子》"鸢鸥视之曰吓呼驾切"。之吓，鸟有所挟而鸣以拒物之声。

职凉善背

《小尔雅》曰："凉，佐也。"毛《传》曰："职，主也。"是时荣公位三公，主国政。芮伯为大夫佐之，不相协合，或善或背，乖异而无以为民极，故曰"职凉善背"。主者行同盗寇，佐者以不可净止之，不见听从，而反相巧诋，故曰："凉曰不可，复背善詈。"《传》以凉为薄，《笺》读为谅，于义未谐。

靡神不宗

毛《传》曰："宗，尊也。国有凶荒，则索鬼神而祭之。"《虞书》："禋于六宗。"孔氏《传》曰："宗，尊也。所尊祭者，其祀有六。"然则宗者，即六宗之祭。而云尊者，以释宗祭之所自名。郑氏乃云"无不齐肃而尊敬之"，非也。

六宗之祭，孔氏以为四时也，寒暑也，日也，月也，星也，水旱也。《孔丛子》曰："埋少牢于太昭以祭时，祖迎于坎坛以祭寒暑，主于郊宫以祭日，夜明以祭月，幽崇以祭星，雩崇以祭水旱。"《礼记·祭法》与此正同。而"祖迎"讹为"相近"，"幽崇""雩崇"则"崇"皆为"宗"。故《干禄字书》曰："雩宗之宗音崇。"则"靡神不宗"者，亦"靡神不崇"也。《大祝》：六祈，四曰崇。郑司农众曰："崇，日、月、星、辰、山、川之祭也。"以合之六宗之祀；日，郊宫之祭也；月，夜明之祭也。星，幽雩之祭，《周礼》宗伯所典，以槱燎祀之，司中、司命、司民、司禄也。辰者，时也，太昭之祭也，坎坛所祭之寒暑亦与焉。而雩崇者，当即槱燎所祀之风伯、雨师，以其为本崇，故略而不言。其兼山、川者，则《月令》所谓"命有司为民祈祀山、川百源"是已。盖日、月、星、时、寒、暑既各为一宗，而雩崇则合祀之，复益之以山、川焉。故曰"靡神不宗"，而毛公以为"索鬼神而祭之"也。索，尽也，尽六宗而皆崇也。日、月、星、辰，上也。山、川，下也。太昭坎坛，坛而无主，则瘗少牢。郊宫夜明有主，则奠牲币。故曰："上下奠瘗，皆雩宗之祀也。"

若汉以风伯、雨师、灵星、后土、稷神、先农为六宗，则星有三祀，日、月、时、寒、暑不与。既为缺典，而合地祇人鬼于天宗，亦殊不伦。应劭、贾逵以为别有天田星，尤属穿凿。然要以为祈年之祭，则宗即崇，祀以禳水旱，而不得谓为齐肃而尊敬之也。郑氏《礼注》乃云："宗，崇字之误"，而不自知其误之甚矣。若王莽以《易》六子为六宗，王充以六合之间助天地变化，王者尊而祭之曰六宗，失祈崇之旨。至张髦以三昭三穆之庙为六宗，《后汉书》臣昭注以六宗为祭地，则尤《礼》家之稂莠，所必锄而去之者也。

云如何里

郑《笺》云："里，忧也。"如何忧，则可以不忧矣，此说之不可通者也。郑氏之意，谓里与悝通，悝字有大也、病也二义。《集传》用郑说，而又云"与《汉书》'无俚'之俚同，聊赖之意也"。夫有所聊赖，则不忧矣。如何忧与如何聊赖，词正相反，是又与"里，忧也"之训相矛盾。按《考工记》"里为式"注，'里'读为'已'。已，止也。云如何止者，不知"旱既太甚"之后作何究竟也，即下文"大命近止"之深忧也。

锡尔介圭

郑《笺》曰："圭长尺二寸谓之介。"尺二寸者，天子之镇圭也。王以之赐申伯，则上替也；申伯受锡而不辞，则下陵也。虽东周衰弱之天子，然必以"改玉改步"拒强侯之僭，而谓宣王之于申伯，以天子之圭命之乎！《集传》曰"介圭，诸侯之封圭"是也。介者，介绍之以见于王也。《觐礼》："侯入门右，坐奠圭"。"锡尔介圭"者，锡之以圭，使可介而见也。申伯伯爵，盖躬圭，长七寸。

仲山甫

毛《传》曰："仲山甫，樊侯也。"《集传》因之。按，《潜夫论》曰："庆姓樊、尹、骆"，"昔仲山甫亦姓樊，谥穆仲，封于南阳。南阳在今河内，后有樊顷子。"今考所谓南阳者，即"晋启南阳"之南阳也，在大行山之南，故一曰阳樊。杜预曰"野王县西南有阳城"，其地在今怀庆府修武县。《后汉书注》谓"樊在襄州安养县樊乡"者，误也。樊后为苏忿生之田，桓王以与郑，又夺之以与皮。皮叛，虢公讨之，地入于王。至襄王，以与晋文公。则樊者，东都之采邑，而非国也。仲山甫，宣王之大夫，食邑于樊，虽受地视侯，而不君其国，故从天子大夫称字之例。其生也曰仲山甫，其没也谥曰穆仲，与申伯、韩侯之称侯称伯者异。服虔曰："阳樊，樊仲山之所居。"言居，则非侯国明矣。其曰樊仲山者，大夫赐氏，或以官，或以邑，或以氏，然必卒而后赐之氏。则仲山甫之子孙以王父之邑为姓，而追称之曰樊仲山。若仲山甫自庆姓，而王符"仲山甫亦姓樊"之说亦非也。尹亦庆姓，吉甫与仲山甫同姓，故"吉甫作诵"称仲山甫而不举其氏，盖亲之也。

梁山、韩、貊

《潜夫论》曰"昔周宣王亦有韩侯，其国近燕"是也。又云："后为卫满所灭，迁居海中。"此则三韩之先世，夷狄之君长，非侯封之国也。若郑氏谓梁山为韩国之镇，今左冯翊夏阳县西北，而《集传》因之，则以此韩为武王之胄，《左传》所谓"邘、应、晋、韩"者，其国后为晋所灭，以封韩万之韩，而梁山为《春秋》"梁山崩，壅河不流"之梁山矣。

按此诗云："燕师所完。"今韩地在陕西韩城县。梁山在乾州境内，去燕二千五百余里。势难远役燕师。郑氏曲为之说，以燕师为燕于见切安之师，牵强不成文义。按《竹书》："王师燕师城韩。"固有明征。若山之以梁名者，所在有之，非仅夏阳西北之梁山也。《山海经》："管涔之北有梁渠之山，修水出焉，而其流注于雁门。"计此梁渠之山，当在山西忻、代之境，居庸之西，与燕邻近，故燕师就近往役。而韩国之产熊、罴、猫、虎，韩国之贡赤豹、黄罴，皆北方山谷所产。《一统志》载：忻州产豹，代州产熊皮、豹尾。古今物产有恒，与诗吻合。若乾县、韩城，滨河之野，未闻有此。且诗称川泽之美，不及黄河。则梁山非夏阳之梁山又明矣。

又貊为韩之附庸，地必近韩。按《山海经》："貊国在汉水东北，地近于燕，燕灭之。"所云汉水者，未详其地，然漾、沔皆名汉，而去燕甚远。则汉字或涞字传写之误。貊国在涞水东北，东界燕之西境，与燕接壤，为燕所并。而其初附庸于韩，固其宜矣。若郭璞曰："今扶余国即涉貊故地，在长城北，去玄菟千里。"与王符"灭于卫满，迁于海东"之说合。然荒远之域，非韩侯受命之土。四夷虽大，皆曰子，不得称侯也。且王锡韩侯以革路。革路，以封四卫者。夏阳之韩，去王畿近，侯服也。韩与晋、邘同封者，武王之穆也。同姓懿亲，宜受金路之锡。唯此韩国，北界貊狄，去王畿千里而外，隔以大河，故受革路之封。而其命之词曰："缵戎祖考。"戎，女也。使为夏阳之韩，则武王之裔，韩之祖即周之祖也，而何为疏远之曰"戎祖"乎？王符去古未远，而详于世系之学，故其说差为可据。若以一时有二韩国，则亦犹召公之后封于蓟，姞姓之国封于胙城，皆名曰燕，不嫌于同。其在于今，府、州、县之有七太平、六永宁，固不相为迁避也。

钩膺镂锡

镂锡者，马面当卢，刻金为之，惟王之玉路有焉。金路钩，象路朱，革路龙勒，皆无锡。臧哀伯曰："锡、鸾、和、铃，昭其鸣也。"锡盖铃属，动则鸣者。昭者，别也。唯天子之路有锡，诸侯鸾、和、铃而已。所以昭贵贱之等也。韩，侯爵，唯得有金路以下，而远为四卫之国，故锡以革路，且不得有钩，而况锡乎！施钩锡于革路之马，既龙杂而不成章，以玉路之饰予诸侯，则是以器假人，而鸣不昭矣。周衰，典礼紊乱，宣王因之，不能革正。诗人意在夸示，虽非以刺其滥僭，而读者可因之以见典礼之失，故曰："《诗》可以观。"

鯈革金厄

鯈，音他刀切。"鯈革"者，鯈缨五就之革路也。韩为四卫之国，故锡以革路。若方叔，天子大夫，当乘夏缦，而亦云鯈革者，盖革路又以即戎，奉命专征，则用王之戎路，如王之亲之也。"厄"与軶通。《士丧礼注》："楔貌如軶"，今文亦作厄。軶，所以施衡者。"金"，铜也。毛《传》以谓"乌蠋"是已。《宣和博古图》有周軶托辕二，皆以铜为之。本丰，末歧出，在上者短而上曲，在下者如鹅项曲起向上，端末平锐，如乌颈承咮，盖所谓乌蠋。蠋，嚃也。郑氏以为小金环约革辔者，失之。

程伯休父

颛顼之子黎，世为火正。尧绍重黎之后，命义伯复治之，故重黎世序，天地以别，其分主以历三代，而封于程。休父为宣王大司马，故司马迁《自序》以为其祖。程者，休父所食县内之国。称伯者，如《春秋》渠伯、凡伯、毛伯、召伯之类，其爵也。大司马，卿也。《集传》以为大夫，失之。程之为地，在西周畿内。《帝王世纪》曰："文王居程，徙都丰。"《周书》曰："王自程。"《竹书》："周作程。"皆此程也。《孟子》谓之毕郢_{音程}，在丰之西。及既迁丰、镐之后，程为间田，因以剖封，而休父以大司马有功受之。《汉书·郡国志》，洛阳有上程聚。《注》云："古程国，伯休父之国。"盖宣王都西京，休父食邑宜在西都畿内。而上程在洛阳百里之内，以供官者，非分封之地也。

    《诗经稗疏》卷三终

诗经稗疏卷四

周颂

单厥心

毛《传》曰："单，厚也。"今按，单则薄，未见其厚也。《大雅》："俾尔单厚。"其可云俾尔厚厚乎？《礼大传》曰："戚单于下。"《郊特牲》曰："单出里。"《祭义》曰："岁既单矣。""单"皆训尽也。犹言专一毕用也。"单厥心"者，言专一其心而尽之也。《集传》曰："是能继续光明文武之业而尽其心"，于义自通。

时迈、执竞、思文

郑氏《周礼》《注》以此三诗为《肆夏》《昭夏》《纳夏》之乐章。其说与韦昭《国语》《注》及吕叔玉之论合，而《集传》取之。

今按：《九夏》皆金奏之乐，故《周礼》以钟师掌之，而歌工不与其事。《左传》："叔孙豹如晋，金奏《肆夏》之三。工歌《文王》之三。"金奏工歌，既分别而不相并，郑氏乃云："以文王、鹿鸣言之，则《九夏》皆《诗》篇名。"殊为不审。杜子春曰："尸出入奏《肆夏》，牲出入奏

《昭夏》,四方宾来奏《纳夏》。"叔孙穆叔曰:"三《夏》,天子所以享元侯也。"今观《时迈》一章,何与于尸?《执竞》《思文》,何与于迎牲与接宾?合此三诗,抑于享元侯之义无取。而以后稷配天之歌延四方之宾,尤为不伦。且尸宾与牲,方出方入,非献酬之际,但可以金奏节其威仪。浸令配以歌诗,亦孰与听之?故燕饮必毕坐行酬,而后弦歌乃奏,以写心而合欢。未有于出入间乱以歌声者。故知吕叔玉之说附会而失实也。

倘以"肆于时夏"与"陈常于时夏"两"夏"字为据,则尤迂谬。"时夏"之夏,毛《传》曰:"大也。"《集传》曰:"中国也。"而《九夏》之夏,则金奏之声,合于《夏舞》而得名也。《谷梁传》曰:"舞《夏》,天子八佾,诸侯六佾,大夫四佾",范宁曰:"夏,大也。大谓大雉。大雉,翟雉。"《周礼》天官之属有夏采,《注》曰:"夏采,夏翟五采。"则乐以夏名者,盖即《禹贡》"夏翟"之夏。金奏以配舞得名,故亦曰夏。盖舞可配金奏而不可配歌。舞以配歌,则且以舞且以歌,而歌气不属也。金奏亦可配舞而不可配歌。金奏以配歌,则噌吰铫铮之响能夺歌而使之暗也。《内则》:二十舞《大夏》。郑《注》云:"《大夏》,乐之文武备者也。"然文羽武干,羽谓之夏,干谓之万,郑氏亦误。而夏要为乐舞之名,则康成亦知其非"时夏"之夏矣。

金奏以合舞节而谓之夏。而《燕礼》:宾及庭,奏《肆夏》。《大射礼》:宾降,奏《陔》;公入,《骜》。《陔》《骜》皆《九夏》名。皆无舞者。则以此《九夏》之节自舞而来,不必配舞而亦可独奏。犹《燕礼》"若舞则《勺》",亦独具《勺》舞,不必继以"于铄"之诗也。

金奏者,以钟镈播之,鼓磬应之。《大射礼》,乐人宿县于阼阶之东、西阶之西,而歌工之席则在西阶上少东。其位既远而不相比,歌工不能越位以就县,舞者不能升堂以应歌。且公之始升即席,即奏《肆夏》;告旨,礼成而乐阕;酢酬,礼毕而后歌工入焉。则方奏《肆夏》之时,歌工未入,谁与歌此三诗以合乐乎?其终也,歌工与旅酬之礼,而钟人则受宾赐之脯于门内溜。是掌金奏者之与歌工贵贱礼殊,终不得而合矣。

如谓以金鼓写诗章之音旨,则钟镈之声,余韵因其夆侈为一定之响,不可以意为敛纵,非若笙管之激扬,因乎人气之嘘吸,能令合《新宫》等谱也。特以其轻重疾徐,应舞节之起伏旋折,为《九夏》之别,而必不可以言语文字为之句段。故车之和、鸾，行之佩玉，皆可以《肆夏》为节，则其抑抗之间不过数声而已矣。至《汉乐府》，始以歌声配铙鼓，既与古乐不合，而其音多高抗而近乎北鄙杀伐之音。且《朱鹭》等曲，间以"几令吾"云云，亦止可以吹写之，如今笛谱留丢之类，而必不可以金写。今此堂下金奏之县，虽亦有荡，而金革满县，钟、镈、磬、鼓、鼗、𪔝之喤喤，岂一孤荡能曲折以传《时迈》三章之音节乎？使其能然，亦当谓之荡奏，而不谓之金奏矣。

鼓、鼗之音，较之金声犹可为之节。然投壶鼓鼗之谱，止于方圆半全之节，而不可以《驺虞》《狸首》诸诗合之。况金声之甸锜，始洪而终细，一听其自鸣自止，而人莫能制者哉！故《周礼》登歌、击柎、下管、奏辣俱无金奏。郑司农以为贵人声者是已。乐既崩坏，《九夏》之谱不传。叔玉、韦昭妄以诗章系之，而偶有"时夏"之文，适以资其穿凿。不知"时夏"之夏与"夏翟"之夏，迳庭不合，自不劳辨而自明。况《九夏》之乐制自周公。《集传》抑以《执竞》为昭王以后之诗，然则当昭王以前，《执竞》未作，《九夏》缺一而无《昭夏》乎？《集传》曲徇郑说，亦且自相背戾矣。

金奏者，犹今之鼓吹也。诗歌者，犹今之歌曲也。古今雅俗不同，而声音之洪纤曲直必不可合，则一也。

管

《风俗通》曰："管，漆竹，长一尺，六孔。"《广雅》亦云："管，长尺，围寸，六孔，无底。"则其制度与篪无别，音响必与篪同。既有管矣，苏成公又何为而作篪邪？按郭璞《穆天子传注》曰："管如并两笛。"郑氏《礼注》亦云："如笛而小，并两而吹之。今太常乐官有焉。"盖《庄子》所谓比竹也。当以郑、郭为正。

肃雍和鸣

《尔雅》："笙，小者谓之和。"郭璞《注》言："小笙十三簧，大笙十九簧。"《乡射礼》："三笙一和而成声。"注曰："三人吹笙。一人吹和。"故《经》言"箫管备举，喤喤厥声"，谓箫管之声盛；"肃雍和鸣"，谓小笙之声圆细而静也。《尔雅》：肃，肃敬也，雍，雍和也。小笙清而以和众乐，故既言肃而又言雍，辞已尽矣。如以和为和平之和，不已赘乎！

鳣、鲔

郑《笺》云："鳣，大鲤也。"毛公《卫风》《传》亦云："鳣，鲤也。"《中华古今注》曰："鲤鱼之大者鳣，鳣鱼之大者鲔。"高诱《淮南子》《注》曰："鲔鱼似鲤。"《集传》乃谓鳣鱼似龙，黄色锐头，口在颔下，大者千余斤，鲔似鳣而小，色青黑，盖沿陆玑之误，而玑之误则沿郭璞之不善读《尔雅》也。

《尔雅》之文，多一物连举二名，以广异称。其《释鱼》曰："鳣鲤。句。鳏鲇。"犹言鳣，鲤也；鳏，鲇也。许慎说："鳣，鲤也"，"鳏，鲨也"，"鲨，鲇也。"正与《尔雅》吻合。郭璞不解，分为四句，各为一种，乃谓鳣似鳣无鳞肉黄，口在颔下，大者长二三丈，则是今之所谓黄鱼也。《集传》因以谓鲔似鳣而小，青黑色，则是今之所谓鲟鱼也。乃此二鱼唯江南有之，北方所无。故今制，湖广以其鲊充贡。卫在河北，漆、沮俱小水，何从有此巨鱼？其为鱼也绝有力，钓者恒以机施百余钩，宛转胃之，随以大棓击之，顺流数十里，俟其力惫，乃可举而出之水中，固非施罛之所能得，而潜为罧椮之可多有者也。以小罟罨之，以积柴围取之，则其为鲤，鳣可知矣。

《后汉书·杨震传》："鹳雀衔三鳣鱼。"即鲤也。鲤黑质朱尾，故都讲以为卿大夫之象，言其玄上而纁下也。《续汉书》及干宝《搜神记》，鳣误作鳝。乃颜之推株守郭说，疑鳣非鹳所能衔，遂谓为今之黄鳝而非鳣。不知黄鳝穴处，鹳雀无从捕衔。鳝本音徐林切。《后汉书注》云："口在颔下，大者长七八尺。"则鳝即今之鲟字。郭璞、陆玑所云者，鳝也，而非鳣也。谢承、干宝正误以鹳雀所衔者为鲟鱼，而范晔则未有误。之推反疑范之误而推谢、干之确，岂不谬哉！

陆佃曰："鲔，仲春从河西上，得过龙门，便化为龙，否则点额而还。"说虽谐俗，而言鲔则确。俗传鲤化龙，鲤、鳢音近而讹，盖谓鳢。所谓点额者，头上七星点也。又曰："青黑，长鼻，体无鳞甲。"则又以鲔为鲟，同郭璞之误。佃所著《埤雅》，不能坚守一说往往如此。博闻非难，能折中众论而求其是者之不多得耳。

和铃央央，鞗革有鸧

毛《传》曰："和在轼前，铃在旗上。"《集传》因之。今按：轼前非缀铃之处。杜预《左传解》曰："和在衡，铃在旗。"当以杜说为长。言诸侯之车，自鸾以下皆设，而特无锡。宣王锡韩侯以锡，滥也。若鸾，则达乎大夫。故蘧伯玉之车，音有和、鸾。今此言"和、铃"而不及"鸾"者，盖错举之，犹《夜如何其》之诗言"鸾"而不及"和""铃"也。

《采芑》《韩奕》之言"鞗革"者，革路而鞗缨也。此言"鞗革有鸧"，抑与彼二诗有别。《觐礼》诸侯偏驾不入王门，乘墨车。墨车者，大夫之车，鞔以革而漆黑之。大夫之墨车通于革路，士之栈车通于木路，特其大小华俭有差焉，故或为革路，或为墨车。偏驾不敢入王门，则虽以金路、象路之贵，亦降从革也。诸侯之在王国，以大国之上大夫为率。大夫三命而条音鞗缨三就。此鞗盖三就之鞗缨也，且与革路之五就别，虽有樊缨不敢御。《士丧礼》："荐马缨三就。"注云："三色者，盖绦丝也。"士丧摄大夫之饰，诸侯入天子之国，降视大夫，其隆降均也。

"有鸧"者，鸧鹒之色，青杂白黑也。杜预《左传》《解》曰："青鸟，鸧鹒。"盖以黑漆革，其色鸧然。而三就之绦，其厉勒亦以黑白饰也。毛《传》曰："言有法度者。"盖其以法自裁，不敢乘金象之偏驾也。若郑《笺》以为辔首，则辔首用革，无间尊卑，亦不足纪矣。《集传》以"有鸧"为声之和。鞗革或以革，或以丝，非和、铃之属，安能令之成音响乎，"龙旗"者，金路之所建而施于墨车者，《觐礼》"载龙旗，弧韣"，盖降车以自损，不降旗以昭等，不纯乎大夫之章，且以明所守也。所建者龙旗，则此助祭之诸侯，同姓之诸侯也。受金路之锡而乘墨车，斯以为有法度矣。

实函斯活

函之与含，义不相通。含，中所含也。函，外所函，于此不审，遂以"实"为种谷，"函"为函气，不知函者，谷外之郛壳也。凡藏种者，必暴令极燥，中仁缩小。不充函壳。迨发生之时播之于地，得土膏水泽之润足，则函内之仁充满其函，而后苗芽愤盈，以出于函外。函不实则不活，故曰"实函斯活"。《传》《注》未达此理耳。

载弁俅俅

《杂记》曰："士弁而祭于公，冠而祭于已。"《士冠礼》："爵弁，服纁裳，纯缁衣。"郑《注》曰："此与君祭之服。""纯衣，丝衣也，余衣皆用布，唯冕与爵弁服用丝耳。"则丝衣载弁，士祭于公之服。故郑氏以谓绎礼轻，使士升堂视壶濯及笾豆之属，然而亦有不然者，按《周礼·司服》"公之服，自衮冕而下如王之服"；"士之服，自皮弁而下如大夫之服。"盖周制卑不可犯尊，而尊可兼卑。则自大夫以上至于王，其弁服无异于士也。是丝衣载弁，不但唯士为然矣。

《礼》：享大鬼神，则眡涤濯、省牲镬者，大宗伯也；大祭祀，则省牲眡涤濯、逆齍省镬者，小宗伯也。大宗伯，卿也；小宗伯，中大夫也。则牛羊箫鼎之事，固非士之所得与。倘以绎礼轻于正祭，降用贱者，乃以《少牢馈食礼》例之，其正祭，司马升羊，司士升豕升鱼，司宫设席其宾尸也，亦司马举羊，司士举豕、鱼，司宫设席，初无所降。则时享宾尸之礼，亦当仍用大、小宗伯，而不应降用士矣。且所谓士者何士邪？岂牛人、羊人、司尊彝之属乎？若然，则亦简媟，而非以尊皇尸矣。大宗伯六命，其服毳冕，衣五章；小宗伯四命，其服希冕，衣三章。而此乃丝衣载弁者。皇尸士服，为尸厌，不伸其尊也。王之享先王则衮冕，享先公则鷩冕者，以王季、文王受命为方伯，所服者衮冕，组绀以上位为侯伯、所服者鷩冕，故如其服以祭，不敢以己之贵临祖宗之卑也。今此宾尸敬主于尸，而为尸者少贱未爵之子弟，所服者爵弁。使王与有司以冕临之，则皇尸之尊绌矣。然则宾尸之礼，虽王亦弁，而况于宗伯以降乎？故知此服弁衣丝者非士也，其即省牲省器之卿大夫审矣。

若高子以为灵星之尸，尤失之诬。灵星之祀始于汉，《礼》无其文。且灵星，天神也。祀天神而有尸，则郊亦当有尸，孰可为天之尸者，亦不待辨而知其妄矣。

自羊徂牛

《周礼·牛人》："共享牛求牛。"郑《注》曰："求，终也。终事之牛，谓所以绎也。"孝子求神非一处，故绎谓之求。有求牛，则亦有求羊可知。盖天子之绎礼别用牲焉，与卿大夫有司彻之礼有异鼎而无异牲者不同。若《集传》谓此"祭而饮酒之诗"，不知祭毕之饮，义取馂余，自无别用太牢之理。况省器省牲本事神之礼，非燕余之节乎？

不吴

《说文》："吴，大言也。"徐锴曰："大言，故矢口以出声。《诗》曰：'不吴不扬。'今写《诗》改眂作吴，又音乎化切，其谬甚矣。"按：矢音阻力切，倾头也。凡有倾之象者皆可谓之矢。大言若倾口而出，故从口从矢。吴之本训，大言也。勾吴之吴，盖借用，或以吴人好为大言，故谓之。"不吴"者，不喧也。自如字，音五乎切。其发音乎化切者，徐锴驳正已明，不当再误。

鲁颂

茆

毛《传》曰："茆，凫葵也。"《集传》以为即莼菜，盖沿陆玑之误尔。《后汉书》马融《广成颂》唐太子贤《注》曰："茆，凫葵，叶圆似莼，生水中。今俗名水葵。"言如莼，则非即莼可知。莼唯江南有之，所谓"千里莼羹"也。使鲁泮汉苑而皆有，张翰无劳远忆矣。茆与莼皆有水葵之名，然一类二种。叶似马蹄而圆者，凫葵也，茆也。黄花者则谓之荇，一曰接余。白花者则谓之白蘋，其根一名水藕。莼亦似茆而叶尖，其茎渍之有涎如羹，故曰莼羹。出千里湖、湘湖者佳。二种相似而有辨，陆玑所未审也，茆本音柳，世俗或以与茅通用者，则音茅。柳音于韵自叶，不必别注叶音。

白牡骍刚

骍刚之义，毛、郑、《集传》俱未悉。按：兽之牝牡，未有以刚柔言者。刚柔者，阴阳之德。兽不能有德，何刚之有哉？《公羊传》曰："周公用白牡，鲁公用骍犅，群公不毛。"何休曰："骍犅，赤脊，周牲也。"周公嫌同于天子，故曰白牡。鲁公诸侯，无所嫌，故从周牲，特不纯骍耳。犅者，牛脊也。其字从冈，犹山脊之为冈也。盖鲁公之牲唯脊赤，而他亦不毛矣。若群公，则并其脊而不毛。许慎说："犅，特牛也"，非是。特，牛父也。宗庙之牛，角握犊也。岂有以老牡牛已合牝生子者而用祀哉！

牺尊

"牺"音素何切，与牺牲之牺音义者，音义皆别。毛《传》曰："有沙_{亦音素何切}饰也。"有沙饰者，郑司农众所谓"饰以翡翠"也。郑康成《明堂位》《注》亦曰："以沙羽为画饰。"沙者，翡翠之羽也。按《周礼》：献即牺字尊，天子时享，盛酌醴以荐朝践；诸侯六献，则庀象尊以下而无牺尊。故《明堂位》曰：鲁用牺尊，广鲁于天下也。《诗》于此侈大而言之曰"将将"。将将者，大词也。其后齐欲享定公，而孔子曰"牺象不出门"，则诸侯皆僭用之矣。《集传》据《三礼图》，以牺为画牛于腹。不知鼎以饪肉，故范牛以象大烹之盛，尊以盛醴，奚所取于太牢？若《宣和博古图》有牺尊，铸作牛形，刻肖纤巧，绝不类古朴之制，断非商、周彝器，而当时伪骨董家窃王安石、陆佃之说，仿为之以给徽宗者，盖不足信。梁臾刘杳答沈约书曰："鲁郡得齐子尾送女器，作牺形。"此乃大夫家闺房亵玩之具，非先王时享盛醴之彝器，或据此以为牺尊，为诬而已。

毛炰

毛《传》曰："毛炰，豚也。"按《内则》，豚若将皆为炮。将，羊也。炮者，涂之以泥，实之以枣，以火炮之，毛与皽皆去，故曰："毛炰。"要羊豚皆然，而非但豚也。"有兔斯首，炮之燔之。"是兔亦可炰也。若《周礼》有云："毛炰之豚"，则以牢牲最为下，故终言之，亦非谓毛炰之但为豚尔。

三寿作朋

郑《笺》云："三寿，三卿也。"文义甚为牵强。且鲁僖之世，三家始命，而史克作颂之年，季孙行父、公孙敖皆少，安得遽以寿祝之！《集传》曰："与冈陵等而为三"，于文义亦不安。按《博古图》载周《晋姜鼎铭》曰："三寿是利。"晋六卿，非三。且卿之寿利，不当载之姜氏之鼎。铭文无"冈陵"之语。是"三寿"古之通词，非仅为鲁设矣。"三寿"者，寿之三等也。《养生经》曰："上寿百二十，中寿百年，下寿八十。"《左传》晏子谓叔向曰："三老冻馁。"杜预《解》曰："三老谓上寿中寿下寿，皆八十以上。"《论衡》曰：《春秋》说上寿九十，中寿八十，下寿七十。"三说不同。其为上、中、下之三等均也。而黄帝、尧、舜、文、武、太公、召公、及汉初伏生、张苍皆逾百岁，则古者不以九十为上寿，是《养生经》之言确于《论衡》矣。"朋"，并也。"三寿作朋"者，合并三寿，祝孝孙以无疆之寿也。

鲁邦所詹

毛《传》曰："詹，至也。"盖与"六日不詹"之詹意近。至者，疆界所抵也。泰山之西南为鲁，东北为齐，极其封域而言之，泰山为鲁东北所至之境也。《集传》谓"詹与瞻同",非是。瞻者遥望之辞,故鲁祭四望,而《春秋》书"三望",泰山在封内,非所望也。此以张大鲁疆宇之广,与下"奄有""遂荒"同意。故知毛说为长。

居常与许

毛《传》曰:"常、许,鲁南鄙,西鄙。"乃郑氏则谓:"许田,鲁朝宿之邑。常或作尝,在薛之旁,《春秋》,筑台于薛,孟尝君食邑于薛,皆即此常。"以实考之,郑说非也。薛旁之尝为田文封邑者,春秋之薛国也。薛灭于宋。齐灭宋而有薛,田文食焉。若《春秋》筑台于薛,地近于郎。且庄公已筑台于彼,不待僖公而后复之。孟子之时,鲁犹方五百里,故字亡恙,安得僖公所居而遽为田文所有邪?

若许田之许,则在天子东都畿内,所谓甫田也。今之中牟,甫许古通用。谓之田者,诸侯朝宿之邑,视天子之士禄,有其田而不得有其土地,山泽仍归天子,而宣王得以行狩焉。鲁自隐公以许易祊,桓公元年郑伯以璧假许田,嗣是终非鲁有。僖公三十三年郑辞杞子曰:"郑有原圃。"则是终僖公之世,许为郑有矣。昭公十二年楚灵王曰:"我皇祖伯父,旧许是宅,今郑人贪赖其田。"旧许,对许男之国为新许也。则又终春秋之世,许为郑有矣。而僖公之未尝得复许田,又可知也。

此诗所颂"居常与许,复周公之宇"者,盖谓晋文公执曹伯,命反诸侯之侵地,而鲁取济西田也。常、许其济西之下邑与?曹在鲁之西南。鲁之分曹地,自洮堆小切以南,东传于济;臧文仲由重馆往受之。重馆在方房与预县,盖今之鱼台县也。《水经》:"济水迳冤句县今曹州,又东北过寿张县西界,汶水从东北来注之。"鱼台、寿张之间正值鲁之西鄙、南鄙,则毛公所云,其为曹之侵地明矣。《集传》亦因许田之终于不复而疑郑氏之说,故谓鲁人以是愿之。乃筑台之薛初未尝失,而东都畿内之许田不可言"居",终不可曲为康成讳也。地名同者不一,不博考其疆域之合,但据他见之名而指以为然,其不失者鲜矣。

商颂

依我磬声

郑《笺》云:"磬,玉磬也。"按:古者通谓玉为石,故八音言石而不言玉。凡石不能俱为磬;可以为磬者,玉之属。乃《集传》云:"玉磬,堂上升歌之乐,非石磬也。"别玉于石,而谓别设玉磬以合歌,而非堂下四县之笙磬、颂磬,不知何据。

按:玉磬之别见者,唯《郊特牲》有曰:"诸侯之宫县而击玉磬,诸侯之僭礼也。"则似天子之乐特有玉磬。然在宫县之列,则固不设于堂上矣。《礼》:"大褅,升歌《清庙》,下而管象,以舞《大武》。"以周准殷,必堂上歌而堂下合乐,不能易也。故曰"歌者在上",重人声也。此诗所咏,有鞉鼓,有庸鼓,有《万舞》,则为堂下之合乐而非升歌,明矣。

《郊特牲》曰:"殷人尚声,臭味未成,涤荡其声。乐三阕,然后出迎牲。"则乐固作于初献之顷,礼未备之前也。升歌者,必于迎牲之后,尸已坐侑,然后堂上之歌,与瑟作焉。准诸燕礼,乐三阕者,犹宾升之奏《肆夏》也。升歌者,犹辩遍献礼成,然后工升歌《鹿鸣》也。堂下之县,笙磬在阼阶东,颂磬在阼阶西,即此诗之磬也。建鼓在阼阶西,荡在建鼓之间,鼗倚于颂磬西纮。建鼓、鼗即此诗之鼗鼓也,荡即此诗之管也,俱为堂下之乐。磬无缘独在堂上矣。

诸乐合作,而以磬为度。故曰:"既和且平,依我磬声。"言鼗鼓之依磬以和平也。磬于诸乐清而短,倘在堂上,则与堂下诸县杳不相闻,而又何以相依哉?故《孟子》曰:"金声而玉振之。"玉磬与钟镈相与终始为条理,使玉磬独在堂上,则为弦歌之条理,而不与金相为终始矣。

且人声自与丝合,而玉之铿然起、戛然止者,必不相得。有耳有心,即不必得闻古乐,固可以测知之。故歌工四人则二瑟,歌工六人则四瑟,未闻有击磬者与焉。唯瑟为能合歌,以轻清泛其余韵。而古乐句均调简,自然有节,不似俗乐之长短参差,须拍板以节之,又况磬音之清细者乎?故曰:"朱弦疏越,一唱而三叹。"明堂上之仅有瑟而无磬也。则磬为堂下之县,而玉磬之即石磬审矣。郑《笺》曰:"堂下诸县与诸管声皆和平不相夺伦，又与玉磬之声相依。"是也。

天命玄鸟

毛《传》曰："春分，玄鸟降。高辛率简狄与之祈于郊禖而生契。故本其为天所命，以玄鸟至而生焉。"许慎曰："《明堂》《月令》，玄鸟至之日，祠于高禖以请子。请子必以乙至之日者，乙春分来，秋分去，开生之候鸟也。"蔡邕《月令章句》曰："玄鸟感阳而至，其来主为孚乳蕃滋，故重其至日，因以用事。契母简狄，盖以玄鸟至日有事高禖而生契焉。"凡此诸说，文具简明，不言吞卵也。故《天问》亦曰："简狄在台，喾何宜？玄鸟致胎，女何喜？""致"云者，若或致之，而非燕卵之为胎元也。褚先生曰："鬼神不能自成，须人而生。"其说韪已。

乃谶纬之学兴，始有谓简狄吞燕卵而生契者。司马迁、王逸迭相传述，郑氏惑之，因以释经。后儒欲崇重天位，推高圣人，而不知其蔽入于妖妄，有识者所不能徇也。高辛早年继嗣未广，故修郊禖之祷。简狄随帝后以往，祷已而生契。而契之生，实以高辛之宜之，故曰"喾何宜"。宜，合也，欢也，犹《生民》之所谓"攸介攸止"也。故王充辨之曰："使契母咽燕卵而妊，是与兔之吮毫同矣。燕卵，形也，非气也，安能生人？燕之身不过五寸，其卵安能成七尺之形？或时契母适欲裹妊，遭吞燕卵也。"以愚论之，乃有不止如充之所云者。凡吞物者，从口达咽，从咽入胃，达于肠。胃气所蒸，虽坚重之质，亦从化而糜，精者为荣卫，粗者为二便。而女子之妊，乃从至阴纳精，而上藏于带脉之间。子室在肠胃之外，相为隔绝。燕卵安能不随蒸化，复越胃穿肠，达子室而成胞胎乎？或有谓禹母吞薏苡而生禹者，则以薏苡能催生产，今方家犹用之。禹母或时产难，因食之而生耳。若夫燕卵，既非食品，又不登于方药，契母何为而吞之？且如郑氏所云燕遗卵者，将遗之于地邪？则燕卵轻脆，必致糜烂。即偶遗于衿袖箧笥之中，有仁心者自应求其巢而纳之。不然，聊玩之，终弃之而已。即闾井匹妇，尽古今，遍海内，未闻更有一人吞燕卵者。况简狄为帝室妃嫔，必娴矩度，而乍拾燕卵，急投口中，遽然囫囵咽之。有是理哉？若以为知其可以生子而吞之，则简狄亦妖而不经矣。褚先生又云"含㲄卵而误吞之"，与王充偶吞之说相似。乃明明一玄鸟之卵，何用含之？而亦何致误吞？借令简狄之有童心而戏含之，误吞之，后又何如契之生为此卵之化邪？有人道乎？无人道乎？其怪诞不待辨而知矣。

诗所云"降"者，言玄鸟之降也。《诗》虽四言为句，然文意互相承。受唐人犹知用此活法，所以与许浑一流俗诗迥别。燕之来也，不知其所自至，若从天而降者然，又高飞而下入檐楹以营巢，故曰"降"，犹"戴胜降于桑"之"降"尔。毛《传》言之甚详。郑氏起而邪说兴，朱子弗辟而从之，非愚所知也。毛公传经于汉初，师承不诡。其后谶纬学起，诬天背圣，附以妖妄，流传不息。乱臣贼子伪造符命，如萧衍菖花，杨坚鳞甲，董昌罗平之鸟，方腊衮冕之影，以惑众而倡乱，皆俗儒此等之说为之作俑。又况其云无人道而生者，尤罗睺指腹、宝志鸟窠之妖论，彼西域者男女无别，知母而不知父，族类原不可考，姑借怪妄之说以自文其秽。而欲使堂堂中国之帝王圣贤比而同之，奚可哉！

韦、顾、昆吾

昆吾国在今濮州。《左传》，卫侯梦人登昆吾之观。杜预曰："卫有观在古昆吾氏之虚，今濮阳城中"，是也。《后汉书·郡国志》亦云："濮阳，古昆吾国。"则汤伐昆吾，伐之于濮也。《竹书》："夏帝芬封昆吾于有苏。帝廑之世，昆吾迁于许。"而沈约注云："昆吾已姓，封于卫。夏衰为伯，迁于旧许。"约之误也。昆吾始封有苏，非封于卫。且濮之为卫，在卫成公迁帝邱之后，其初濮非卫地。《左传》楚灵王曰："我皇祖伯父昆吾，旧许是宅。"此言昆吾始封之君，吴回之子，陆终之孙，于季连为兄者；其宅旧许，在夏后之世，历殷六百载，自许迁濮，而当汤伐之之时，则在濮而不在许也。

韦者，豕韦氏也。杜预《左传解》曰："豕韦，国名。东郡白马县东南有韦城。"白马，今之滑县。《一统志》："滑县有豕韦故国。"伐韦，伐之于滑也。若范宣子曰："在夏为御龙氏，在商为豕韦氏则非此所伐之韦。"《竹书》："夏孔甲元年废豕韦，命刘累。七年，刘累迁于鲁阳。帝昊沈约曰：一作皋。元年，使豕韦复国。"杜预亦云："累寻迁鲁阳，豕韦复国。”盖豕韦故国与刘累之后迭相兴废，而此所伐之韦，乃夏之故封，非刘累之后也。

顾亦己姓之国，则亦昆吾之裔也。《左传》哀公二十一年：“公及齐侯盟于顾，公先至于阳谷。”则顾在阳谷左右，滑之东，濮之南，与豕韦、昆吾相为唇齿，亘居河北山东，峙立亳之北陲，助桀为虐，以挠制汤而使不得西向安邑。故汤于征葛之后渡河北讨，除腹心之寇，而后可伸伐桀之师。盖桀恃三蘖以扼商之背，纣恃崇、黎以掩周之后。故三蘖未殄，商师不能西指，崇、黎未戡，周人且有内忧。赵充国所谓帝王之师，出于万全，道所不能废也。桀虽处西，而党援在东，故其后败走三朡，_{孔安国：曰今定陶。}则三蘖所结连东国以为桀奥援者已久。而昆吾、豕韦以霸国之余业，乃其宗主。三蘖已灭，故桀虽东走，而无与为渊薮，不得已而奔南巢。则前此之倚山东以制亳者，非一晨一夕之谋矣。故曰：“苞有三蘖”，言其连蔓而相属也。《竹书》纪桀二十八年汤取韦，遂征顾；二十九年取顾。三十年征昆吾，遂自陑征夏邑。盖始则从南而北，终则山东尽平，乃由河北度井陉而伐夏。其次第如此。非熟考地理，不足以征其用兵之大略也。

罙入其阻

毛《传》曰：“罙，深也。”今按：《说文》罙本作罙，从网从米。许慎曰：“罙，周行也。”盖网垂其上，周行以冒之。故郑《笺》曰：“罙冒也。”“罙入其阻”者，周行以冒之。楚自唐、邓东抵江滨方城、冥厄、穆陵、黄土诸关，西接商、洛，东讫蕲、黄，带险千里，攻一道以入，则孤军受制。高宗大起师徒，四面坌入，使之莫有适守，而后楚不能旁出以挠我。师众役久，故《易》曰：“三年乃克之，惫也。”罙字与深全别，今俗罙作罙，罙作深。故徇毛公之说，较为易晓，《集传》因而从之，亦或缘此。

景山

曹植《洛神赋》曰：“陵景山。”李善《注》曰：“《河南郡图经》曰：

景山，缑氏县南七里。"盖居洛水之滨，为洛汭之上游，地近偃师。故椒举曰："商有景、亳之命。"亳，西亳也即偃师。是以取其松柏，就近而浮于河、洛，以供商邑之用。若《玄鸟》之诗曰"景、员维河"者，概商王畿之地，自西而东之词也。员盖《春秋》"会卫、宋于郧"之郧。杜预《解》曰"广陵之发阳"是也。自缑氏抵发阳方千里，商之邦畿千里，于此见矣。《山海经》有两景山，一在山西解州，所谓"南望盐贩之泽"者也；一在郧阳房县，所谓沮水所出也。迹其地道，皆非此之景山。若《卫风》"景山与京"之景，自当音于景切，言测影以卜地也。缑氏之景山，去楚丘几千里，了不相涉。《集传》引此诗以释彼，非是。

《诗经稗疏》卷四终

诗经考异

六义之旨，断章可取。然其始制作者必无二三。顾齐、鲁之传各凭口授，古文之变沿及楷隶，则字殊音异，因以差矣。《五经》之传，于《诗》为最。辄条记之于篇，亦以见说《诗》不可矜专家之论也。

在河之洲

《说文》"洲"本作"州"，水中可居者，周绕其旁，从重川。禹定水，分地以州，取义于此。徐铉曰："今别作洲，非是。"

君子好逑

《礼·缁衣》及《尔雅》郭《注》"逑"皆作"仇"，"匹"也。

服之无斁

《礼·缁衣》"斁"作"射"。

我姑酌彼金罍

《说文》"姑"作"夃"，音同，夃，益至也，尤多也。"我姑酌彼兕觥"，同。

螽斯羽

《诗传》《诗说》"螽"皆作"蜙"。

桃之夭夭

《说文》"夭"作"枖"，音义同。

愬如调饥

《韩诗》"愬"作"惄"。《韩诗》及《说文》"调"作"朝"。

麟之趾

《诗传》《诗说》"趾"皆作"止"。

召伯所茇

《说文》"茇"作"废"，音同。茇，草根也。废，邸舍也。当以从广之废为是。

摽有梅

赵岐《孟子注》"摽"作"莩"。按：《说文》"摽"音符沼切，击也。"莩落"字当作莩。

野有死麕

《诗传》《诗说》"麕"皆作"麇",音义同。

驺虞

《诗传》《诗说》"驺"皆作"邹"。

威仪棣棣

《礼·孔子闲居》"棣"作"逮",音义同。

绿衣

《诗传》"绿"作"菉"。

以朂寡人

《坊记》"朂"作"畜",养也,止也。义亦通。

终风且暴

《说文》"暴"作"瀑",音同,疾雨也。

击鼓其镗

《说文》"镗"作"鼞"。土郎切。

深则厉

《说文》"厉"作"砅"，音同，履石度水也。厉者，带之垂也。毛公曰"以衣涉水"，于义未安。当从《说文》作砅。

济盈不濡轨

轨，辙迹也，于"不濡"之义不可通。毛公曰："由辀以上为軓。"此字当如《周礼》"立当前軓"之軓，从车从凡，读如犯。

雍雍鸣雁

《盐铁论》"雁"作"鴳"。《注》云："曷旦也。"音汗。

匍匐救之

《礼·檀弓》"匍匐"作"扶服"。音义同。

简兮

《诗传》《诗说》"简"皆作"柬"。柬，伶人名。

毖彼泉水

韩诗"毖"作"秘"。

室人交遍摧我

《说文》"摧"作"催"，仓回切，相捘也。

雨雪其雱

郭璞《穆天子传注》"雱"作"霶"，音同。

静女其姝

《说文》"姝"作"袾"，音昌朱切，好佳也。别无姝字。

爱而不见

《方言》郭《注》"爱"作"薆"，谓掩翳，菱也。《说文》作僾，仿佛也。

新台有泚

《诗传》《诗说》"新"皆作"窥"，音义未详。《说文》"泚"作"玼"，盖与"玼兮"之玼同意。

燕婉之求

《说文》"燕"作"暥"，音同，目相戏也。

得此戚施

《说文》"戚"作"醔"；"施"作"鼀"，音并同。醔鼀，虫之不能仰者，盖虾蟆之属。

髧彼两髦

《说文》"髧"作"紞"，音登敢切。垂也，犹悬紞之紞。"髦"作"髳"，音亡牢切，发至眉也。

墙有茨

《韩诗》"茨"作"薋"，按：茨者，以茅盖屋。薋，蒺藜也。蒺藜当扫除之，以生墙上，故不可扫。当从《韩诗》。

鬒发如云

《说文》"鬒"作"㲅"。

鹑之奔奔

《诗传》《诗说》"鹑"皆作"䳺"。奔，《诗传》作"贲"，音义并同。

鹊之强强

《礼·表记》"强"作"姜"。

绿竹猗猗

《说文》"绿"作"菉"。"菉"，王刍也。竹，《韩诗》作"篃"，音竺，筑也，详《稗疏》。

赫兮咺兮

《大学》"咺"作"喧"。《说文》作"愃"。音与元咺之咺同，宽闲心腹貌。

充耳琇莹

《说文》"琇"作"璓"。音义同。

会弁如星

《说文》"会"作"鬠"，骨擿之可以会发者。音古外切。

齿如瓠犀

《尔雅》郭《注》"犀"作"栖"。

翟茀

《周礼注》"茀"作"蔽"。

施罛濊濊

《说文》"濊"作"濊"，音义同。

鱣鲔发发

《说文》"发"作"鲅"，音北末切。

体无咎言

《坊记》"体"作"履"。

士也罔极，二三其德

《韩诗》上句作"之子无良"。

信誓旦旦

《说文》"旦"作"愚"，音当割切，与怛同。

扬之水

《诗传》《诗说》"扬"皆作"踢"，《唐风·扬之水》同。

暵其干矣

《说文》"暵"作"灘"，音他干切，水濡而干也。

雉罹于罦

《说文》"罦"作"罬"，音缚牟切，义同。与下忧韵本叶，别无罦字。

毳衣如菼

《说文》"菼"作绿，音同，骓色也。徐铉曰："今俗别作毯。"

毳衣如璊

《说文》"璊"作"毬"，音同，缬色如虋，故谓之璊。虋，禾之赤苗也。

羔裘

《诗传》《诗说》"裘"皆作"求"。按：求本从衣，倒毛象形。后借为求乞之求，因别立裘字。

舍命不渝

《韩诗》"渝"作"偷"，正与下侯韵叶，当从《韩》。

无我魏兮

《说文》"魏""敄"，音市流切，弃也。与毛《传》魏字释同义。别无魏字。

弋凫与雁

《说文》："弋，杙也。"其缴射飞鸟之弋字本作隿。弋言弋获。并同。

山有扶苏

《诗传》《诗说》"苏"作"胥"。

褰裳涉溱

溱字当作潧。溱与洧同详《稗疏》。潧，郑国水名，出郑州西北，入于洧。溱水出桂阳临武县，至汇浦入于南海。

风雨凄凄

《说文》"凄"作"淒"，古谐切。按俗本作凄，不成字。

青青子衿

《诗传》《诗说》"衿"作"裣"。按：从今从衣者即衾字。衣裣之裣从金。

挑兮达兮

《说文》"挑"作"㧌"，音土刀切，滑也。

缟衣綦巾

《说文》"綦"作"綥"，音同，帛苍艾色。别有綦字，不借也。不借，屦也，非巾色。

聊乐我员

《韩诗》"员"作"魂"。

方涣涣兮

《韩诗》"涣"作"洹"，音羽元切。但洹乃燕、齐间水名。此云洹洹，义未详。

还

按：《诗传》《诗说》，《卢令令》之后又有《营》一篇，亦曰："齐俗好田，君子刺之。"今毛《诗》无《营》，而《诗传》《诗说》无《还》。所谓《营》者，应即是《还》。

卢令令

"令"，《说文》作"獜"。獜，健也。力珍切。

载驱

《诗传》《诗说》"驱"作"歐"。

掺掺女手

《韩诗》"掺"作"纤"。《说文》作"攕"。攕攕，好手貌，音山廉切。

好人提提

王逸《楚辞注》"提"作"媞"。

宛然左辟

《说文》"然"作"如"，"辟"作"僻"，普击切。

葛屦

《诗传》，《汾沮洳》之前有《葛履》一篇，应即《葛屦》。按：《周礼》有"葛屦"，当依《毛诗》。

河水清且涟猗

《尔雅》"涟"作"澜"。涟本与澜同音。徐铉曰："俗音力延切，误。"

素衣朱绣

《仪礼》郑《注》"绣"作"宵"。

椒聊

《诗传》"椒"作"茉";《诗说》"椒"作"菽"。按：秦茉、蜀茉、胡茉之茉，字本从草从朩，或可作菽。其木旁叔之椒，俗字也。若朩粟之朩，字本作朩，以从草从叔为谷名者，亦俗字。

竹闭绲縢

《士丧礼注》"闭"作"柲"。《考工记注》作"柲"。说详《稗疏》。

山有苞栎

《尔雅》郭《注》"苞"作"枹"。音同。

邛有旨鹝

《说文》："鹝"作"虉"，音义同。

伤如之何

《鲁诗》"伤"作"阳"。《尔雅》曰："阳，予也。"

棘人栾栾兮

《说文》"栾"作"脔"，音力沇切，臞也。

苌楚

《诗传》"苌"作"长"。

衣裳楚楚

《说文》"楚"作"䠋",音同,采鲜色也。

彼其之子

《左传》"其"作"己",《表记》作"记"。按:古有畀字,彼也。当作畀。今江西、湖南人称彼为畀,其字如此,音纪。

鸤鸠

《诗传》《诗说》"鸤"并作"尸"。

其仪一兮

《礼·缁衣》"兮"作"也"。

一之日觱发

《说文》"觱"作"滭","发"作"冹",冹音方勿切。今按:觱字从咸,不合六书。当从蠲作蠲,特难以下笔耳。或可省从或作觱。

七月鸣鵙

赵岐,《孟子》《注》"鵙"作"鴂"。今按:鵙,古阒切,伯劳也。鴂,古穴切,宁鴂也。伯劳以五月无声,详《楚辞》"百草为之不芳"。则七月所鸣者，鸹也。赵《注》为长。旧注鴹作决音者，非是。

献豜于公

郑司农众《周礼》《注》"豜"作"肩"，四岁豕也。

六月食郁及薁

《说文》"薁"作"蓶"，山韭也，音余六切。

称彼兕觥，万寿无疆

《月令》郑《注》"觥"作"觵"，"万寿"作"受福"。许慎说："觵，俗从光。"经典不应用俗字。"我姑酌彼兕觥"，亦当作觵。

迨天之未阴雨

《说文》"迨"作"隶"，音同。古无迨字。徐铉以谓"逮"，或作"迨"。

今女下民

《孟子》"女"作"此"。

蜎蜎者蠋

《说文》"蠋"作"蜀"。蜀字本从虫，不宜更加虫字。

鹳鸣于垤

《说文》"鹳"作"雚"。老雚，知雨之鸟。本不从鸟。别有鹳鸟，似鹊，尾短；射之，衔矢射人，音呼官切。

载寉其尾

《说文》"寉"作"蹶"。

皇皇者华

《诗传》《诗说》"皇"皆作"煌"。

骁骁征夫

《说苑》"骁"作"莘"。

鄂不铧铧

《说文》"鄂"作"萼"。

外御其务

《左传》"务"正作"侮"，不借用务。

饮酒之饫

《说文》"饫"作"餕"，音义同。

和乐且湛

《中庸》"湛"作"耽"。

伐木许许

《说文》"许"作"所"。所所，伐木声。

有酒湑我

李善《文选注》"湑"作"醑"。

坎坎鼓我

《说文》"坎"作"竷"，音同坎。竷，舞也。乐有章，故从章。今作《坎》卦之坎，于义无取。

吉蠲为饎

《士虞礼》郑《注》及《周礼注》"蠲"皆作"圭"，圭亦洁也。《仪礼》："圭为而哀荐之。"

彼尔维何

《说文》"尔"作"芥"，音义同。

岂不日戒

王弼《易注》"日"作"曰"。曰，言也，于也。

烝然罩罩

《说文》"罩"作"罩",音都教切。

南山有台

《诗传》《诗说》"台"皆作"苔",《彼都人士》"台笠"之台。亦应从草,苔,莎也。

乐只君子

《左传》"只"作"旨"。凡"乐只"皆应同。

厌厌夜饮

《韩诗》"厌"作"愔"。薛君曰:"愔愔,和悦之貌。"《说文》作"恹",恹恹,安也。音同。

我是用急

《盐铁论》"急"作"戒"。

振旅阗阗

《说文》"阗"作"嗔",音同,盛气也。说详《稗疏》。

我车既攻

《诗传》《诗说》"攻"皆作"工"。

赤芾金舄

《白虎通》"芾"作"绋"。"朱芾斯皇","赤芾在股",亦皆作"绂"。

助我举柴

《说文》"柴"作"挈",音义同。

庭燎

《诗说》"燎"作"寮",按：庭寮字本如此。从昚从火。寮以祭天，祭必昚也。已从火，不宜更加火字。燎者，俗字。

鸾声哕哕

《说文》"鸾"作"鑾","哕"作"钺"。钺本音呼会切，俗用为钛戉之戉。

可以为错

《说文》"错"作"厝"。厝本磨石也，错则涂金也。今俗以厝为安厝者。非。

在彼空谷

《韩诗》"空"作"穹"。

约之阁阁

《考工记注》"阁"作"格"，音义同。

载衣之裼

《说文》"裼"作"裼",音替,裸衣也。裼乃裘上之裼衣,但音先历切,无他义。

何蓑何笠

"负何"之何,从人从可;人可负者因负之也。今以何字为"谁何"之何,反借荷华之荷为负何,误也。负何之何,亦如字读平声,不当别发作上声。蓑本字只作衰,不从草。俗因借为衰老字,别立蓑字,误。

天方荐瘥

《说文》"瘥"作"瘥",才何切。瘥,昨何切,残田也。

谁秉国成,不自为政

《礼·缁衣》,"谁"字下有"能"字,又上有"昔吾有先正,其言明且清。国家以宁,都邑以成",四句,当是逸句。

民之讹言

《说文》"讹"作"讹",字本从为,俗从化。

不敢不蹐

《说文》"蹐"作"趚",音义同。

胡为虺蜴

《说文》"蜴"作"蝘"。

洽比其邻

《左传》"洽"作"协"。

朔日辛卯

《学斋占毕》云："日，本月字之误。"朔月，犹言吉月。

艳妻煽方处

《说文》"煽"作"偏"，音义同。

噂沓背憎

《说文》"噂"作"傅"，音同，聚也。

悠悠我里

《尔雅》郭《注》"里"作"悝"，音同，忧也。"悠悠我悝"，忧难忘也。以里为所居之里，而以悠悠为忧，义皆未安。

沦胥以铺

《韩诗》"沦"作"薰"。

宜岸宜狱

《韩诗》《说文》"岸"皆作"犴"。

尚或墐之

《说文》"墐"作"殣"，音义同。堇字从土者，音勤，赤黏土也。

秩秩大猷

《说文》"秩"作"裁"，音直质切，大也。

萋兮菲兮

《说文》"萋"作"缕"，白文貌；"菲"作"斐"。

捷捷幡幡

《说文》"捷"作"耴"，七入切，聂语也。

无草不死，无木不萎

徐干《中论》作"何木不死，何草不萎"。

瓶之罄矣

《说文》"罄"作"窒"，音义同。别无"罄"字。

周道如砥

《孟子》"砥"作"底"。

跂彼织女

《说文》"跂"作"𧿹"，倾也。音去智切。"跂"字音去支切，足多指也。当从匕。

乱离瘼矣

《说苑》作"乱离斯瘼"。

匪鹑匪鸢

《说文》"鹑"作"𪃍"，"鸢"作"鳶"。鹑、鹖属。𪃍，雕也。此与鳶并举而戾天，自当非鹖鹑而为雕。传写省作"鹑"，误也。鳶即鶚。"鸢"字弋下著鸟，当与"雊"通。鸷鸟之鳶，自应从"屰"。

或尽瘁事国

《左传》"尽瘁"作"憔悴"。

楚楚者茨

王逸《楚辞注》"茨"作"薋"，说详《墙有茨》。

祝祭于祊

《说文》"祊"作"𥛱"，义同。

畇畇原隰

《周礼》郑《注》"畇"作"苗",音均。

既优既渥

《说文》"优"作"㳚",雨足也。忧,饶余也。悬,愁思也。优,倡也。㳚,雨多也。经典传写多不分明。

去其螟螣

《说文》"螣"作"蟘",民若称贷则生蟘,字或作"蠢"。若"螣",乃神蛇之名,音徒登切。

觓觩有捄

《白虎通》"捄"作"䉛"。

裳裳者华

《诗传》《诗说》"裳"皆作"常"。

受福不那

《说文》作"求福不傩"。

有頍者弁

《诗传》《诗说》"弁"皆作"䫫",音义未详。或即古"弁"字。

先集维霰

《尔雅》郭《注》"霰"作"霓。"音义同。

间关车之辖兮

《左传》"辖"作"辖"。

营营青蝇

《说文》"营"作"謍"。余经切，小声也。

止于樊

"樊"，《说文》作"棥"，音同。"棥"，篱也。"樊"，鸷不行也，不当从卉。

威仪怭怭

《说文》"怭"作"佖"，音义同。

采菽

《左传》《诗说》"菽"皆作"叔"。《诗传》作"尗"。按《说文》："尗，小豆也。"从草之"菽"本，"椒"字。

渐渐之石

《诗说》"渐"作"嶄"，音义同。

陈锡哉周

《左传》"哉"作"载"。杜预《解》云:"言能载行周道。"

聿怀多福

《春秋繁露》"聿"作"允"。按:"聿"古文作"眖",允字与眖傍之兊相近,作允者或传写之误。凡此类,虽《毛诗》今本为长,以他见者义亦可通,故备存之。

在洽之阳

《说文》"洽"作"郃"。今郃阳县字如此。"洽"本"浃洽"之"洽"。郃水不必定从水。

其会如林

《说文》"会"作"旝",音古外切。说详《稗疏》。

緜緜瓜瓞

《诗传》"緜"作"绵"。

陶复陶穴

《说文》"复"作"覆",地室也,音芳服切。

率西水浒

《说文》无"浒"字,其字作"汻"。徐铉曰:"今作'浒'。非是。"

混夷駾矣

《说文》作"犬夷呬矣"。"呬",虚器切。息也。赵岐《孟子注》"駾"作"兑"。其"混夷"本"昆夷",不当从水。

予曰有疏附

《韩诗》"曰"作"聿",下三"曰"字同。

追琢其章

赵岐《孟子注》"追"作"雕"。

岂弟君子

《礼·孔子闲居》及《表记》"岂"作"凯"。凡"岂弟"同。

瑟彼玉瓒

郑司农众《周礼注》"瑟"作"恤"。《说文》作"璱"。"玉英华相带如瑟也。"

神罔时恫

《说文》"恫"作"侗"。

其蕑其翳

《尔雅》郭《注》"蕑"作"榴",音义同。

貊其德音

《左传》"貊"作"莫",音同。"莫",定也。

克顺克比,比于文王

《乐记》"比"皆作"俾"。

以按徂旅

《孟子》"按"作"遏","旅"作"莒"。

白鸟翯翯

《孟子》"翯"作"鹤"。

下武维周

《诗传》《诗说》"下"俱作"大"。按:"下武"于文不可解。郑《笺》以为"后"也,《集传》作"文武",俱于"维周"之义不可通,云"大武"乃允。

遹求厥宁,遹观厥成

《说文》"遹"作"欥",音余律切,语助词。若"遹",本训避也,不可借用。

匪棘其欲

《礼器》作"匪革其犹"。"革",如"夫子之疾革矣"之革,音纪力切，急也，本与"孔棘"之"棘"通。"犹"，功也，言匪急作邑之功也，较之"急成己之所欲"，于义为长。

宅是镐京

《礼·坊记》"宅"作"度"。

克岐克嶷

《说文》"嶷"作"疑"，音同，小儿有知也。

禾役穟穟

说文"役"作"颖"。按："禾役"不可解，当从许说。

恒之秬秠

《颜氏家训》"恒"作"亘"，下"恒之"同。

或舂或揄

《有司彻礼注》"揄"作"扰"。按《说文》"揄"音羊朱切，引也；"扰"音竹甚切，深击也。宜依《礼》《注》作"扰"。今考"扰"从"尤豫"之尤，当音犹。其作竹甚切读者，或徐铉等之误。

或簸或蹂

《说文》"蹂"作"舀"，以沼切，抒臼也。

烝之浮浮

《说文》"浮"作"烰",音同。

敦弓既坚

《说文》:"弴,画弓也。"字本从弓。从攴者借用。徐铉曰:"音都昆切,不当作雕音。"今人承误,遂有"雕弓"之语。弓固不可雕刻者,不通。

假乐君子,显显令德

《诗传》及《中庸》"假"皆作"嘉"。《中庸》"显"作"宪"。

不愆不忘

《说苑》"愆"作"僁","忘"作"亡"。

芮鞫之即

《周礼注》"鞫"作"陒",音同。

茀禄尔康矣

《尔雅》郭《注》"茀"作"祓"。

是用大谏

《左传》"谏"作"简"。杜预《解》曰:"简,谏也。"

下民卒瘅

《缁衣》"瘅"作"癉"。

辞之辑矣

《新序》"辑"作"集"。

辞之怿矣

《左传》"怿"作"绎"。

牖民孔易

《韩诗》《乐记》"牖"皆作"诱"。

价人维藩

《尔雅》郭《注》"价"作"介",介大也。

靡哲不愚

《淮南·人间训》"靡"作"无"。

抑

《集传》引《国语》以此诗为《懿戒》。《诗传》《诗说》俱有《懿戒》一篇而无《抑》,不但《国语》云然。命篇名以《懿戒》,篇首"抑抑"正当作"懿"。懿,美也。以"按抑"之"抑"为密,义无所取。"懿"自可如字读如意。韦昭曰"读作抑",亦所不必。

白圭之玷

《说文》"玷"作"刮"，别无"玷"字。

不愆于仪

《缁衣》"愆"作"諐"。

听我藐藐

徐干《中论》"我"作"之"。

国步斯频

《说文》"频"作"矉"，音符真切，恨张目也。

大风有隧

《尔雅注》"大风"作"泰风"。泰风，西风也。

耗斁下土

《春秋繁露》"斁"作"射"。

涤涤山川

《说文》"涤"作"蔋"，音同，草旱尽也。按：旱则山川昏霾。"涤涤"者，雨后山色，非旱景也。自当以许说为长。

王缵之事，于邑于谢

《潜夫论》"缵"作"荐"，"谢"作"序"。言宛北序山之下。下"谢于诚归"，亦应作"序"。

民之秉彝

《孟子》"彝"作"夷"。

以其介圭

《尔雅注》"介"作"玠"。

钩膺镂锡

《说文》"锡"作"钖"，音义同。徐铉曰："今经典作锡。"

江汉浮浮

《风俗通》"浮"作"陶"。

武夫洸洸

《盐铁论》"洸"作"潢"。

阚如虓虎

《风俗通》"虓"作"哮"。

鞫人忮忒

《说文》"鞫"作"䋖"。䋖人，穷理罪人也。"忮"作"伎"。伎，与也。

我居圉卒荒

《韩诗》"圉"作"御"，言其宫室服御以荒而杀礼也。

骏奔走在庙

《礼·大传》郑《注》"骏"作"逡"，音息俊切。

假以溢我

《说文》"假"作"诶"，音吾何切，嘉善也。《左传》"假"作"何"，"溢"作"恤"。

夙夜基命宥密

《礼·孔子闲居》"基"作"其"。按："基址"之"基"本作"丌"，或通作"其"，自可不必从土。

仪式刑文王之典

《左传》"典"作"德"。

执竞

《周礼注》吕叔玉云："'竞'作'傹'。"

钟鼓喤喤

《说文》"喤"作"锽"，钟声也。"喤喤"，儿啼声。《斯干》云："其泣喤喤。"

庤乃钱镈

《考工记》郑《注》"庤"作"偫"，音义同。今俗本或作痔疮之痔，尤为舛谬。

应田县鼓

《周礼注》及《埤雅》"田"皆作"朄"。《说文》亦同，音羊晋切。

肃雍和鸣

《尔雅》郑《注》"雍"作"雕"。

嬛嬛在疚

《说文》"嬛"作"煢"，"疚"作"疛"，贫病也。别无疚字。

其镈斯赵

《考工记》郑《注》"赵"作"挑"，音同。按："赵"为趋走之义。"挑"，利也，当作"挑"。

以薅荼蓼

《尔雅》郭《注》"薅"作"茠"，"荼"作"藗"，音义并同。

积之栗栗

《说文》"积"作"稬"，音即夷切，积禾也。"栗"作秩，"秩"亦积也。俗用为"禄袟"之"袟"。

自羊徂牛

《韩诗》"徂"作"来"，下"徂"同。

兕觥其觩

《周礼》郑《注》"觩"作"觵"，义见前。

敷时绎思

《左传》"敷"作"铺"。

憬彼淮夷

《说文》"憬"作"礥"，古猛切。

实始翦商

《说文》"翦"作"戬"。戬，尽之也。今作剪，自当作"前"，从歬从刀。复加刀者，俗文。

土田附庸

郑司农众《周礼注》"田"作"地"。

鲁邦所詹

《韩诗》"詹"作"瞻"。《集传》本此。然毛公之说较长。说详《稗疏》。

奄有龟蒙

《尔雅》郭《注》"奄"作"弇"。弇，同也。

遂荒大东

《尔雅》郭《注》"荒"作"忨"。忨，有也，音荒乌切。

新庙奕奕

郑司农众《周礼注》"新"作"寝"。

置我鞉鼓

《明堂位》郑《注》"置"作"植"。殷人植鼓。植鼓，足鼓也。

鞉鼓渊渊

《说文》"鞉"作"鼗"，"渊"作"鼝"。按此，则"伐鼓渊渊"之"渊"，亦当作"鼝"，音同。鼝鼝，鼓声。

鬷假无言

《中庸》"鬷"作"奏"。《集传》因云"鬷音奏"。以为声转之讹。按："鬷""奏"音不相涉。"奏"之入声为则，"鬷"之入声为足。谓

"'奏''族'音近，'族'与'翻'四声相通"者，非也。杜预《左传解》云："翻，总也。"自当如字，音子工切。不必强合《中庸》。"假"，《左传》作"嘏"。杜《解》曰："大也。"如字，音古雅切。

圣敬日跻

《礼·孔子闲居》"跻"作"齐"。

为下国缀旒

《郊特牲》郑《注》"缀"作"畷"，丁劣切。"旒"作"邮"。按：缀旒有弁髦之意，非佳语。畷邮，邮表畷，八蜡之所祭，谓下国之所依而祷祀者也。当以《礼》《注》为长。

敷政优优

《左传》"敷"作"布"。优从人，俗文。说见前。

为下国骏庬，何天之龙，敷奏其勇

《大戴礼》"骏庬"作"恂蒙"，"龙"作"宠"，"敷"作"傅"。

采入其阻

《说文》"采"作"采"，说详《稗疏》。

右所采引，皆取典籍有全句明文可证据者。若今文沿俗传写，苟简不合六书者，缘其充斥，未遑栉举也。

《诗经考异》终

诗经叶韵辩

或曰，古之水火，今之水火也。古之声色，今之声色也。岂其然哉！水一也，九河之道，堙为平陆矣。火一也，榆柘之钻，易以敲石矣。夺沛通淮，不谓河之仍北流也。锻铁戛石，不谓木之必生火也。水火行天，古今异理。声色听人之习易，奚容以今而证古哉！

目之于色，耳之于声，口之于味，鼻之于臭，均也。古之食者，醢蜃蝓而苣荼蓼。今荐之俎，则蜇舌而觳觫。古之薰者，佩椒藿而炳萧草。今纳之侧，则刺鼻而烦冤。臭味既有习尚之殊，色亦随时而异茅蒐，古之赤也；红蓝御而茅蒐削色。垩土，古之白也；铅粉陈而垩土不鲜。后起之巧日增，古朴之传无考。然则耳无一成之听，口有不齐之音。执古不可以宜今，从今愈不能以限古。奈之何以沈约、孙愐之韵，强《风》《雅》而求其叶邪？

夫后之作者以古为基，非古之能豫谋夫后也。"帝力何有"之谣，"皇祖有训"之歌，律以《风》《雅》之韵，未有"洲""鸠"、"服""侧"之叶，则不可以周《诗》律上古，抑不可以今韵准《风》《雅》明矣。故曰："音员成韵。"员者，运流而不滞也，异地而弗能迁，再传而非其故。沈约生际齐、梁，风沿吴、会，固不能均齐、鲁而埒商、周矣。故"东""冬"、"支""微"之别，约创之，而约之前未有也；约定之，而其君且不用也；约守之，而约所为之诗赋不能无出入也；约传之，而周伯琦之流且欲乱之也。乃以推诸未有约之先，屈抑本音而从约之韵，不亦难乎？

年代邈杳，古音无考。见于《说文》者，字之本音，多不合于今人之读。古音不同于今音，则古韵必殊于今韵。"瑞"，今旨沇切，而《说文》云"读如捶击之捶"旨磊切，则四纸与十六铣无定也。"祥"，今博幔切，而《说文》云："读如普遍之普"，则七虞与十五翰无定也。如此类盖不一矣。又"雏"，今巨淹切，而《说文》云"从今谐声"，则十二侵与十四盐通也。"犀"，今先稽切，而《说文》云"从辛谐声"，则八齐与十真通也。盖"沇"子"旨"母"沇"可叶而"旨"亦可叶；"普""祥"同出于合口，"犀""辛"同出于齐齿，"今""钤"同出于闭口，声可叶而音亦可叶也。以此求之，古音通而今音隘，古韵博而今韵狭，所从来久矣。乃约之为韵，以声为主而不取其音，既异于古之声音互主矣。流及今兹，声存音去，故"东""冬"、"真""文"异韵而不能析其异，"元""魂"、"野""马"同韵而不能会其同。乃守沈、孙之孤尚，拘反切之成例，刻舟胶柱，一成而不易，又奚可哉！

夫古无韵名而自有实。无其名，故不可泥也。有其实，故源流分合之际不可乱也。则亦绘染异尚，而赤不可白，白不可赤也。是故有声之合，有音之合。声之合者，东、冬、江合也，支、微、佳、灰合也，鱼、虞合也，真、文合也，元、寒、删、先合也，萧、肴、豪、尤合也，歌、麻合也，阳、庚合也，青、蒸合也，侵、覃、盐、咸合也，则休文亦以类次而见合于离矣。音之合者，虞、歌合也，支、鱼合也，支、先、萧合也，东、冬、庚合也，支、尤合也，则休文离之而固可合也。又入声之音，总以其石而郁者为相合之道。故有类合者，有遥合者，为尤通用而无碍，而特不合屋于叶，合药于洽，则其离之本远而必不可合者也。古之为字也，字略而音广，音略而义广。后人徇其广而离之，古人守其略而合之。如"御"有迓至之义，可仍"御"音；"疑"有疑入声立之义，可从"籬"读；初不似后人之发棚而粒量之。若平、上、去之三声，则古人之所本合而不离者，尤不待拘拘之叶而自通也。

以此推之，是故为叶韵之说者，其蔽凡十。而自十以往，雕琢穿凿，尤不胜纪焉。

一、字本兼众义，通众声，而叶者为赘。如"服"本有"匐"音，故扶甸服、来罗服，字皆作服，自与"侧"叶。"蛇"有"它"音，故古人"相同亡它"，无蛇虫之伤也，自与"绝"叶。"角"有"录"音，故角里、角端，字皆作角，自与"族"叶：正可如字而读，不必赘注叶蒲北、汤何、卢各切之类是也。

二、本音合于沈韵，如字而读，正与韵同。而叶者因流俗口齿之讹妄为改叶。如"子"本音祖里切，自与"李"叶。"汜"本音详里切，自与"以"叶。"俟"本音锄里切，自与"止"叶。"否"本音方九切，自与"友"叶。"怒"本音奴古切，自与"雨"叶。不当妄解作奖里、不成音，乃似吃口人语。羊里、想止、满美、读之如《否》卦之否，又解友字作于轨切以迁就之。暖五切，以求合俗耳之类是也。

三、平、上、去三声古本不分，而叶者必变字音以求合沈韵。如"居""御"、"永""泳"、"姻""信"之类是也。近世填词颇与古合。

四、沈韵连类相次，古字通用，非如"江""阳"、"尤""侵"之必不可合。而叶者必拘一韵强为之叶，如"降"自与"忡""虫"合，"笑"自与"悼"合，"败"自与"憩"合，"行"自与"筐"合，不须转"降"为"红"，转"笑"为"燥"，转"败"为"背"，转"行"为"杭"之类也。

五、沈韵虽不相次，而声固可合，则叶不以韵而以声。而叶者必破声以求合于韵，尽失古人谐声之本，如语、麌二韵之合于马者，古人谐声，本无异响，故"苄"字从"下"得声而音"户"，上声，俗读去声，非。"贾"字从"襾"音亚得声而上音"古"，贾字上声无假音，俗误。去音"稼"，此三声家、贾、贾。家可读姑，上声音古；亦可读假，去声音稼；亦可读故，在姑家、古假、故稼之间。可念其通。则"马"自与"浒""下""楚"叶，不当叶"马"作"姥"、"下"作"户。"又"尤"与"疑"叶，见于《周易》者不一，今以"孚""浮"谐声所自思之可知。则"治"自与"讼"叶，不必叶"讼"作于其切之类是也。

六、音相合，后失其传，不可复通。而叶者勉强附合，母子异宫，非音响不成，则翻入他韵，尽失音声之本。如真、先、东、侵全无相涉，而"天""人"、"田""零"、"风""心"之相为同用自无从考，乃强叶"天"为铁因切，则似"汀"非"汀"；叶"田"为徒因切，则似"庭"非

"庭"；既不可收入真韵，亦不可收入庚、青二韵，于古既无所据，于沈韵亦所不容。若叶"风"为为憎切，则其谬尤甚。韵憎闭口，不容以"风"之撮口两相混合，今乃合"为"与"憎"以为切，似"温"非"温"，似"云"非"云"，尽天下未有能呼之者，必无此字，必无此音矣。盖真韵张唇，不容有透、定二母之音。憎韵闭齿，不容有非母之音，此入龁舌，横乱宫、羽，此尤纰缪之大者也。

七、韵无适主而音有定则，任其扭合，则凡字皆可破读，然使读"人"作"犬"以叶十六铣，读"父"作"奴"以叶七虞，其亦将忍为之乎？而叶者不恤其意义之有无，恣情出入，一字两处，分为二音，如"怀"字自与灰、支通叶，而左拘右牵，或叶胡隈切，或叶胡威切；"家"字本不可与东、屋通，而一叶各屋切，一叶各空切之类是也。

八、间句余文本不用韵，而叶者概欲以韵合之。如"岂不夙夜"，间句也，而叶"夜"为羊孺切。"裕"，撮口，"夜"，齐齿，必不可通。"送我乎淇之上矣。""已焉哉，天实为之，谓之何哉！"余文也，而叶"中"作"桩"、叶"宫"作"姜"桩、姜混呼，亦不可通于合口。以就"上"叶平声，叶"哉"作"兹"以就"之"之类是也。

九、入韵古本互用，特为尤恕，则"谷""莫""裕""致"本自可相协，且"裕"原从"谷"得声，"致"之得声与"择""铎"同意，抑同莫韵，不必叶"裕"为古略切，"致"为弋灼切，"革""緎"本自相通，不必叶"革"为棘力切之类是也。

十、《周颂》多不用韵者，升歌之诗；一唱三叹，唱者字也，叹者音也。于韵无字，字无韵，而抑以瑟浮其声，则韵寄于瑟。"大音不和"，此之谓矣。汉乐府《江南可采莲》犹存此意。是固无劳求叶者也。乃"此疆尔界"，叶界以急。"十千维耦"，叶耦以拟开口、齐齿不相通。"降福孔皆"，叶皆以纪。"以享以祀"，叶祀以亦。"既右烈考"，叶考以口。"缉熙于纯嘏"，叶嘏以古。"骏骏王之造"，叶造以剿。奏，浊。此尤不取《清庙》《维清》而推之，以迷于乐理，巧为割裂者也。

凡此十蔽，不揆之于六书，抑无益于六义，于字既失其正，于义亦不相安，徒令读之者顺以得音，且令听之者不知何谓。强成周之诗人，受沈约之科禁。不知谁倡此说，而以成乎不解之惑。善说《诗》者，自可置之为余食赘形而无嫌也。今略摘其谬，历为纠订，后之君子，庶取正焉。叶韵除而真《诗》见，勿徒以口耳徇塾师之纤陋也已。

音注中叶韵未详何始。《注》《疏》《正义》无此。近世金陵李士龙《五经正文》尤为繁谬，宣城梅膺祚《字汇》亦然。韩退之古诗自用古韵，而膺祚强为之叶。乃至如缺舌呓语，绝不可省。金坛王肯堂太史《笔尘》辨正颇合于古。谓"思服"之"服"本音白"钟鼓乐之"之"乐"，本音涝；_{北人如此读}；"薄"本音胡郭切，与"莫"同韵，"绤""致"二字本叶；"维鸠居之"，"居"与"踞"同；"远送于野"，本与"墅"同，_{徐锴曰："墅，经典只作野。"}皆精切可采，特其叶"纻"作"题"，叶"讼"作"松"，叶"思"作"腮"，则犹未免以沈韵为拘。惟尽去叶韵，令后世略知古韵易简之元声，庶几有功六艺乎！

《诗经叶韵辩》终

《诗经稗疏》全书终

诗广传

诗广传卷一

周南

一

夏尚忠，忠以用性；殷尚质，质以用才；周尚文，文以用情。质文者忠之用，情才者性之撰也。夫无忠而以起文，犹夫无文而以将忠，圣人之所不用也。是故文者白也，圣人之以自白而白天下也。匿天下之情，则将劝天下以匿情矣。

忠有实，情有止，文有函，然而非其匿之谓也。"悠哉悠哉，辗转反侧"，不匿其哀也。"琴瑟友之"，"钟鼓乐之"，不匿其乐也。非其情之不止而文之不函也。匿其哀，哀隐而结；匿其乐，乐幽而耽。耽乐结哀，势不能久而必于旁流。旁流之哀，恻栗惨淡以终乎怨；怨之不恤，以旁流于乐，迁心移性而不自知。周衰道弛，人无白情，而其诗曰"岂不尔思，畏子不奔"，上下相匿以不白之情，而人莫自白也。"夫人自有兮美子，荪何以兮愁苦"，愁苦者伤之谓也。淫者伤之报也。伤而报，舍其自有之美子，而谓他人父、谓他人昆。伤而不报，取其自有之美子，而视为愁苦之渊薮，而佛老进矣。

性无不通，情无不顺，文无不章。白情以其文，而质之鬼神，告之宾客，诏之乡人，无吝无惭，而节文固已具矣。故曰《关雎》者王化之基。圣人之为天下基，未有不以忠基者也。

二

圣人有独至，不言而化成天下，圣人之独至也。圣人之于天下，视如其家，家未有可以言言者也。化成家者，家如其身，身未有待于言言者也。督目以明，视眩而得不明，督耳以聪，听荧而得不聪。善聪明者，养其耳目，魂充魄定，居然而受成于心，有养而无督矣。督子以孝，不如其安子；督弟以友，不如其裕弟；督妇以顺，不如其绥妇。魄定魂通，而神顺于性，则莫之或言而若或言之，君子所为以天道养人也。

若夫既养而犹弗若也，圣人之于天道命也，道且弗如天何也。虽然，则必不为很子傲弟煽妻之尤，而抑可抑其锐以徐警之，君子犹不谓命也。人而令与，未有不以名高者矣。人而不令与，未有不以实望者矣。若夫言者，相穷于名而无实者也。故《易》曰“咸其辅颊舌”，感之末矣。荣之以名以畅其魂，惠之以实以厚其魄，而后夫人自爱之心起。

德教者行乎自爱者也，亲之而人不容疏，尊之而人不容慢。《关雎》之道，俾不自弛其后妃之尊而亲于君子，而奚求而不成，辗转反侧而望之，琴瑟钟鼓而荣之？环宫中之尊卑少长，得主而如一身，文王复奚以言哉？匪太姒能勿警乎悁人！不然，异乎身以视家，讼言以督，不顺则委之若命，是心与耳目构，而天下之至暌、交格而未已，其不相及也久矣。故曰《关雎》者风化也。

三

道生于余心，心生于余力，力生于余情。故于道而求有余，不如其有余情也。古之知道者，涵天下而余于己，乃以乐天下而不匮于道；奚事一束其心力，画于所事之中，敝敝以朝夕哉？画焉则无余情矣，无余者恎滞之情也。恎滞之情，生夫愁苦；愁苦之情，生夫劫倦；劫倦者不自理者也，生夫偈佚；乍偈佚而甘之，生夫傲佚。力趋以供傲佚之为，心注之，力营之，弗恤道矣。故安而行焉之谓圣，非必圣也，天下未有不安而能行者也。安于所事之中，则余于所事之外；余于所事之外，则益安于所事之中。见其有余，知其能安。人不必有圣人之才，而有圣人之情。沧滞以无余者，莫之能得焉耳。

葛覃，劳事也。黄鸟之飞鸣集止，初终寓目而不遗，俯仰以乐天物，无沧滞焉，则刈濩绤绤之劳，亦天物也，无殊乎黄鸟之寓目也。以绤以绤而有余力，"害浣害否"而有余心，"归宁父母"而有余道。故《诗》者所以荡涤沧滞而安天下于有余者也。"正墙面而立"者，其无余之谓乎！

四

不忘其所忘而忘其所不忘，至矣。不忘其所忘，慎之密也。忘其所不忘，心之广也。"采采卷耳"，"嗟我怀人"则"不盈倾筐"矣，然且"置之周行"焉，故曰慎也。"采采卷耳"则"嗟我怀人"矣，登山酌酒，示"不永怀"焉，故曰广也。

且夫忘而置，置而必得其所，慎也，非慎之乎方置之顷也，方置之顷则既忘之而不容自持矣。其度本慎，其经纬之也有素，是以可慎焉。非所慎而无不慎，故曰密也。密则可以与于酬酢之繁矣。忘其所不忘，非果忘也。示以不永怀，知其永怀矣。示以不永伤，知其永伤矣。情已盈而姑戢之以不损其度。故广之云者，非中枵而旁大之谓也，不舍此而通彼之谓也，方遽而能以暇之谓也，故曰广也。

广则可以裕于死生之际矣。葛屦褊心于野，裳衣颠倒于廷，意役于事，目荥足蹈，有万当前而不恤，政烦民菀，情沉性浮，其视此也，犹西崦之遽景，视方升之旭日，驳戾之情，移乎风化，殆乎无中夏之气矣。

五

樛木，报上之情也，葛藟不得而萦，福履不为之祝矣。然则樛者以收责，而萦者固无适情与？夫高明者，易简之积也。高而不易，岌岌者与！明而不简，察察者与！遽欲胥天下于大同，不情其情，而澹忘之于报施，泮散者与！釜岑者绝人，察察者自绝，泮散者欲同而得异。故圣人不绝报施之情，维天下于弗弛也。姊姑之亲，后妃之尊，胡求弗得，而不讳用其相报之私，斯不亦易而可亲，简而可知已乎！始之以惓惓之心，永之以休休之色，下曰我以为报也，上不嫌奄有之，曰以报我也。受者安，报者不倦，咸恒之理，得上下之情交，高明者以何求而不获邪？是故甚危夫釜岑，而甚恶夫察察也。

察察者曰："借我无以樛之，彼终不我荥之，今之劝我福者，恶在其不幸我祸也？人无适好，而奚此贸贸为！勿宁釜岑而崭绝于恩怨之外，莫如老死不相往来，无或同而亦莫之或异，庶有瘳与！"洵然，则亦殆乎汀禽原兽之相遇矣。子曰："鸟兽不可与同群"，免于禽兽之群为已足矣。报施者人道之常也，奚为其不可哉！

六

上有勤心，下无勤力。下奚以能无勤力也？授之以式，则为之有度矣；授之以时，则为之有序矣；授之以资，则为之而无余忧矣。故王者制民产而天下之力不勤；不勤，则力以息而长；力长而不匮，乃相劝以勤，而渐勤以心。旌天下之心而勤之，行之所以兴也。

《茉莒》之诗，力之息也。"文王卑服，即康功田功"，"自旦至于日中昃，不遑暇食"，田家妇子，乃行歌拾草，一若忘其所有事而弗爱其日。故窳国无暇民，窳民无暇日，无与为之息焉耳。井田废，阡陌开，民乃有无度之获；月令废，启闭乱，民乃有无序之程。兼并兴，耕者获，十而敛五，民乃心移于忧而不善其事。获之无度，则贪者竞；程之无序，则惰者益愉；心移于忧而所事不善，则憔悴相仍，终岁勤苦而事愈棘，民不可用矣。终岁勤苦者，未有可用者也。夫民之爱其力也，甚于上之爱其心。是以时未至于旭风和日、美草佳荫之下，不给于斯须之欢，其愈于死也无几。故曰"救死而恐不赡"，非但其饥寒之谓也。

七

静而专，《坤》之德也，阴礼也。阴礼成而天下之物已成。故曰《茉苢》，后妃之美也。是故成天下之物者莫如专，静以处动，不丧其动，则物莫之有遗矣。茉苢，微物也；采之、细事也。采而察其有，掇其茎，捋其实，然后袺之。袺之余，然后襭之。目无旁营，心无遽获，专之至也。夫苟浮情以往，几幸以求，盈目皆是而触手旋非，取物已勤而服躬不审，则违掇捋之绪，乱袺襭之容，道旁小草且靦面而非吾所据，又况其大焉者乎？故君子观于《茉苢》而知德焉。专者，静之能也；静之能物之干也，斯所以崇德而广业也。

虽然，有辨。于一事而专之，历事事而专之，无弗专也。舍众事而专一事，则事之废者多矣。专以废事，《坤》之四所以为"括囊"与！虽"无咎"，不可得而誉焉。专于一事，则且专于无事。老氏以之曰"专气致柔，能婴儿乎"！茉苢当前而莫之采，道丧于己矣，奚贵焉？

八

"南有乔木，不可休息"，志亢也。"翘翘错薪，言刈其楚"，知择也。"之子于归，言秣其马"，致饰也。饰于己而后能择于物，择于物而后亢无有悔也。弗饰于己以择于物，物乱之矣。弗择于物以亢其志，亢而趋入于衺，不知其弗亢矣。秉乔木之志，择乎错薪，而匪楚弗刈，然且盛其车马以弗自媟焉。汉之游女，岂一旦而猎圣贞之誉哉？

陶弘景之诞而仙也，种放之富而讼也，弗自饰。幸而未有错薪，之芃芃焉。不然吾不知其所刈矣。余阙之死，不知命也。王逢之不仕，不知义也。弗择其族而与之为伉俪，死不如其偷生，隐不如其尸禄矣。赢豕之孚，泥淖焉耳矣。《易》曰："视履考祥，其旋元吉。"考于旋而后信其祥，一旦而猎坚贞之誉者，未之有也。

九

　　天之所不可知，人与知之，妄也；天之所可知，人与知之，非妄也。天之所授，人知宜之，天之可事者也。天之所授，人不知所宜，天之无可事者也。事天于其可事，顺而吉，应天也；事天于其无可事，凶而不咎，立命也。王者之民足以知天；王者之道足以立命，《麟趾》之诗备之矣。

　　"麟之趾，振振公子。"麟而宜有振振之子，可知者也。公子之有管鲜、蔡度，不可知者也。"麟之定，振振公姓。"姓，孙也。麟而宜有振振之公姓，可知者也。公姓而有射肩之郑，请隧之晋，不可知者也。誉宜有者归德于麟，而非妄矣。虚不可知者以俟之命，而亦非妄矣。身有仪，家有教，侯有度，王有章，天下有以对，而后振振者异乎夫人之子姓，人之所与知，麟之所以为麟也。

　　公子之有鲜、度，而可弗以为公子；公姓而有射肩之郑、请隧之晋，而不敢不自安于公姓。吴濞之变，建成元吉之祸，廷美德昭之惨，鲜度晋郑心所有，力所可为，而害不极，天下得绝鲜度于弗子，而晋郑不得代兴于一姓。呜呼！麟之所以为麟，盖有道以善此矣，非夫人之所能与知也。身有仪，家有教，侯有度，王有章，天下有以奠，麟之德昭昭也。而藏已密矣。天下弗能与知，而知其为麟，"于嗟麟兮"！濞之变，建成元吉之祸，廷美德昭之惨，天下亦早有以知其弗然矣。奚以知也？所不可知者鲜度晋郑，而可知者，麟也。

召南

一

　　圣人达情以生文，君子修文以函情。琴瑟之友，钟鼓之乐，情之至也。百两之御，御，迎也；将亦迎也。文之备也。善学《关雎》者，唯《鹊巢》乎！学以其文而不以情也。故情为至，文次之，法为下。

　　何言乎法为下？文以自尽而尊天下，法以自高而卑天下。卑天下而欲天下之尊己，贤者怼，不肖者靡矣，故下也。何言乎情为至？至者，非夫人之所易至也。圣人能即其情，肇天下之礼而不荡，天下因圣人之情，成天下之章而不紊。情与文，无畛者也，非君子之故啙合之也。故君子嗣圣人以文，而不忧情之漓。使君子嗣圣人以情，则且忧情之诎矣。情以亲天下者也，文以尊天下者也。尊之而人自贵，亲之而不必人之不自贱也。何也？天下之忧其不足者文也，非情。情，非圣人弗能调以中和者也。唯勉于文而情得所正，奚患乎貌丰中啬之不足以联天下乎？

故圣人尽心，而君子尽情，心统性情而性为情节。自非圣人，不求尽于性，且或忧其荡，而况其尽情乎？虽然，君子之以节情者，文焉而已。文不足而后有法。《易》曰："家人嗃嗃，悔厉吉"，悔厉而吉，贤于嘻嘻之吝无几也。故善学《关雎》者，唯《鹊巢》乎！文以节情，而终不倚于法也。

二

"被之僮僮，夙夜在公"，敬之豫也；"被之祁祁，薄言还归"，敬之留也。先事而豫之，事已而留之，然后当其事而不匮矣：乃可以奉祭祀，交鬼神，而人职不失，过墟墓而生哀，入宗庙而生敬，临介胄而致武，方宴享而起和。

欸然情动而意随，孰使之然邪？天也。天者，君子之所弗怙，以其非人之职也。物至而事起，事至而心起，心至而道起。虽其善者，亦物至知知，而与之化也。化于善，莫之有适，未见其歆喜之情，异于狃不善也。夙夜之僮僮，未有见也，未有闻也，见之肃肃，闻之侧恻，所自来也。还归之祁祁，既莫之见矣，既莫之闻矣，余于见，肃肃者犹在也，余于闻，侧恻者犹在也。是则人之有功于天，不待天而动者也。前之必豫，后之必留，以心系道，而不宅虚以俟天之动。故曰："诚之者，人之道也。"

若夫天之聪明，动之于介然，前际不期，后际不系，俄顷用之而亦足以给，斯蜂蚁之义，鸡雏之仁焉耳，非人之所以为道也。人禽之别也几希，此而已矣。或曰："圣人心如太虚。"还心于太虚，而志气不为功，俟感通而聊与之应，非异端之圣人，孰能如此哉？异端之圣，禽之圣者也。

三

《草虫》无当于道与,何居乎《召南》之录也?《草虫》其即道与?君子之大戒者,以斯心而加诸道也,《草虫》之忧乐也疾矣!合离贸于一旦,而忧乐即迁,是则耳目持权,而心无恒也。以斯心而加诸道,向于彼者有余而心无余。心无余以宅道,则以见异而迁也,亦自此而流。故君子戒以此心而当道,宁已迟而不欲其竭也。

君子之心,有与天地同情者,有与禽鱼草木同情者,有与女子小人同情者,有与道同情者,唯君子悉知之,悉知之则辨用之,辨用之尤必裁成之,是以取天下之情而宅天下之正。故君子之用密矣。

与天地同情者,化行于不自已,用其不自已而裁之以忧,故曰"天地不与圣人同忧",圣人不与天地同不忧也。与禽鱼草木同情者,天下之莫不贵者,生也,贵其生尤不贱其死,是以贞其死而重用万物之死也。与女子小人同情者,均是人矣,情同而取,取斯好,好不即得斯忧;情异而攻,攻斯恶,所恶乍释斯乐;同异接于耳目,忧乐之应,如目击耳受之无须臾留也。用其须臾之不留者以为勇,而裁之以智;用耳目之旋相应者以不拒天下,而裁之以不欣。智以勇,君子之情以节;不拒而抑无欣焉,天下之情以止。君子匪无情,而与道同情者,此之谓也。

故天下以《草虫》之情交君子,弗拒可矣;感其未见之忡忡而不与戚戚也,接其既见之悦夷而不与泄泄也,天下以自止于礼矣。君子有时而以《草虫》交天下,方其忡忡不改乐焉,方其悦夷,不忘忧焉。摄之不漏,用之不流,迁之不遽,君子以自敦其仁矣。悉知其情而皆有以裁用之,大以体天地之化,微以备禽鱼草木之几,而况《草虫》之忧乐乎?故即《草虫》以为道,与夫废《草虫》而后为道者,两不为也。虽然,《草虫》固女子小人之情也,向背疾故也。

四

静斯涵,涵斯微,微斯虑,虑斯嫩恶审,时地叙。嫩恶审,斯忌恶也严;时地叙,斯致美也尽。忌恶严,致美尽,"无不敬"焉,敬此也已。

《采蘋》之敬，静德也。采以其所，盛以其物，湘以其器，奠以其位，以齐莅之，徐徐于于，蔑不安也，乃以信鬼神之享而亡疑。涧潦之毛，中馈之事，亡疑于鬼神；况君子乎？鸣呼！未有不静而能敬者也。乃有静而不能敬者，涵而不求微，微而惮于虑，不沉不掉而固未有主，吾不知其何心！

五

《易》曰："小贞吉，大贞凶。"凶，义也；吉，非义也。小贞者，大贞之贼也。大贞之志，而小贞之恤，大贞之不毁者鲜矣。女子而讼狱，贞者之所忌也。忌讼狱之伤贞也，而佗傺烦冤，以惮于屈；无已而死之，死抑不得，弗获已而从之。忌讼狱而，直尺而枉寻，介然之气，一用而衰，何足为有无哉！

大贞者，保己而不保物者也。明王兴，方伯之教行，淫乱之俗革，且弗能保物之不犯，况丁乱世，履危机，而遇凶人之健讼者乎？必无讼，而后以全其贞，是必天之无露，而后可无濡也。"虽速我讼，亦不汝从"，保己而不忌于物，吾知免夫！

六

女有不择礼，士有不择仕。鸣呼！非精诚内专而拣美无疑者，孰能与于斯乎？殷俗之未革也，凶年之杀礼也，《摽有梅》之女所以求于士也。伯夷不立于飞廉恶来之廷，虽欲为殷之遗臣而不可得，《采薇》之怨，其尚有求心而未慊者与！殆夫拣美已疏，增疑而未专者与？陶潜司空图之早遁、吾未能信之以诚也。

女有不择色，斯无择礼；士有不择死，斯无择仕。有道则仕，无道则隐；合则从，离则去。道隆而志隆，彼之所得于天者顺也。舍巷而无主，舍管而无天，舍一旦而成千秋之憾，是其于夫妇之义，君臣之交，天且损之矣。天损之，无为而更薄之。"知进而不知退，知存而不知亡，知得而不知丧。""有悔"焉，不可得而无悔，斯其所以为龙与！

七

命必有所受，有受于天者，有受于人者。知受于人者之莫非天也，可与观化矣。知受于人者之均于天也，可与尽伦矣。

人者，天之绪也。天之绪显垂于人，待人以行，故人之为，天之化也。天命而不可亢，唯其尊焉耳；天命而不可违，唯其亲焉耳。尊亲者，理之所自出也。故尊亲制命，人之天也。天之命也无心，人之命也有心，乃孰使制命者而生斯心，莫之致而至也？均是人矣，尊亲者制，卑者受焉。故曰"《乾》称父"，父即吾乾也；"《坤》称母"，母即吾坤也。

故君子之言命亦靳矣。人有心而制命，有心而非其自私之心，然后信之以为天。人乘权而制命，唯尊亲而后可以乘权。尊唯君，亲唯父母，而后可以制命。非是者，固不敢以《乾》《坤》之道授之矣。靳于言命者，非所制而不受，乃亦受之于所制，而不敢曰：均是人也，制之令而后为恩，制之不令而即为怨也。

国君嫁女于诸侯，姪娣从，二国媵之。姪娣从，姪娣非必媵者也，不以德，不以容，然而使之媵者，君父焉耳。君父之命之媵也有心，其必命之媵也，不可以相求其何心，非君父之私矣。尊吾君，亲吾父，尊亲吾天也，尊而亲抑非私也。于是不敢曰：均是人也，唯其意以抑扬而胡弗我恩也。跻君父于天，而君父不让，观天于君父而赫赫临之，怨尤以释，而曰"寔命不同"，殆于知命者矣。

知命而后尊亲之伦尽，尊亲之伦尽而可以事天矣，可以事天则无妄于事人。无妄于事人，故其言命也，不得不靳也。非所尊而君之，非吾父母而亲之，呴呴牲牲，奔命于乘权之匪类，不得而安之于命，无能自立而委之于命，是鸡鹜之依于豢也，《乾》《坤》其毁矣！

八

"野有死麕，白茅包之"，亿其或有之也。女屏翳于闺帏，未知其怀春之与否也。虽未知之，亿其怀之，如其怀之，斯可以诱之矣。"林有朴樕"，加密焉，"白茅纯束"，加固焉，未见其有怀春之迹也。"有女如玉"，而无怀春之迹，浊世之悠悠者，可信其无可诱矣。而犹未信也，姑脱脱以进前焉，始知帨之不可感，尨之不可使吠也。吉士之知，何知之晚也！知之晚者，弗授以早知也。脱脱以进前，将感其帨，将吠其尨，可厉词以责矣，而犹弗厉，大贞者不恃词色之厉也。折谢鲲之齿，非贞女也；驰平安之槩，非贞臣也。吾保吾贞，苍天正之。蜂虿交于眉睫，犹蚊蟊耳，恶足以惊止水之波而沦吾如玉之温恭哉！

故贞者，幽道也。晋贞人而与洁言论风采于艰危之始，未见贞人之多得也。始之以炎炎，中之以荧荧，终之以烬矣。始之以涓涓，中之以瀺瀺，终之洋洋矣。心藏于肺附，论定于盖棺，存乎其所自喻而已。"去白日之昭昭，袭长夜之悠悠"，夫岂与唐林、谢朏争一罅之光哉？

九

何以知《何彼秾矣》之为不挟贵也？挟贵者，人未有以贵予之者也。美其车，侈其族，相羡而无嫉心，非挟者之得矣。是故德之显者，众著之，不如其独喻之；德之幽者，独知之，不如其众推之，众推之又不如其众安之也。美其车，侈其族，羡而弗嫉，殆乎其众安之矣。君子之以考天下而自修者，用此道耳。

妇德，阴德也；妇礼，阴礼也，是以贵于众著也。位处于幽，道立于潜，镂心刻行，亢于室而矜，于是乎骄气乘之，而居之不疑。矜独者之不愧于独，鲜矣。故幽之为德，危德也，得失隐而无速报之吉凶，不见是于天下而不知，危乎无以自考。非考之众情之安否，亦何以知其顺逆哉！《易》曰："括囊无咎无誉"，闭情自怙，矜其无咎，盖有咎而不自知矣，誉恶从而至乎？

十

大学废而世子无亲臣，封建废而帝女无妇礼，君臣夫妇之道苦矣。

天子者，操天下之贵者也。操天下之贵以与天下交，虽弗之挟，而人疑其挟；抑已操之，而奚以保其不挟邪？操贵以临士而士疑，士报以亢而不亲；操贵以临夫家而夫家疑，疑弗敢责以礼而礼废。故夫古之王者，及乎未能操贵之时，而俾与他日之臣友，友之夙而后臣之，迨其臣而已亲矣，此大学齿胄之效也。

帝女贵而夫之贵无待焉，故为元侯之胤，国其国，侯其侯也。无待于帝女而不加诎，有待于帝女而不加崇，交相为贵，弗相为待，则虽有不率之妇，无所操而抑不能挟矣。无挟者，亦无疑其挟者，然后坦然艳称之以为荣。洽于情，恬于势，妇之所由顺，封建素定之效也。

故其诗曰："平王之孙，齐侯之子"，无嫌乎其以贵序也。又曰："齐侯之子，平王之孙"，无违乎其以夫妇序也。呜呼！君臣亲于廷，夫妇让于室，天地交，品物咸亨，先王之节宣行，而福祉之降亦大矣。太学以教也，非蕲以亲其臣，而亲臣效之。封建以治也，非蕲以成妇礼，而妇礼效之。大哉！洋洋乎先王之道，同归而殊途，一致而百虑，有如此夫！

道之替也，大学圮，封建裂，元子早贵，帝女降于寒门，未尝操贵，不知有友；既已为夫，乃操其贵；虽有贤者刻志降心以"鸣谦"，其鸣也，即其不谦者矣。矧夫倨然以"鸣豫"者乎？故曰："正其本，万事理"，言循末之不足以救也。

邶风

一

哀有遣，思有度，可以涉变而不自丧乎？未也。谓伯夷之无怨者，伯夷之心也。父以其国而命诸弟，己去而大负释，北海之滨乐融融也。传伯夷而为之怨者，亦伯夷之心也。君不惠而丧其天下，臣寻干戈于君而天下戴之，众不知非而独衔其恤，西山之下，恶得乐之陶陶也？古之有道者，莫爱匪身。臣之于君，委身焉，妇之于夫，委身焉，一委而勿容自已，荣辱自彼而生死与俱，成乎不可解，而即是以为命。然而情睽而道苦焉，哀恶从而遣，思恶从而为之度哉？

"微我无酒，以遨以游"，拟诸伯夷兄弟之间，而不可拟诸伯夷商周之际。庄姜与伯夷，其有同情乎！哀之不遣，唯不知遣，是以患其哀之伤；思之不度，唯不知度，是以患其思之殆。亦既念有酒而可以遨游矣，地有余情，未尝自锢，泰然寄意于彼，而业已知其甚适。哀之不欲伤，思之不欲殆，夫岂出于委命安心者之下乎？非无焉，不忍用也。非不知焉，终非我安也。求之乐而不得，则终求之哀而不自怫也。"我姑酌彼金罍，维以不永怀"，吾其能为《卷耳》之后妃乎？"驾言出游，以写我忧"，吾其仅有《泉水》之思妇乎？终风风之，曀阴阴之，绨纷之凄其，非荣公带索之日也。

故为林逋、魏野而有哀思之未忘者，胡取乎其为逋与野也？为陶潜司空图而哀思之尽忘者，则是尧、舜其仇雠而聊为之巢、许也。对酒有不消之愁，登山有不极之目，临水有不愉之归，古人有不可同之调，皇天有不可问之疑，"众鸟欣有托，吾亦爱吾庐"，苟自爱矣，恶得而弗悲！

二

不以臣之事君、妇之从夫者事父，非子也。以臣之事君、妇之从夫者事父，犹非子也。不以子之事父者事君从夫，非臣非妇也。以子之事父者事君从夫，亦非臣非妇也。臣事君而不得于君，曰"骄人好好，劳人草草"，以之事父，则舜将忌象之逸而怨己劳也。妇从夫而不得于夫，曰"绿兮衣兮，绿衣黄裳"，以之事父，则伯夷将怨叔齐之为衣而己裳也。若夫臣之于君，妇之于夫，惟其志而莫违，嫌于赖宠而让所当得于嬖幸，则张禹之下权奸为忠，赵后之进妖妹为顺矣。

道在安身以卫主，身不安而怨，虽怨利禄之失可矣。道在固好以宜家，好不固而怼，虽怀床笫之欢可矣。何也？臣之于君，妇之于夫，非天亲也，则既有间；又从而引嫌以不输其情，则以致其忠顺者，不愈薄乎？屈子荎蒍之憾，班姬纨扇之悲，夫亦犹行《绿衣》之志也与！

三

匪刻意以贞性，知其弗能贞也。刻意以贞性，犹惧其弗能贞也。孤臣嫠妇，孤行也，而德不可孤，必有辅焉。辅者非人辅之，心之所函，有余德焉，行之所立，有余道焉，皆以辅其贞，而乃以光明而不疚。故曰："《益》，德之裕也。"

夫能裕其德者，约如泰，穷如通，险如夷，亦岂因履变而加厉哉？如其素而已矣。弗可以为孤臣嫠妇而诡于同，亦弗可以为孤臣嫠妇而矜为异。非无异也，异但以孤臣嫠妇之孤行，而勿以其余也。居之也矜，尚之也绞，刻意以为峣峣之高、皭皭之白而厉于人，是抑缘孤嫠而改其生平，岂其能过？不及焉耳已。指青霜，誓寒水，将焉用温？溯逆流，披回风，将焉用惠？"终温且惠"，未亡人其有推移之心乎？呜呼！斯其所为终无推移者也。当其为嫠，如其未为嫠也，而后可以嫠矣。当其未为嫠，温且惠也。如其未为嫠者以嫠，而何弗终之邪？志之函也固然，气之守也固然，威仪之在躬、臣妾之待治也固然。习险已频，则智计愈敛；阅物多变，则自爱益深。广以其道于天下，不见有矜己厉物之地；守以其恒于后世，斯必无转石卷席之心。无所往而非德也，其于贞也，乃以长裕而不劳设矣。

故虞仲之残其形，任永之乱其室，范滂之以为善戒其子，刻意危矣，以言乎淑慎则未也。奚为其未邪？德不裕而行无辅也。

四

人之历今昔也，有异情乎？通贤不肖而情有所定，奚今昔之异也？其或异与？必其非情者矣。非其情，而乍动于彼于此，不肖之淫，而贤者惊之以为异矣。情同而或怨焉，或诽焉，或慕焉，或有所冀而无所复望，而情之致也殊，贤者以之称情，而不肖者惊之以为异矣。由不肖者之异，而知情之不可无贞。无贞者，不恒也。由贤者之异，而知贞于情者怨而不伤，慕而不昵，诽而不以其矜气，思而不以其私恩也。

故《绿衣》，怨也；《日月》，诽也；《燕燕》之卒章，慕而思也。"先君之思"，谁思乎？非即夫颠倒绿黄，"逝不古处"者乎？昔之日，觌面而远之若染；今之日，契阔而怀之若私。昔非恶其染而今不以私，明矣。

呜呼！国有将亡之机，君有失德之渐，忠臣诤士争之若仇，有呼天吁鬼以将之者。一旦庙社倾，山陵无主，恻恻茕茕，如丧考妣，为吾君者即吾尧舜也，而奚知其他哉？欲更与求前日之讥非，而固不可得矣，弗忍故也。

五

悲夫！世乱道亡，怢乱以为恩怨，而义灭无余矣。臣弑其君，子无怼焉。子弑其父，臣无尤焉。戴贼以为君，引领以觊其生我，弗得而后怨及之，而人道亡矣。

州吁弑君兄以立，臣民无词以相诽毒，众不戢而后《击鼓》之诗作。卫先公之教泯，而诬上行私，不可止也。故曰："《诗》亡然后《春秋》作。"入乎《春秋》而《诗》之亡也。呜呼！《击鼓》之弗删者，著《诗》之亡也。

嗟夫！州吁不勤民于陈、宋，石碏之忠无以动国人。无知不行虐于雍廪，管仲、鲍叔之才无以纳公子。过屠肆者恶其忍，而屠君父之肆，就求膏润焉。田尔田，宅尔宅，抱尔妇子，执手以偕老，则晨斯夕斯于寇仇之廷，亦何知有平生之君父哉！阔不我活，洵不我信。觊活于凶人而望其信，终以自毒，将谁怨而可乎！

六

雄雉矜羽毛而不自戢其音，飞鸣劳而伤之者至矣，故曰"自诒"也。

必欲避自诒之咎乎，莫如勿为雄雉也。无可矜，抑无容戢。彼方为婴儿，吾亦与之为婴儿，免矣。虽然，非徒婴儿彼也，吾已无殊于婴儿，而奚以免哉？处乱世，仕暗君，非才者之所堪，尤非不才者之所堪也。诚有所矜而不自戢，物必忌之。受物之忌，而己不能忘忌于此，抑不能不屈于彼，而伎求兴矣。不才而伎，其伎也忍；不才而求，其求也淫。幸而济者有矣，而天下贱之。才而伎，伎而终有不忘；才而求，求而终有不逊；未有不自诒以劳伤者也。

呜呼！其将处于才与不才之间乎！有美而不矜，能鸣而戢，可弗忮，可弗求也，免自贻之阻而用其臧乎！虽然，有美而不矜，已且弛其美矣。能鸣而戢，不鸣而奚以为君子也？

才与不才之间，可处而不可处。"彼且为婴儿，吾亦与之为婴儿"，则亦无殊于婴儿者流矣。天命我以才，而试之于危乱之世以相劳，是忧患之府也。讥不恤，怨不避，死且不惜，而奚暇择臧焉！

故《雄雉》之臧，女子之怀，姑息之忠，祈免君子于祸者也，于道则未也。是故夫子曰："是道也，何足以臧！"君子以九卦之德行乎忧患，《损》，一而已矣，不恃《损》也。"射雉，一矢亡，终以誉命。"君子之臧，勿恤其矢，而不期于誉，揭日月而沛若流泉，奚疑哉！

七

"匏有苦叶"，非匏之无甘叶也；"济有深涉"，非舍深而无可涉也；"深则厉"，厉则深亦不濡也；"浅则揭"，浅固可以不厉也；知择而已矣。

情者，阴阳之几也；物者，天地之产也。阴阳之几动于心，天地之产应于外。故外有其物，内可有其情矣；内有其情，外必有其物矣。袗衣之被，不必大布之疏；琴瑟之御，不必抱膝之吟；嫔御之侍，不必缟綦之乐也。洁天下之物，与吾情相当者不乏矣。天地不匮其产，阴阳不失其情，斯不亦至足而无俟他求者乎？均是物也，均是情也，君子得甘焉，细人得苦焉；君子得涉焉，细人得濡焉。无他，择与不择而已矣。

故知其有余，不患其不足；知其不劳，不患其不可求。饮食之勿朵颐，非必馁矣。男之勿绥狐，女之勿鸣雉，非必独矣。遇主不于狗监，非必穷矣。得生不于蹴尔，非必死矣。迟俟之须臾，快骋之千里，亦何尝抱蔓而归，望洋而叹也哉？故曰发乎情，止乎理。止者，不失其发也。有无理之情，无无情之理也。

八

信而见疑，劳而见谪，亲而见疏，不怨者鲜也。虽然，未可怨也。人而不肖矣，弗之信，不敢疑也；弗之劳，不能谪也；弗之亲，彼且求亲而唯恐疏也。以心委之，而后求我于心；以力翼之，而后谪我于力；从之而贾，未有能仇者矣。夫两贤不相怨，相怨者必不肖者也，而彼已固然，奚为其怨之乎？

故夫君子之欲居厚也，则有道矣。信无能不尽，吾尽吾性焉。劳无能不庸，吾庸吾才焉。亲无能不敦，吾敦吾情焉。我性自天，不能自亏；我才自命，不能自逸；我情自性，不能自薄；虽欲仇我而不得，而况得而不仇。无仇之心而归于厚，厚以躬焉耳。

若夫君子之处不肖也，抑有别矣。不幸而与其人为昆弟，或不幸而与其人为夫妇，尽其所可尽，无望知焉，无望报焉，其所不可尽者，以义断之也。乃与其人为君臣，去之可矣。如与其人为朋友，绝之可矣。去而有怀禄之情，绝而无比匪之戒，则悁悁然怨昔者之徒劳而叹其不仇，固君子之所不屑也。唯然，而君子之怨天下也鲜矣。

屈原之君臣，匪直君臣也，有兄弟之道焉；匪直兄弟也，有父子之道焉。"怨灵修之浩荡，终不察夫民心"，非以贾也，殆夫舜之泣旻天矣。《谷风》之妇，恶足以及此哉！"黾勉"者，贾而已矣。豫怀必仇以贾之，不仇则从而怨之。"有洸有溃"，诒不肖者之侮而不知自裕，是可怨也，贾日相怨于肆矣。故曰："其政散，其民流，诬上行私而不可止。"卫之民皆贾矣，岂复有君臣、夫妇、昆弟、友朋哉？

九

诗言志，非言意也。诗达情，非达欲也。心之所期为者，志也；念之所觊得者，意也；发乎其不自已者，情也；动焉而不自待者，欲也。意有公，欲有大，大欲通乎志，公意准乎情。但言意，则私而已；但言欲，则小而已。人即无以自贞，意封于私，欲限于小，厌然不敢自暴，犹有愧怍存焉，则奈之何长言嗟叹，以缘饰而文章之乎？

意之妄，忮忮为尤，几幸次之。欲之迷，货利为尤，声色次之。货利以为心，不得而忮，忮而忮，长言嗟叹，缘饰之为文章而无怍，而后人理亡也。故曰："宫室之美，妻妾之奉，穷乏之得我，恶之甚于死者，失其本心也。"由此言之，恤妻子之饥寒，悲居食之俭陋，愤交游之炎凉，呼天责鬼，如衔父母之恤，昌言而无忌，非殚失其本心者，孰忍为此哉！

二《雅》之变，无有也，十二国之《风》，不数有也，汉、魏、六代、唐之初，犹未多见也。夫以李陵之逆，息夫躬之室，潘安、陆机之险，沈约、江总之猥，沈佺期、宋之问之邪，犹有忌焉。《诗》之教，导人于清贞而蠲其顽鄙，施及小人而廉隅未刓，其亦效矣。若夫货财之不给，居食之不腆，妻妾之奉不谐，游乞之求未厌，长言之，嗟叹之，缘饰之为文章，自绘其渴于金帛，没于醉饱之情，觍然而不知有讥非者，唯杜甫耳。

呜呼！甫之诞于言志也，将以为游乞之津也，则其诗曰"窃比稷与契"；迨其欲之迫而哀以鸣也，则其诗曰"残杯与冷炙，到处潜悲辛"。是唐虞之廷有悲辛杯炙之稷、契，曾不如呼蹴之下有甘死不辱之乞人也。甫失其心，亦无足道耳。韩愈承之，孟郊师之，曹邺传之，而诗遂永亡于天下。是何甫之遽为其魁哉？求之变雅亡有也，求之十二国之《风》不数有也。"终窭且贫，室人交谪"，甫之所奉为宗祧者，其《北门》乎！故曰："其政散，其民流，诬上行私而不可止"，《北门》当之矣。

是《北门》之淫倍于《桑中》，杜甫之滥百于香奁。不得于色而悲鸣者，其荡乎！不得于金帛而悲吟，荡者之所不屑也，而人理亦亡矣。毛氏奖《北门》为忠臣，庄定山跻杜甫于康节，沉溺天下于货利而铄其本心，儒者不免，又况何景明、谢榛、钟惺之区区者乎？

十

奖情者曰："以思士思妻之情，举而致之君父，亡忧其不忠孝矣"，君子甚恶其言。非恶其崇情以亢性，恶其迁性以就情也。情之贞淫，同行而异发久矣。殆犹水也：漾、沔相近以出而殊流，殊流而同归，其终可合也；湘、漓、桓、洮相近以出而殊流，殊流而异归，其终不可合也。情之终合与终不合也，奚以辨哉？以迹求之不得，喻诸心而已矣。

贞亦情也，淫亦情也。情受于性，性其藏也，乃迨其为情，而情亦自为藏矣。藏者必性生，而情乃生欲，故情上受性，下授欲。受有所依，授有所放，上下背行而各亲其生，东西流之势也。喻诸心者，可一一数矣。

均之为爱，而动之恻然，将之肃然，敛之愈久而愈不容已，则以用之君父、昆友，可生、可死而不可忘以叛。均之为爱，而动之歆然，思之溢然，敛之则隐，逐之则盛，则以用之思士思妻，忘生忘死，而终不能自名其故。夫其终也，可生可死而灼然不叛，忘生忘死而莫能自名，则心亦传于迹而皆不可掩矣。

《静女》之一章曰"俟我于城隅"，其俟可知已。两贞之相俟，未有于城隅者也。其二章曰"贻我彤管"，其贻可知已。彤管，贞物也，贞物而淫用之，顾名不慊而仅诧其炜也。其三章曰"洵美且异"，其美可知已。意以为美而异，意不以为美而故不异也。非所俟而俟，遽也；非所贻而贻，虚也；无可异而见异焉，心丧主也。遽则然，审则否，虚以往，实失其归，心丧而熹然兴，心得而退听，斯情也，非以用之床第绸缪之爱，更奚用哉？

孝子之于亲，忠臣之于君，其爱沉潜，其敬怵惕，迫之而安，致命而己有余，历乱离而无不察，情之性也。故曰："召之则在侧，求而杀之则不可得"；又曰"执贽而后见，三让而后登"；言其俟之有择地也。故曰"人臣不以非所得而奉之君，人子不以非所得而奉之父"，言其贻之有择物也。故曰："叔齐不以得国为非常之慈，周公不以郊禘为非常之福"，言其见异而弗之异也。情迫而有不迫，道有常而施受各如其分，是故命有所不徇，召有所不往，受禄而不诬，隆礼笃爱而不惊，然乃终以可生可死而不可贰。若此者，借以《静女》之情当之，未见其相济而成用者也。

故择理易，择情难。审乎情，而知贞与淫之相背，如冰与蝇之不同席也，辨之早矣。不奖其淫，贞者乃显。如犹未显邪，抑即夫发不遽，物不虚，心有定美而不丧其主者，介之以求性，性尚可得而亲乎！

鄘风

一

奚而必言天邪？奚而勿庸言天邪？疑于天之不然，推求之不得，而终推之天，则言天也。固然为天而无疑，而人道以起，则勿言天也。君子之言，有天体，有天化，化而后命行焉。君子之言化，有天化，有人化，化凝于人而人道起矣。君子以人事而言天，有在天下之事，有在我之事。在我之事，天在我也。在天下之事，天在化也。在乎我之事而我犹不能知，然后推诸人之外而曰天，谓一唯天化，而广大之体，变不可测也。

《北门》之诗，其言天也，我作我知，而且推而外之，勿庸言天而亟言之，小人之道也。《柏舟》之诗，其言天也，我不能知，我不能作，推而外之，而人始有权，必言天而决言之，君子之道也。天者，体之广大者也，在通而行乎通，在穷而行乎穷。其广大也，人可与之而广大者也。与之者，人事也，在顺而理顺，在逆而理逆，亦其广大也。然人弗可以学其广大矣。故夫为《柏舟》之女者，亦天矣，为《柏舟》之母者，亦天矣。乃天自授《柏舟》之母以不顺之化，而固使《柏舟》之女顺为命也。天授我以为人，则既于天之外而有人，既于天之中而有人，则于人之外而繁有天，恶能以其固有，为必肖天之广大，而无择于逆顺哉！

《乾》亢有悔，君子不违其亢；《坤》疑而战，君子不为其疑；知其理数之或然，则谅之而已矣。所贵乎人者，为其能谅天也，未闻其恃天之谅也。谅天，则不敢固求肖天；恃天之谅，则失己而怨天。天不可肖，是以有外天之词。己不可失，是以置天而怨亦不伤。《柏舟》之言天至矣，可与事天矣。《北门》之大夫，能安其心，行其素，辑睦其家，勤干其国，奚天之必困之哉？天授以穷，而非授以逆，己弗能尽人焉，于天何有哉！

二

《观》之《象》曰："盥而不荐，有孚颙若。"阴长之世，佞逼忠，淫蛊贞，君子孤行而无权，不能爱人，自爱而已矣；不能治人，自治而已矣。故曰"有孚颙若"，勿自亵以全己也。

全己于行，易知也；全己于言，难知也。言者，褒讥具者也。褒，则其言言媺也；讥，则其言言恶也。言之不足，而长言之。长言其恶以讥之，恶恶之心，始亦无异于好善而亟称也。然而长言其恶者，言之恶因之而长矣；恶之条理，于是乎粲然而有其初终；恶之蕃变，于是乎烂然而有其情文。凡此者，君子之心所固无也，而天下之情所固有也。君子幸而无之，欲极其实而遂有之。天下不幸而有之，以言之既征于有而疑非君子之必无，君子且不幸而必有之，天下重不幸而益著之，则言之长矣，丑与辱亦自此长矣。极火之势于燎原而后扑之，吾惧夫灼及于扑者之帚也。故曰"盥而不荐"，自洁焉矣；"有孚颙若"，弗屑问之矣。

马援之《戒》曰："闻人过失，如闻父母之名，耳可得闻，口不可得言也。"不可言者，弗忍言也。不忍天下之有此事，乃可以"观民"。不忍吾心之有此言，乃可以"观我"。不言而靡争，君子之神道设教也。《墙有茨》，国人疾公子顽而不欲长言之。保其不欲长言之心，卫其尚有君子乎！

三

姿容非妨贞之具，文词非奖佞之资。子曰"以貌取人，吾失之子羽"，非子羽，未尝失也；"以言取人，吾失之宰予"，非宰予，未尝失也。舍是而椎鲁、朱离、魑头、缺舌，耳不可喻，目不欲观，将与之谋贞而订直，亦难矣哉！

"象服之宜"，德之助也；"鬒发如云，扬且之皙"，亦载福宜人之征也。"邦之媛兮"，洵哉其媛也。所责备者，以其有可责者在也。故责直者，尤责之文士；责贞者，尤贞之姣人。天授之而天不任咎，人任之矣。然则天之宠人，既宠之以性，抑宠之以情才以为天下荣，奚可废哉！

愚哉！庄生之言天全也！必哀骀它、叔山无趾而后为天全也，则天胡不使之为纵目乎？胡不使之为歧舌乎？抑胡不使之为顽石之与瘢木乎？必不可以淫而后贞，必不可以佞而后直，则彼都之士女固不如狄，狄不如禽，禽不如木石，而天地之生毁矣。姿容之盛，文词之美，皆禽狄之所不得而与者也。故唯一善者，性也，可以为善者，情也；不任为不善者，才也，天性者，形色也。弃天之美，以求陋澝樗栎之木石，君子悲其无生之气矣。

四

惩祸乱者必改其政。改之一旦，取百年之利而纤悉图之，则改之也有力，所谓"塞渊"也。改之一旦，遽取百年之功绩而有之，秉心已切，必有伤焉者矣。

卫之政，上嬉而下媟也，是以亡。卫毁之兴，塞而不流，渊而不浮，是以富。率其民于耕桑畜牧之中，今日之桐漆而他日之琴瑟，早在其握中，目不瞬，手不告倦，虑重情迫，上下相切而寻于货财，《蟋蟀》《相鼠》，疾淫如君父之仇，而怒气奔之，夺其荡溢之情，而湿束之也急。虽然，其音宄，其词讦，先公温厚之教亦自此而无遗矣。盟狄而不耻，灭同姓而不戚，背盟主即楚而不惭，君臣交讼，兄弟操戈而不恤。改流而得塞，未见其塞，祗以多吝；改浮而得渊，未见其渊，祗以多险；奚愈哉！

人之大淫也有二，闭一而启一，所启者尤重矣。故淫于财者，其趋也必淫于色；淫于色者，其反也必淫于财。趋者相资，反者相消。是故淫于财者，恒盈气以菲薄天下之浮流，而挟富以相傲；逮其傲，不可复瘳矣。淫于财之视淫于色，利病贞邪，未见此多而彼寡也。何也？胥之为禽狄而灭人之纪者也。

《定之方中》以前，其词蔓，其政散；《定之方中》以后，其词绞，其政蹙。周于利而健于讼，虽免于亡，其能国乎！故《春秋》生名卫毁，贱之也。

五

恶、怒不相为用者也。怒之，又从而恶之，是终无释也。苟恶之，又以怒加之，将不择其所可胜矣。

人之无威仪容止者，亦何至于死哉？刺无礼者，恶也，诅其死者，怒也。恶怒之情交发，则佻达之子视诸君父之仇而有不反戈之气，亦狂矣哉！

空言之褒刺，实事之赏罚也。褒而无度，溢为淫赏；刺而无余，滥为酷刑。淫赏、酷刑，礼之大禁。然则视之如鼠而诅其死，无礼之尤者也，而又何足以刺人？

赵壹之褊，息夫躬之忿，孟郊、张籍之傲率，王廷陈、丰坊之狂讦，学《诗》不择而取《相鼠》者乎！

六

下峥嵘而无地，上廖廓而无天，义结于中，天地无足为有无，而况于人乎？"百尔所思，不如我所之。"我所之者何若，不能自宣也；而百尔之不如，洵不如矣。

我所之者何若，将欲显言之乎，归暗焉耳，固不如勿归暗之为礼也；将欲深言之乎？言，外也；义，内也，不相及也。不相及则言穷，不我嘉而我尤者，愈有以争我于义矣。义与言不相及，而以言言义，此亦一义也，彼亦一义也。虚实相争，而虚者恒胜。何也？一成之俪，众议之繁，苟有所怙以为辞，以掩抑至性而伸其外贷之义者，力足以骄语而无怍也。

是故所可言者，归暗焉耳，控于大邦焉耳，皆百尔所思，可袭义以争我者也。过此以往，生于性，结于情，不有我所之者乎？我所之者，果何若邪？《载驰》之怨妇，《黍离》之遗臣，沈湘之宗老，凶燕之故相，悲吟反复，而无能以一语宣之，同其情者喻之而已。一部《十七史》，从何说起！旷古沓今，求影似而不得，奚况稚狂之百尔哉？呜呼！其异于焄蒿凄怆，孤絷于两间者，无几矣。是以有死之心，无生之气也，乃以质诸鬼神而无疑，奚妄哉！

卫风

一

"如金如锡"，刚柔际也。"如圭如璧"，方圆契也。明乎刚柔方圆之分合者，崇道而不倚于术者也。不知其分，恒用其半而各不成。不知其合，两端分用而不相通。孙思邈曰："胆欲大，心欲小；智欲圆，行欲方。"心胆不相谋，而知行不相掩。以思邈为知道者，殆乎崇术以妨道者与！

夫君子之胆，以从心也；君子之知，以审行也。故刚无所屈，柔无所忤，方无所枉，圆无所困，苟用必极，无用半而止之术也。乃君子之柔，所以刚也；君子之圆，所以方也；柔之而益刚，圆之而益方，变化屈伸以期行其志，胆不狂，心不葸，智不流，行不滞，随时消息以保其贞，无分用而屡迁之术也。

故君子者，知刚而已矣，不知柔也；知方而已矣，不知圆也；时在柔，而柔以为刚；时在圆，而圆以为方；志定久矣。志定则贞胜，贞胜则贞观，贞观则大，大则久，久而不渝，虽以之处衰世，保令名，亦道而已矣，奚术之尚哉！此卫武之所以睿而不失其正也。

二

唯裕也是以可久，唯密也是以自得。自得以行其志而久不移，可以为天子之大臣矣，《考盘》之"硕人"所以为硕也。

诸葛亮密矣，其未裕乎？裴度裕矣，其未密乎？夫裕以密，则用而天下世受其福，不用而天下不激其祸，天下之所激，未足以任天下也。贤者激而相助为已甚，不肖者激而相附以行其私。藏身林壑之下，且以激天下而起戎，徐稚、范滂以之而贞凶，况持荣人福人之柄以用当世者哉！

"硕人之宽"，规之远也；"永矢勿告"，怀道必行而不为之名也。不肖者消，贤者安之也。三代而降，其唯李沆乎！函天下而不宠其智勇，听天下而不丧其枢机，宋乃以之蒙数世之安。故硕人者，正己而有光辉者也。

三

齐相竞，郑相狎，卫相弃，三者成乎风，而君臣、朋友、夫妇之伦大致。虽然，尤莫致乎其相弃也，故曰："其政散，其民流，诬上行私而不可止。"竞相陵，狎相侮，胥弃之所自生。虽然，尤莫弃乎其有挟也。卫之相弃，卫于君臣、朋友、夫妇之际，无之而不有挟也。

忮人之情，君挟势，臣挟能，友挟力，人理尽矣，未有夫妇而挟者也。悍妇之情竞，艳妻之情狎，妇道亡矣，未有以挟而求固者也。而卫之妇人，上自宫闱，下迄圭窦，贤者、妒者、奔者，无之而不挟。

呜呼！容色之饰，族姓之荣，姻亚之势，鱼菱之资，有无之求，御冬之蓄，车贿之迁，食贫之久，兴寐之劳，孰不可得之于妇人，而一相龃齰，历言申说以相诘，苟其有丈夫之情，而不为之刺骨者，鲜矣。况夫《终风》之主，洸溃之夫，二三之士，而欲其相容以相保也，乌可得哉？何知仁义？货贿而已矣。何知绸缪？胁持而已矣。故石碏以给子立义，礼至以杀友铭功，元咺以讼君见直，子鲋以党奸守信，贤者且然，而其下又可知已。

夫庄姜者，所谓贤也，《硕人》之挟富艳，与《氓》之诗一尔，其挟同，其见弃同，未见其愈也。

四

性非学得，故道不相谋；道不相谋，情亦不相袭矣。"巧笑""佩玉""桧楫松舟"，《竹竿》之女不袭《柏舟》，称其情而奚损哉？果有情者，未有袭焉者也。地不袭矣，时不袭矣，所接之人，所持之己不袭矣。夫非《终风》，子非《击鼓》，坦然于不见礼者之侧，而缓缓需其瘳，亦自处之道也。

果有情者，亦称其所触而已矣。触而有其不可遣焉，恶能货色笑而违心以为度？触而有其可遣，孰夺吾之色笑而禁之乎？无大故而激，不相及而忧，私愤而以公理为之辞，可以有待而早自困，耳食鲍焦、申徒狄、屈平之风而呻吟不以其病，凡此者，恶足以言性情哉？匹夫之婞婞而已矣。《书》曰："若德裕乃身。"裕者，忧乐之度也。是故杜甫之忧国，忧之以眉，吾不知其果忧否也。

五

《木瓜》得以为厚乎？以《木瓜》为厚，而人道之薄亟矣。

厚施而薄偿之，有余怀焉；薄施而厚偿之，有余矜焉。故以琼琚洁木瓜，而木瓜之薄见矣；以木瓜洁琼琚，而琼琚之厚足以矜矣。见薄于彼，见厚于此，早已挟匪报之心而责其后。故天下之工于用薄者，未有不姑用其厚者也。而又从而矜之，曰"匪报也，永以为好也"，报之量则已逾矣。好者，两相好者也，夫安得不更与我而永好乎？授之以好而不称其求，憎恶仍之而无嫌，聊以间塞夫人之口，则琼琚之用，持天下而反操其左契，险矣。

非卫毁之阴慝，孰能为此哉？故当从《毛传》。齐桓死，亟伐其国，灭邢争莒，南向亲楚而决背中夏，曰吾之报已逾量矣，恩尽而唯我之所为矣。呜呼！此卫之所以诬上行私而不可止矣。

王风

一

人皆有求，吾诚自信以求之；人不知求，吾不容已于所求。人之有求，吾所不求，谓我以有求而不得已；吾之所求，人不知求，谓我何求而抑不得已。且夫人之所求者，可遂也，吾之所求，必不可遂也，不可遂而固求之，忧焉耳矣。田尔田，宅尔宅，有服在廷，留矣乎，可为秦之媚子；去矣乎，可为虢、桧之新君；富贵福泽，荣名显绩，奔走天下之心贤肺肠而释其夙忧者，我未尝不可求而得也。靡靡以行，摇摇以怨，天下之知我者鲜矣，不亦宜乎！幽王灭，平王迁，桓王射，宗亲无洛汭之歌，故老无西山之唱，仅此一大夫而众且惊之也。王迹熄，人道圮，《春秋》恶容不作耶！

二

非时以令之，迫促以期之，无老弱远近箕敛以会之，三浮而上之，役一者民不啻于役二也。稍饩之给，上不能遍颁而假之有司，有司又不能遍颁而假之胥长，上之颁者十，役之受颁者不二三也。上曰："吾固有以颁之矣，即多役之，而犹民之'侯强侯以'也"，于是而役之之心不为之惩止。大役则有大饱，大饱则有大困。上无经，下无艺，农避而废耕，女怨而废织。虽有薄赋，固无能供，而上且不给于稍饩，未有能薄其赋者也。呜呼！竭民力，绝民性，憯民心，迄乎役繁而尽矣。

"君子于役，不知其期"，非不为之期也，虽欲期之而不得也。东周之失民，宜其亡矣。秦、隋、蒙古之瓦解，赋未尝增，天下毒闷，胥此也夫！

三

上不知下，下怨其上；下不知上，上怒其下。怒以报怨，怨以益怒，始于不相知，而上下之交绝矣。夫诗以言情也，胥天下之情于怨怒之中，而流不可反矣，奚其情哉！

且唯其相知也，是以虽怨怒而当其情实。如其不相知也，则怨不知所怨，怒不知所怒，无已而被之以恶名。下恶死耳，下怨劳耳，而上名之曰奸。上恶危耳，上恶亡耳，而下名之曰私。奸私之名，显于相谪，则民日死而不见死，国日危而不见危，偷一日之自遂，沉酣痼寐，浸淫肌髓而不自持也，故曰流而不反也。

周之戍申、许，何戍乎？忧危亡耳。熊通王汉上，割濮地，宣王征而不服，平王迁而益逼，微申、许之戍，则楚臂加于王城，屈伸间耳矣。周不振，诸侯不勤，息邓不固，申许之戍，未可以日月计，而其诗曰"曷月予还归哉"；然则撤戍卒，启荆尸，观兵三川而迁九鼎，但得偷安一日之归也，周之民所弗恤矣。敌加于枕席，王危如晨露，民已漠然不相知，顾以怀归之情，迁怨为名，而诽之曰念母。夫平王亦不幸而甥于申耳，如其不然，而抑又何以为之名邪？

乃民之偷也，苟欲为之名，何患其无名也？故民之死，非民自死，上死之也；君之亡，非君自亡，民亡之也。诸侯不相靖，大夫不相勤，庶人师师为名以交谤，是以盘庚致怒浮言，而君子听之以平上下之情。有《君子于役》之劳，则有《扬之水》之怨；有《扬之水》之怨，则有《兔爰》之怒。下叛而无心，上刑而无纪，流散不止，夫妇道苦，父母无恒，交谤以成乎衰周，情荡而无所辑有如是。故周以情王，以情亡，情之不可恃久矣。是以君子莫慎乎治情。

四

"我生之初",不问而知非幽王之世也。平王立国于东,晋、郑辅之,齐、宋不敢逆,民虽劳怨,犹有缱绻之情焉。迄乎桓王,而后忠厚之泽斩矣。故隐公之三年,平王崩,桓王立,《春秋》于是乎托始。孟子曰:"王者之迹熄而《诗》亡,《诗》亡然后《春秋》作。"谓桓王也。

呜呼!弱而自强者兴,弱而自靖者存,其亡也,弱而诈者也。天地之道,刚主柔,天地之化,柔屈刚。《坎》而有尚,"维心亨"者,刚济险也。《蒙》而有功,"初筮告"者,柔信刚也。已弱而诈,蒙而行乎险。诈与诈感,天下胥诈,而己固不敌矣,兔之所以"爰爰"也。诈屈于群诈,而伸于颛蒙,雉之所以"罹罗"也。平王弱而情见,桓王弱而情隐。"我生之初尚无为",周之遗民思平王而歌之,而桓王甚矣!

五

无事谓他人而父之,无事谓他人而母之,无事谓他人而昆之,疲民之淫也。迫则谓他人而父之,迫则谓他人而母之,迫则谓他人而昆之,疲民之穷也。兄弟不力而亲他人,他人不情而思兄弟,疲民之变也。淫必穷,穷必变,变而不出于淫,疲民可哀而君子弗哀,恶其淫也。

呜呼!桓王唱,国人和,舍翼而亲曲沃,曲沃傲之;舍郑而亲虢,虢公携之。君子无恒于上,小人无恒于下,情至则淫,情尽则变,桓王之世,自天子迄庶人,无有一而非罢民,虽欲相顾以相闻,罢民之不足以荫藉乎罢民,久矣。

六

《采葛》之情,淫情也;以之思而淫于思,朱《传》云。以之惧而淫于惧,毛《传》云。天不能为之正其时,人不能为之副其望,耳荧而不聪,目眢而不明,心眩而不戢,自非淫于情者,未有如是之亟亟也。此无所不庸其亟亟,终不能得彼之亟亟,彼不与此偕亟亟焉,而此之情益迫矣。有望于人而不应，有畏于人而不知所裁，中区热迕而弗能自理，是故其词遽，其音促，其文不昌，其旨多所隐而不能详，情见乎辞矣。桓王之世，臣主上下之间，胥如此也。身心无主而不足以长言，国奚而不敝，俗奚而不颓邪？

何以知情之淫也？其诸词不丰而音遽者乎！韩、柳、曾、王之文，噍削迫塞而无余，虽欲辞为千古之淫人，其将能乎？

七

言愈昌而始有则，文愈腴而始有神，气愈温而始有力。不为擢筋洗骨而生理始全，不为深文微中而人益以警。罕譬善喻，唱叹淫溢，若缓若忘，而乃信其有情，古知道者之于文，类然也。东周之季，大历之末，刻露卞躁之言兴，而周、唐之衰亟矣。知言者辨之，是以甚恶夫《采葛》。

郑风

一

《记》曰："好贤如《缁衣》，恶恶如《巷伯》。"以君子之道观之，《缁衣》非诚好，《巷伯》非诚恶也。《缁衣》之好有歆焉，《巷伯》之恶有忧焉。忧则有忌，而不殚其恶矣，歆则流于物，而不专其好矣。

故人之有好恶，独用之情也。不忧其害而固恶之，恶之而患有所不避。无所望益于彼而固好之，其好之也，亦无藉以致益子彼而纾吾好。天禄与共也，天职与共也，我无能为益焉，然而好之则已挚矣。若夫解衣衣之，推食食之，歆于相即而相益，交歆弗已而情流，恶得复有独用之情哉！

《缁衣》之诗，王子友之工其术以歆天下者也。走死臣民而戴之易世，上非以仁属，下非以义报，上下相呴以沫，游泳而交为饵，倾虢、桧，挠周室，持权晋、楚，为天下先，施及孙子，习而不革，以成乎贰国，殆夫游侠之雄者也。夫好贤者举如是也，夫君子则何贵焉！

二

不释于怀，抑无容已于畏；不能不畏，而终有其怀。畏之情自怀生，怀之力奚其为畏屈哉！故忍之良久，而决之崇朝，置所畏以必行其怀，更无能以畏威之者矣。虽然，其为词也有辨。先言畏，后言怀，浅人之词也，所重在怀，而畏终伏而未有以处也。先言怀，后言畏，深人之词也，所重在畏，而求以释怀，怀终伏而郑重以持之也。故《将仲子兮》，深人之虑也，志将变矣。《序》谓郑庄公祭仲谋叔段之诗。据在《叔于田》之前，《序》说为是。

三

与其专言静也，无宁言动。何也？动静无端者也，故专言静，未有能静者也。性之体静而效动，苟不足以效动，则静无性矣。既无性，又奚所静邪？性效于情，情效于才，情才之效，皆效以动也。

然而情之效喜留，才之效易倦，往往不能全效于性，而性亦多所缺陷以自疑。故天下之不能动者，未有能静者也。且夫人亦有志矣，天下亦有量矣，人事日生而不可御矣，不劝胡成？不获其志，欲忘而不能，恶乎静？不勤失时，弗能豫而必遽图之，早者崇朝，救其后者经旬弥月而不逮，恶乎静？不勤而姑待，姑待而事又生，补前缀后，情分财散，智者不逮愚者之半，烦冤以永日，恶乎静？是故天下之能静者，未有不自动得者也。心警而后魂依乎心，魂充而后魄依乎魂，依则安，安则豫。故《震》《艮》相连，《咸》《恒》相错，不动不可止，不感不可久。恝然晏处，物非所谋，而乱者多矣。

《鸡鸣》之诗，其殆于知道者乎！"子兴视夜"，动以勤也。"莫不静好"，静以善也。静以善，可与几矣。诸葛孔明善为此诗者也。治蜀以勤，事繁身瘁而不辍，乃其言曰："宁静可以致远，淡泊可以明志"，其静澹也，殊异乎王衍、房琯之静澹也。

四

不见则子都矣，见则狂且矣。无能必子都之非狂且，而狂且之不可子都也。悲夫！人之不能自定其情，见异则迁，而迁则见异也，有如是夫！

是以审乎情者当之，宁狂且不见而疑乎子都，勿子都见而狎以狂且，善用其不足也。裕乎守者当之，谓我子都而不自见美，谓我狂且而不自见恶，不警其无恒也。足乎道者当之，天下欲子都我而不可得，而终无能以我为狂且；天下欲狂且我而不可得，而抑不自失其子都，施之以大正也。非然，求免于天下，难矣！在山而思荷华，在隰而思扶苏，不必夫淫者而皆然。悠悠之毁誉，泛泛之离合，亦孰与正之哉！

五

无邪之谓直，邪斯枉矣。邪而名言之以正，无辞于枉，况夫邪而名言其邪者乎？邪而名言其邪，无忌惮者也。弗获已而惜其名言，掩恶而著其善，掩薄而著其厚，掩叛而著其合，其犹有人之心焉。心苟欲之，行即暴之；身苟行之，言即暴之；言者不惭，闻者不警，于是而抑为之虚声以相胁，未能行而如其行，且将曰吾以率吾直也。呜呼！人理绝矣。人理之绝，而欲冒直之名，是相奖以禽鸣而不知底止。陈其诗，观其风，恶之无庸，惩之无术，而君子惧矣。

《将仲子》之诗曰："人之多言，亦可畏也"，不能终畏而犹存乎畏也。《褰裳》之诗曰："子不我思，岂无他人"，有人之心者，其能为此言哉！禽鸣之无能译也，如有能译之者，吾亿其且不忍出诸喙也。女无忌于闺，士无忌于庭，小人无忌于国，君子无忌于廷，于是而以事主，则忽、突、仪、亹，唯所君矣；于是而以交邻，则齐、晋、秦、楚，唯所戴矣。其执政之言曰："德则其人也，不德则其鹿也。"其女子之言曰："人尽夫也。"面相觑，心相揭，仰不见天，俯不见人，虽有君子，亦恶从而治之？

六

抱贤人之心者，岂能有加乎？亡损而已矣。贤人者，贤于人者也。但贤于人，无贤于己，视诸人之不贤而见贤，视诸人之贤而亦何贤邪？故序《风雨》之诗者曰："乱世则思君子，不改其度焉。"君子亦犹是度焉耳。

"风雨凄凄，鸡鸣喈喈"，于凄凄而见喈喈之为贤也。藉不凄凄，而喈喈固未有贤也。流俗淫风雨而损其鸣，中士历风雨而增其鸣，二者相去无几何也，胥改度也。且夫历风雨而增其鸣，则是未有风雨而不能鸣矣。以无能鸣之材，偶值乎风雨而一鸣，鸣而激，激而已甚，再而衰，三而竭，谁昔之心，亦孰与问之哉？故其卒章曰："风雨如晦，鸡鸣不已"，有其不已而自不容已，故可乍试之屈，乍试之伸，抑可久以处约，长以处乐，度存焉耳。固无度而欲贤，春潦之水壮于洪涛，立而俟其涸，亦奚待夫再三乎？

七

国贫以危，其民乱；国富以安，其民淫。将欲止乱，则勿使民贫而厝以安，将欲止淫，抑勿使民富而试之危乎？此弗待有识者而知其不可。则奚以不可邪？曰：国富以安而民淫，非果富而能安也，贫之未著而危仅未亡也。贫未著，不可谓不贫；危未亡，不可谓不危。中虚而外不戢，尚有其生而无以自遂，故淫生焉，则郑是已。

郑新造于虢、桧之虚，地四达而赋繁，庄公瘝生乐兵亟战，忽、突内讧，齐、楚外逼，所不贫者，免于道殣已尔，所未危者，免于易子析骸已尔。使果其富而能安也，则静好之乐，取之室家，余于欲而修其礼，奚以淫哉？室家不足，莫能自乐，爱日而玩之，流荡其思，死且不恤，贫与危无与为警，而偷以淫焉，奚待之安富之余也？

且民之相荡也，始于相昵；民之相昵也，始于相恤。郑之诗曰："终鲜兄弟，维予与女"，相恤也；"邂逅相遇，与子偕臧"，相昵也；"伊其相谑，赠之以芍药"，相荡也。始乎忧其无以自保，中乎忧其无以自固，终乎忧其无以自愉。君子相恤而昵于廷，细人相恤而昵于屯戍郊场之间，淫人相恤而昵于蔓草水菏之次，鱼之响，鸟之集，虫之蠕，聚以崇朝而乐以今夕，孰义与礼之足生其愧心乎？

故为国者，勿俾其民有相恤之心，而乱与淫交戢矣。人之有情也，变则通，通则放，犹天之有气也。喜与乐通，怒与哀放。秋凛而冬栗，金肃而水凄。始于怒者成乎哀，犹之乎始于喜者成乎乐也。喜则见得，见得则宁，宁则戢，戢必以礼，故乐配夏而神礼。怒则见不得，见不得则激，激则悲，悲则寒，寒承秋而行水，水者，相比而流者也。寒而求燠，歆于翕比以自温，非固温也，私相温者也。私相温，是以成乎淫也，而贫与危之相恤当之。

是以先王审情之变，以夙防之，欲啬其情，必丰其生，乐足不淫而礼行焉，恶在乎戢淫者之靳予以安富邪？故善治心者，广居以自息；善治民者，广生以息民。民有所息，勿相恤而志凝焉。进冶容、奏曼音于其耳目之前，视之若已餍之余肉，而又奚淫？

《诗广传》卷一终

诗广传卷二

齐风

一

　　君子与君子言，情无嫌于相示也；君子与小人言，非情而无以感之也。小人与君子言，不能自匿其情者也。将欲与之言，因其情而尽之，不得其情，不可尽也。将欲与之言，匡其情而正之，苟非其情，非所匡也。言之而欲其听，不以其情，嫌于不相知而置之也。言之而为可听，不自以其情，彼将谓我之有别情而相媚也。故曰："《诗》达情。"

　　达人之情，必先自达其情，与之为相知，而无别情之可疑，则甘有与甘，苦有与苦。我不甘人之苦而苦人之甘，人亦不得而苦之矣。《鸡鸣》之哲妇，自达其情，曰"甘与子同梦"，故以妇人而感君子也有余，不自匿而已矣。

　　故《易》曰："观其所感而天地万物之情可见矣。"见情者，无匿情者也。是故情者，性之端也。循情而可以定性也。释氏窒情而天下贼恩，狺狺以果报怖天下，天下怖而不知善之乐，徒贼也，而奚救乎？

二

郑之诗能使人思，齐之诗能使人作。能使人思，是故其淫也，犹相保而弗相弃也；能使人作，是故其夸也，一往有余而意不倦也。思而不能使人思，作而不能使人作，虽以正而国，罔与图功。故《还》之"儇好"，无异于《清人》之翱翔，而哀乐异音，衰王异气，安危异效；齐之足以霸也久矣，桓公乘之，不劳而搂诸侯如拾也。郑无岁不受兵而不亡，抑有以夫！

三

遽而成，君子弗为，矧夫遽之未足有成也！所恶于遽者，恶其弗能待也，尤恶其弗能择也，至于弗择，而人道之不废鲜矣。

柳未尝不可为樊也，不择而见可焉，择而后见不可焉。遽于樊而不患天下之无柳，遽于仁而不患天下之无可爱，遽于义而不患天下之无可恶，遽于名而不患天下之无可罔，遽于利而不患天下之无可夺，遽于食而不患天下之无可饕，遽于色而不患天下之无可奔。推至其极，诸儿之禽行，亦未尝不为樊，而但无择于柳也。

故诸儿之禽行，遽焉耳；嬴政之并吞，遽焉耳；陈仲子之哇其母食，遽焉耳；墨翟之重趼止攻，遽焉耳；释氏之投崖断臂，遽焉耳。天下有遽食遽色而野人禽，天下有遽仁遽义而君子禽，遽道愈工，人道愈废。孟子曰："率兽食人，人将相食"，忧狂夫之无择也。

四

何谓"瞿瞿"？目方注之，心遽营之；心期成之，目数奔之；居素而若惊，未观而先察；忘远而亟攻其近，方为而辄用其疑，是之谓"瞿瞿"也。

呜呼！齐、晋之霸，胥此道焉而已，而晋之霸也尤下：取必一战而不俟再，将欲觐王而惊畏以却，与秦同仇而中道相猜。晋之所以霸，齐之所不屑也。齐以"瞿瞿"为狂，晋以"瞿瞿"为良，是非舛而崇尚异，故君子当晋文之世思齐桓焉。

五

震物于所忽，示下以不测，先事而早计，数惊而不告劳，可谓能人之所不能矣。能人之所不能者，自君子观之，多见其不能也。不能乎仁，乃侈乎爱；不能乎智，乃尚乎察；不能乎俭，乃矜乎吝；不能乎勤，乃俭乎劳。"不夙则莫"，俭劳之谓也，即以知其不能夙夜也。

震天下者莫尚乎雷，挠天下者莫尚乎风。风行于上，雷动于下，《恒》而已矣。故天下之至勤者，莫勤于恒也。作一旦之气，以薪用之终月，而终月逸；作一岁之气，以薪用之终身，而终身逸。当其劳，早有逸心，而犹谓其能勤乎？王道之不能，于是有一切之治；圣学之不能，于是有顿悟之宗。知此者，知鲁两生之可为大臣，而陆子静之未免于自弃也。

六

"无田甫田"，言侯度也。故曰人君患不广大，人臣患不节俭。节者，节以其度；俭者，俭以其度之外也。周之迁也，山东之势未动也，齐始谋霸，得诸侯而求之亟，田非其田，思非其人，恶得而弗刺哉？田非其田，故莠生焉。思非其人，故忉怛而不宁焉。若夫田其田也，勿嫌甫矣；思其可思也，勿嫌远矣。子曰："未之思也，夫何远之有？"心亦未可不劳也，莠亦非可不除也。自非侯度之惮王章者，恶容虑莠而恤劳乎？

封建之天下，以法为守；郡县之天下，以功为守。夫苟以功而守天下，为天子者无弗功也。为天子者无弗功，则为天子之心膂股肱者，亦无弗功也。畏其难，避其害，释其愁思，嬉恬愃、憛忘于咫尺，而天下敝矣。故不善读《甫田》之诗，而孙绰、王羲之、桑维翰、秦桧之邪说兴，陵墓且为甫田，君亲且为远人，莠乃逼生其户牖，不亦悲夫！

七

齐多刺，晋多劝。刺及于其君床笫之隐、兄娣之愿而无择，殆夫"讦以为直"者乎！乃夫齐之刺，犹刺其君以先生之法、人道之纪也。晋之劝，唯恐其不能自张大而奖之以乐，相与阴秘以图其私，其志倾。

故君移国者也，国移君者也。下不能直，上正之；下未之诡，上谲之：五霸以降之民也。下直，上以取正；下诡，上相与谲：五霸以前之民也，诸侯未擅政，不能移民而民移诸侯。犹一王之民而移诸侯，故齐桓公正而不谲，晋文公谲而不正，国移之也。

谲者多劝，臧亦劝，否亦劝，示美于人，而相遁以私。正者多刺，隐亦刺，显亦刺，无匿恶于天下，而不深天下之怨恶。故齐桓之霸犹能匡天下，是非未乱，国可用也。管、晏兴而后谲劝作。管仲曰："声色狗马不足以害霸"，晏婴始为谲谏，以流为淳于髡之滑稽，而齐丧其齐矣。齐、晋交奖以谲，中分天下，而三代之遗直乃亡。故孟子羞称管、晏，恶其移天下也。

魏风

一

责人以所难能，奚问其能堪而后为之乎？弗奖天下以所苟难，奚问其必不能堪而后已之乎？苟所难能而必为，忍冻馁，蹈白刃，而义不辞也。苟所不必为而已之，耳目可用，肌体可任，而体已为之节矣。

"纠纠葛屦，可以履霜"，诚可矣；"掺掺女手，可以缝裳"，诚可矣；于是乎导天下以废礼而有余。故莫患乎诚可其不可，而诚不可者弗与焉。何也？诚不可者，如牛之不可乘，马之不可服，虽有暴人，莫有易之者，天道显而人为隐矣。唯不可而或亦诚可，其始疑之，其继试之，其终习之，以野人之可可君子，以一夫之可可天下，以须臾之可可终身，于是用情而不用道，用独而不用众，用乍而不用恒，遂以破天下之典礼，而人道废矣。

是以先王以君子谋野人，不以野人谋君子；以天下均一夫，不以一夫均天下；以终身贞须臾，不以须臾贞终身。事有可而不可，绥之以礼以靖之，定其常也。情有不可而必可，匡之以义以作之，调其变也。勤力勿视手足，聪明勿视耳目，辩慧勿视心思，先王乃以人道齐天下，而不唯天之齐。何也？天之所齐，不待齐也；天之所弗齐，不可齐也。

　　唯其可堪而堪之，已啬已劳而堪矣，为之矣，则将恣其所堪而堪矣。赵之胡服骑射，堪矣。秦之师吏焚经，堪矣。南郭子之形如槁木，心如死灰，堪矣。西竺之日中一食，树下一宿，堪矣。乃至孙皓、萧子业之剥人锥人，堪矣。杨广、孟昶之迷为楼，宝为溺器，堪矣。以堪而可之，以可而遂为之，"率兽食人，人将相食"，奚为其不可哉！

二

　　人心之大防，可不可而已，其后莫能防也。千古之所不可者，习而撼之以为不可，因而无见可者焉。一旦知之而仿佛以为可，未敢信诸行也，然而尝试之矣。迨其行之，因见可焉，情未安也。乃行而习之矣，习之而弗安之情日消，安之之情日长，则情以移。情之既移，遂恶其所美而美其所恶。夫诚恶其所美，而能弗美其所恶者，其余凡几哉！

　　葛屦之履霜，女手之缝裳，固不可者，而若无不可。固不可者，人习之；若无不可者，人弗知焉耳。一旦而曰可矣，可者犹仅可与，犹较量于彼此之交而亦可与，未敢以为美也。乃甫可之，旋美之，已美之，无所不用其美之。"无度"焉，咀其利也。"如英"焉，"如玉'焉，矜其容矣。夫以为利之可咀，犹其情之实而事之抑然乎！迨于以利毁度，贵者无殊于贱，犹将矜之以为容，于是乎等威、仪度、文章之盛，皆且见不美焉，而情乐去之。呜呼！人背其本，情迁其性，一溃其可不可之防而莫之能救，有如斯夫！

　　先王劳之千载而仅以成，后人淫之一旦而疾以败，故曰防民犹防水也。一蚁之穴，千里之溢，无能禁矣。《易》曰："履霜坚冰，阴始凝也；驯致其道，至坚冰也。"臣弑其君，子弑其父，亦莫不有其说焉。有说则可知矣，可知则可行矣，可行则见美而忘恶，据恶以为美，驯致之而无所不至矣。《汾沮洳》之诗，犹见异焉，君子以为渐灭之未尽也，然而危矣！

三

呜呼！人之相忮也，宁有已哉！细人之媚细人也以利，无怪乎其相忮也。何也？利可以忮得者也。细人之媚君子也以名，胡为乎其相忮也？何也？名不可以忮得者也。故曰："作伪心劳日拙。"苟拙矣，细人之名终不可增，君子之名终不可替，如沃水于沸膏之镬，而益之焰焉耳。虽然，其苟有忮之心，则不患其无辞。"谓申椒之不芳"，非申椒之不可使不芳也。"彼人是哉，子曰何其"，犹两存之辞也。"谓士也骄"，而士无所辞矣。

夷齐无所骄则不饿，鲍焦无所骄则不枯，申徒狄无所骄则不沉，刘向无所骄则不斥，岳飞无所骄则不诛，谢翱、郑思肖无所骄则不悲。其骄也，夫岂以意而骄哉？忧之无所于控，而愤盈以发也。愤盈以发，无让于人，皎然与日月争光，而天下之不为其凌轹者鲜矣。授之骄之时者，天也；激之骄之势者，细人也。士何乐于骄，而亦奚必辞骄以为名哉？细人之忮久矣，其犹轻莛之扣洪钟矣。

四

甘苦之数，力为轻，情为重。独心之凄恻，又不如相与为情者之难忘也。故上之使下，用其力，可以义责也；用其情，不可以义责也。可以义责，虽致之劳而或忘之，即致之死而或忘之。所难忘者，恤其劳，恤其死者之情也。所尤难忘者，方劳而念人之恤其劳，且死而念人之恤其死之情也。故力以独用而或甘其苦，情以互用而甘者益甘，苦者益苦，如之何其可忘哉！

行役无已，可以悲矣，未也。瞻望父，瞻望母，瞻望兄，而生其凄恻，悲矣，犹未剧也。念父母兄弟之恤其劳，恤其死，而后悲不可以绝。悲不可绝，而尚责其力，不已惫乎！呜呼！君子之使民如借，重此焉耳矣。

五

《陟岵》，父母兄弟之情也。《杕杜》，夫妇之情也。然则魏役人之情，贞于先王之世乎？先王之役民也，劳事而恤其劳，死事而有以免其死。民之劳以死也寡，父母兄弟无忧焉。日月卉木之感，闺中之燕婉而已矣。国削民困，夫妇之道苦：于其役也，父母不忍其子之劳，兄不保其弟之弗死，而妇人厌贫劳以忍于相弃，所由异乎！呜呼！夫妇之思，私也，先王犹重用之，而代言其戚。父母兄弟之思，贞也，君不闻，帅不知，孑然凄怆于岵屺之上，人穷反本而思以贞，民其无生之气矣。

六

诵《硕鼠》而知封建之仁天下无已也。国无恒治，无恒不治。三代之季，教衰政圮，樵苏其民，亦或棘矣。三岁贯之，而君民之义绝，则负未携帑以之于他国，犹有乐土之适我所也。居其国则其民；君其国则利有其民。逾疆而至者，保之唯恐其不留，追摄不加而授田之产不失，犹是一王之土，而民固不以叛为罪。故暴君污吏朘削其民者，民无死焉。

呜呼！秦并天下，守令浮处其上，而民非其民。君淫于上，执政秉铨者乾没于廷，以法为课最，吏无不法者矣；以赇为羔雁，吏无不赇者矣。草食露处，质子鬻妻，圜土经年而偶一逸，无所往也。且出疆，吏符夕至，稍有逸者，亦莫与授田，而且为豪右之强食矣。将奚往哉？一日未死，一日寄命于硕鼠也。汉之小康，二帝而已。宋之小康，六十年而已。过此以往，二千年之间，一游衅之彀中，听其张弛，而又申以胡亥、石虎、高洋、宇文赟、杨广、朱温、女真、蒙古之饕噬，天地之生，几无余矣，不亦痛乎！

唐风

一

方忧而思乐，方乐而思忧，无定情而已矣。故以《蟋蟀》之诗为有陶唐氏之风者，吾不知也。

古之善用其民者，定其志而无浮情，不虞其忧之已蹙、乐之已愒也，然而天下已相安于忧乐。鼓之舞之，使之自得，服耜牵车，酒醴通焉，庸讵以日月之不我假而思自佚乎？张之弛之，并行不悖，思其有余、以待事起，庸讵稍自释而遽若惊乎？何也？忧事近利，乐事近欲。圣人惮纳其民于利与欲也，故以乐文忧，而后不迫民于利；寓忧于乐，而后不荡民于欲。是其民无一日之"瞿瞿"焉，适然而已矣。

今曰"今者不乐，日月其除"，则前乎此者，皆非其乐也。又曰"好乐无荒"，苟其乐焉，而即乎荒也。于忧而见乐，渴而望乎甘泉，吾不知其所自戢矣。于乐之时而有忧，且必舍乐而后得免于忧。自非大利以夺其情，抑将何挟以制其欲哉？

我故知《蟋蟀》之言乐，非乐也，欲而已矣；其言良士，非良士也，利人而已矣。以欲为乐，以利为良，民之不疾入于乱者几何，而奚望其有固情哉？故忧乐相涵，利欲相竞。相涵则一，相竞则疑。疑而无以为之制，则"瞿瞿"而善警，崇利以求欲也，不知所止，国之不亡，幸也，奚陶唐氏之风云！

二

所贵乎俭者，无侈心也。业已有侈心，而姑从而啬之，非人之甚细者不能。故君子之俭，恶奢而不欲也；小人之俭，欲奢而不果也。"今我不乐，日月其除"，悼不能奢而悲之以死也。然而姑从而啬之，为利吝而已矣。为利吝而悲之以死，则将苟可以死易利而蔑不为。

子曰："血气既衰，戒之在得"，言莫心之"瞿瞿"也。人有暮心，音有暮响，而国为暮国。故曰齐以"瞿瞿"为狂，晋以"瞿瞿"为良。暮气流于国而国不可旦，三晋之士为天下鄙，允矣。

三

崇利而不恤死，则相夺以为恒；相夺以为恒，则互疑而不释。夫然，故"瞿瞿"以终年，而举足之下有寇仇也。有车马而人思驰驱之，有衣裳而人思曳娄之，有钟鼓而人思考伐之，时移势去，自死于弱泆．为他人之所奄据，昌言以相劝勉而不惭，则公侯非适有国，大夫非适有家，庶人非适有其庐舍妻子，殆犹即且蟾带之聚于一洼也。故翼、沃相剥，献公之九子相吞，先、狐、胥、郤、栾、赵、荀、范、韩、魏相啮，习为恒而不怪，胥"矍矍"也。然而晋人固以为良也，孰谓陶唐氏之有此哉！

四

忧之亟者，窥之者众；护之甚者，媚之者深，故鲗以墨自贼，范以蜜自割。俾有车马而驰驱之，有衣裳而曳娄之，有钟鼓而考伐之，天下之忌夺亦消矣。未死而忧死，未有他人而如他人之在其萧墙，死而不为他人有者，未之有也。

秦防胡而失之陇首，宋防强臣而失之塞外。业已谓之他人，则未审其为谁氏之子，而奚从防之？故曰"匹夫无罪，怀璧其罪"，璧无罪而怀之者罪也。

五

不知其不可掩而掩之者，愚也；知其不可掩而掩之者，诈也。人莫不恶人之诈己，而恒与诈己者亲，雄猜者弗能免，庸庸者弗能已。曹孟德疑杀异己而失之司马懿，唐太宗厚为子计而失之李世勣，岂智之弗逮哉？好密谋者歆与密者言情，知其不可掩而犹谓之，诚愚也。于是而诈者仇矣。

"扬之水，白石粼粼"，水不为石掩也；"我闻有命，不敢以告人"，又奚掩哉？曲沃之君臣，相愿以密，而私相喜。呜呼！此晋之所以多权奸也。

六

合之易，则感之也不挚；合之易，则受之也不惊。其挚可任也，其惊不可长矣。"绸缪束薪"，束之劳也；"三星在天"，见之偶也；"今夕何夕，见此良人"，惊喜而悦以挚也；"子兮子兮，如此良人何"，惊以挚而不知所裁也。

呜呼！君臣朋友夫妇之交，其合也顺易，则恒见轻焉；其合也艰难，则恒见重焉。见轻而知慎，见重而能自守者，鲜矣。太公耄而立乎文王之廷，不忧其无如文王何也；管仲囚而立乎桓公之廷，不忧其无如桓公何也；越石父累而登乎晏婴之堂，不忧其无如晏婴何也。故曰："履道坦坦，幽人贞吉。"诚坦坦焉，虽履虎尾，犹其素也，而后可以受物而不惊。绸缪以束之，而薪无故合，乃以忧贞之不夙，其亦晚矣。

七

殚人之力而不为之所，人力殚而不恤其亡，亡人之国而移意以趋新，王衍以之排墙而死，况为天子而宰制天下者乎？周之东迁，晋、郑焉依，翼、沃之事，晋亦恧矣。取仅存之国，使之重，役之久，竭其财力而夺其父母之养，外迫内亟，沃坐收之而周已移，而向沃、翼之臣呼天以告其怨，不可任也。沃之君臣乘利而骄，何望其更敦臣节哉！呜呼！此桓王所以召伤肩之辱，而《春秋》于焉托始也。"岂曰无衣七兮"，可以无天子矣。《鸨羽》之征人早知出此，亦以沃之心为心，而不必子之衣以为衣矣，奚其存！

八

使人乐有其身，而后吾之身安，使人乐有其家，而后吾之家固，使人乐用其情，而后以情向我也不浅，进而导之以道则王，即此而用之则霸。虽无道犹足以霸，而况于以道而王者乎？故周之失天下也，失之于《中谷》；晋之为政于天下也，得之于《葛生》。相爱以生，相信以死，《绸缪》《杕杜》之孤心改而兴矣。兼虞、魏，并芮、虢，服蒲、屈，大礼虽颓，而郤穀因之，不待教而可用也。武、献之德于民也不薄矣。

九

日月相代于前而不易其素，贞时者也。日月相代于前而莫能自喻，奔妄者也。日月相易，寒暑疾徐之变有感而必感，壹忘者也。上士自敦其天，而不因天之天。中士静息以尚其事，而不爽天之天。淫于情者浮用其情，而以血气之迁流为消长，弗顾天矣。"夏之日，冬之夜"，可感而感不爽，君子是以知其用情者专一而非淫也。

十

过于信则靡，过于不信则愎。奚以知首阳之果有苓焉否也？一须乎目击，而目之至也有涯，栵栵然取人言而一再思之，而寡不给于治众，司听者其穷乎！虽然，有道矣。言之至于吾前，而为吾之臧否得失言也，虽其弗然，勿可遽弗然之也；言之至于吾前，而为人之臧否得失言之也，虽非弗然，勿可遽然之也。故君子治己以天下，不听己也，而亡乎愎；治天下以己，不听人也，而亡乎靡。谏入而谗不张，其过焉者鲜矣。

故吾将采苓而或导我于首阳也，之首阳焉，虽不得苓，未尝有失苓也，而况乎其得苓也，则谏行矣。吾将索苓于人，而或证首阳之有以俾我之求之也，听之求焉，虽或得苓而不能继也，而况乎其固不得也，则谗张矣。大舜舍己，而共、骧之靖言无能震师，或用此道与！

秦风

一

秦无燕婉亵情之诗，秦之夫妇犹正也。秦之君臣、父子、昆弟、朋友，其薄甚矣，而夫妇犹正，虽无道，犹足以霸王。而关东之国，禽嬉豕聚，举天下而为一隅困，亦有以夫！

情欲，阴也；杀伐，亦阴也。阴之域、血气之所乐趋也，君子弗能绝，而况细人乎？善治民者，思其启闭而消息之，弗能尽闭也，犹其弗能尽启也。汧、渭之交，河、山之里，天府之国，民腴而血气充，又恶能尽闭哉？启之此，则闭之彼矣，而抑因乎其时。故昔者公刘之民尝强矣，因乎戎，而骜戾未革也；周之先王闭之于杀伐，而启之于情欲，然后其民也相亲而不竞，二南之所以为天下仁也。逮乎幽、厉之世，民已积柔，而慆淫继之，杀伐之习，弗容闭矣。秦人乘之，遂闭之于情欲，而启之于杀伐，于是其民骜戾复作，而忘其慆淫。妇人且将竞焉，秦风所以为天下雄也。故曰情欲，阴也；杀伐，亦阴也，阴弗能尽闭，而君子重用之。《坤》之初曰："履霜坚冰至"，言启也；六四曰"括囊"，言闭也。无咎无誉，其犹瘥乎！

虽然，一启一闭之间，强弱之司，王霸之辨，人心风会之醇漓，大可见矣。汉、唐都周、秦之故壤，其民一也。汉教近周，唐教近秦，而声诗之作亦异焉。西京之制，夷犹婉娩，虽以李陵之骜，息夫躬之戾，犹然其无促绞也。三唐之作，迫矫而无余思，虽北里南部之淫蝶，且有杀伐之气焉。故不得于周，无宁于汉；不得于汉，无宁魏晋，秦与唐勿足尚也。韩退之何知，以其《车邻》《驷铁》之音，增之以浮促，倡天下于傲辟褊刻之守，而为之誉者曰："起八代之衰"，然则秦风之掣挦，亦以起二南之衰与？

二

唯不智，故不仁；唯不智，故弃义；唯不智，故蔑礼。何也？仁、义、礼皆顺道也，履乎顺，"自天佑之，吉无不利"；仁而天下归之，义而天下服之，礼而天下敬之。不世之功，非常之业，无取必之势，而坐获之不爽，非智者孰能知此哉！疑夫顺求之而不得者，未尝求之顺也。未尝求之顺，则必疑夫顺求之不得矣。未尝求之，无从知之，不智也。未尝求之，而先疑之，尤不智也。故曰："周道如砥，其直如矢，君子所履，小人所视。"瞠乎视之，而不知其可履也："溯洄从之，道阻且长"矣，"溯游从之，宛在水中央"也。使早知此，胡为其溯洄哉？然而天下不谓溯洄之贤于溯游者，鲜矣。

呜呼！秦人收周土，用周民，面关以临东国，屏周而拥之以令天下，先乎齐桓而霸，霸宛在矣。如其周不可戴也，反周之旧，循周之迹，去幽、厉之所伤，沿文、武之所纪，御其民如轻车，而率其道如故辙，周之所以王者，秦即以之王，不待六国之熸而始帝也。王宛在矣，宛在而不知求，逆求而不知所在，典章之在故府，献老之在田间，交臂失之，而孰与为理乎？无已，则逆以取之，四百余年而后得。尤不审，而逆以守之，二世而遂亡。天下怨秦之不仁，恶秦之不义，贱秦之无礼，而孰知其一于不智也？《蒹葭》之诗刺之早矣。

三

回环劳止而不得，淡然放意而得之，为此说者众矣。移之于学，妙悟为宗，谓夫从事于阻长之途者，举可废也。吾无以知放意者之果得否也，吾抑无知劳止者之徒劳否也。"岂不尔思，室是远而"，子曰："未之思也"，此未尝劳而告劳者也。"鱼网之设，鸿则丽之"，不期鸿而得鸿，此夫自以为得而固非得也。呜呼！必如为《蒹葭》之诗，而后可溯洄而游乎！周道之有辙迹而易求故也。非其时，非其地，非其人，惮溯洄之阻长，而放意以幸一旦之宛在，是其于道将终身而不得，乃以邀一旦之颖光，矜有遇于霏微缥渺之间，将孰欺哉？

四

知不我庸而固怀之，有怀不释而尤责其不我庸也，《晨风》之诗厚矣。呜呼！东周以降之诸侯，能系人心者，秦、楚而已矣。齐、晋之不能然，而况狂以失民者乎？继《晨风》而作者，唯屈氏之《骚》也。知不我庸而愁然捐之，何此都之必怀而钦钦以如醉邪？无已，为近关之姑出与？无已，为木门之织绚与？无已，为绵上之自焚与？皆可以释其忧而不释，贫不悯，贱不耻，屈辱而不离，得其国之人心如此，胡忧其不为天下雄也！盖楚、秦者不弃亲而用羁，病天下而不病其国者也。人心移于秦、楚，而齐、晋不知，抑奚以永其霸哉？

五

语有之："得士者昌，失士者亡"，此非君子之言，游士之以胁剿主而邀其豢者也。故置夏屋之怨于不恤，而秦乃以雄长于天下。歆四篚而哀不饱者，亦恶足与承权与哉？虚其国，疲其民，而以养其亲，仁者弗为也。虚其国，疲其民，以养其狗马，稍有人之心者弗为也。游士之视其亲也，相去何若，而修其冠剑，多其谈谑，矜其夸捷，以娱人主于榱题之下，其视狗马也，亦无几矣。

故汤之得伊尹，得一人尔已；武丁之得傅说，得一人尔已；文王之得尚父，得一人尔已。未闻其苟食于我者之必终以得饱也。秦穆之得人，得百里奚尔已，得繇余尔已，奚与余固不为无馀嗟，而秦亦未尝俾之以不饱终也。是故天子而矜好士之名，则天爵淫；诸侯而矜好士之名，则国人困；乡大夫而矜好士之名，则臣节亏；处士而矜好士之名，则士行秽。无已；而曰"得士者昌"，则得"明夷不食"之士也，非得"舍尔灵龟，观我朵颐"之士也。夏屋怨而不恤，秦之为天下雄长，宜矣。

夫秦之不恤其怨，而何为以夏屋始邪？曰：此则秦人之谖也。夏屋以诱之来，不饱以困之而不得去，游士不能乱吾之国，而抑不能持吾之阴事，走诸侯以相难，坐老旅食，垂死关中，而游士之风为秦人戒，则其民趋实去华，而益勤于耕战。君子恶秦人之谖，而于此有取焉，曰：此以不饱为嗟者。虽谖之可也。

陈风

一

有澹而易足者焉，为君子易，而非即君子也。为君子易，是以君子奖之。非即君子，是以君子尤弗尚之。奖其澹也，非奖其薄也。聊且者，薄之心也。吾惧夫薄于欲者之亦薄于理，薄于以身受天下者之薄于以身任天下也。故严子陵之重辞光武，吾弗知之矣；邵康节之不仕盛宋，吾弗知之矣；犹之乎王仲淹之为隋出，吾弗知之也。将无其有聊且之心与？

是故天地之产皆有所用，饮食男女皆有所贞。君子敬天地之产而秩以其分，重饮食男女之辨而协以其安。苟其食鱼，则以河鲂为美，亦恶得而弗河鲂哉？苟其娶妻，则以齐姜为正，亦恶得而弗齐姜哉？厚用天下而不失其澹，澹用天下而不歉其薄，为君子者，无难无易，慎为之而已矣。

二

君子无妄富，亦无妄贫；无妄贵，亦无妄贱；无妄生，亦无妄死。富贵而生，君子之所以用天道也；贫贱而死，亦君子之所以用天道也。以其贫，成天下之大义；以其贱，成天下之大仁；以其死，成天下之大勇。非其情之苟可以胜而遂乐为之也。故君子之用贫贱与死，尤慎之矣。苟可以胜而遂乐为之，幸其可以胜贫贱而乐贫贱也，借其但可以胜富贵而遂乐富贵乎？

陈之俗偷矣，唯其身心之可胜而不择，是以君子陋之，而知其国之必亡。《衡门》虽贤，苟可之心，犹是心夫！

三

其贞士曰："衡门之下，可以栖迟，泌之洋洋，可以乐饥"；则其淫人曰："东门之池，可以沤麻，彼美淑姬，可与晤歌。"降其志以从康，降其情以从欲，均之乎降，而贞士之去淫人也无几矣。

"众鸟欣有托，吾亦爱吾庐"，殆哉！其不以鸟之欣为欣矣。虽然，若陶靖节者，非齐姜、宋子而宁无娶者也。东门之池，不屑染其菅麻久矣。然则庐，吾庐也；爱，吾爱也；有以爱而非苟可，而遽可之也乎？

四

奚以知人之终为禽狄也？遽而已矣。饮食男女之欲，人之大共也。共而别者，别之以度乎！君子舒焉，小人忉焉，禽狄驱焉；君子宁焉，小人营焉，禽狄奔焉。奔其心，弗奔其容，容所不迷，而心或惩矣。奔其容，弗奔其音，音所不迫，而容或惩矣。奔其言音，莫有或惩之者矣。

《月出》之洄泞而促即也，《株林》之迫连而孑竭也，箕子立其侧，比干死其旁，无能已其奔心，况泄冶乎？

桧风

一

君之得也大，其失也亦大。忠臣谊士之争于君也大，而后其国可为也。以《羔裘》为失，而桧君之失微矣。即不以《羔裘》为失，而其得亦微矣。西周毁，东国逼，王子友攘臂而睥睨之，虽以高贵乡公之才，唐昭宗之志，未有能救其危亡者也。有士之君，而衣服之洁以为罪，必其无罪也，不已难乎！

为之臣者，其致死之日矣，而岂其犹未也？故闻以忧而益其思者，未闻以忧而释其思者也。中心悼之而释其思，桧人之志变矣。志变而翘其君之小失，以谢其扶倾之无力，亡桧者，桧之所谓忠臣谊士也，非尽桧君之罪也。

二

子曰："我观周道，幽厉伤之。"周道因人情而礼行，夺人之情而不得伸，而后道之丧也无余。桧亡于东周之前，而三年之丧先亡，此幽厉之所为伤周道也。

悲夫！情在而礼亡，情未亡也。礼亡而情在，礼犹可存也。礼亡既久而情且亡，何禽之非人，而人之不可禽乎？鲁，秉礼之国也；宰予，学于圣人者也；恝然释其"蕴结"，虽有可与"同归"者而不乐与之同，迷而不复，《素冠》之刺不作，更何望于天下哉？

河北之割据也，百年之衣冠礼乐沦丧无余，而后燕云十六州戴契丹而不耻。故拂情蔑礼，人始见而惊之矣，继而不得已而因之，因之既久而顺以忘也。悲夫！吾惧日月之逾迈，而天下顺之，渐渍之久，求中心之"蕴结"者，殆无其人与！"蕴结"者，天地之孤气也。君子可生可死，而不可忘，慎守此也。

三

忠臣之戴君，非为己之无恃以存而戴之也。无所恃而迫于危亡，然后生其忠爱之心，何生心之已晚也！强黠者乘乱以为利，而我不能利，法度圮，声援绝，无所恃赖以自存，于是而生其忠爱，势驱之尔。

悲夫！西周之且亡，怀之者桧而已矣。桧而能如齐、晋、秦、楚与，吾不能保其溉釜之心也。于溪而求鱼，唯患水之不浊矣；于釜而烹鱼，唯患水之不清矣。乱流而网，佐饔而思尝，周之下国蔑不以周为利者，周之不亡也几何哉！故曰：孝衰于妻子，言践于急难。未有妻子而孝，不保其不孝也。急难而践其言，不保其安平也。桧夺于郑，桧之臣子无能殉焉，亦奚足与事周哉？

曹风

一

奚以为"荟蔚"也？欻然而兴，欻然而止，初终不相践而面相欺也；欻然而合，欻然而离，情穷于达旦而不能固也；翳乎其相蔽而困我之视听也，棘乎其相逼而行相夺也。有臣如此，明主之所察，尤庸主之所宜忌矣。

奚以为"婉娈"也？词有切而不暴也，言色违而弗能舍也，约身自束而不逾分以相夺也，合则喜，离则忧，专一其依而唯恐不相获也。有臣如此，明主之所求，尤庸主之所宜亲矣。

然而孱庸之主恒亲其荟蔚而忌其婉娈，欺之露而不愤，困之不伸而不激，夺之而不妒，彼情已叛，贞人流涕以谋，而犹不能自决。然则孱庸之主，非徒其任情而失理也，矫情之所爱而憎之，矫情之所憎而爱之，怦怦其不能堪，而附之如漆，悖甚矣。故曰：孱庸之主溺爱以保奸，回遹之臣饰好以媚上，非通论也。

张禹傅而元帝不能伸其尊，杜钦、谷永庸而成帝不能讳其过，安禄山宠而玄宗不能远其逼，仇士良重而文宗不能安其寝，秦桧相而高宗之刃不释于靴，贾似道重而度宗之膝屡屈于廷。其诋甘之，其竞下之，其僭让之，其绐听之，敛躬屏气而思柔焉，举明君谊辟之以敬元臣，信贞士者，不能过也。然则庸主之保奸，其矫情亦甚矣。

然而终如彼者，何也？人能违其情之所不安，而不能依乎才之所不逮。有荟蔚之主，则必亲荟蔚之臣，才相近而弗论其情也。察魏征之妩媚，念褚遂良之依人，匪太宗才有大过人者，征与遂良亦恶能与荟蔚之子争一朝之饥饱哉？

二

老聃，术而已矣，奚知道哉？其言曰："天道如张弓然，高者抑之，下者亢之"，是以知其以术与天下相持而非道也。君子均其心以均天下，而不忧天下之不均，况天道乎？

鸤鸠之七子，有长者焉，有稚者焉，有壮者焉，有羸者焉，有贪者焉，有俭者焉，有竞者焉，有柔者焉。我知朝从上下而暮从下上，是以其仪一也。我不知强以多求者之抑而啬之，弱以寡求者之亢而丰之也，是以其仪一也。故曰：天无忧，圣人无为，君子无争。屑屑然取百物之高下而轩轾之，而天困矣。营营然取百官之敏钝而宽严之，而王者惫矣。铢铢然取百姓之有余不足而予夺之，而君子棘矣。抑者日下，亢者日高，而又不能不易其道，是天下且均，而开之以不均也。

故哀多益寡者，《谦》也，"谦者，德之柄也"。德之柄虽犹德与，其去术不远矣。操柄以持天下，《谦》虽吉，君子以为忧患之卦也。

三

背霸，非背周也，甚乎其以背周也。故念周者，有奖霸之情焉。宋之霸，曹围焉。晋之霸，曹入焉。然则天下无霸而曹安，曹曷为其思霸邪？

曰：晋、宋之霸，非郇之霸也。感晋、宋而思郇，曹殆为霸感也。

而抑不然，昔者狄灭邢、卫，逼曹之北；楚寇郑、许，逼曹之南；齐桓起，北却狄，南却楚，而曹安于中。舍郇伯，其不能为曹之"阴雨"乎？曹亢宋，宋乃凌之。曹干晋，晋乃寠之。虽郇伯，其能听曹之昵楚而背中夏乎？故曰："四国有王，郇伯劳之。"因乎霸以通于王，未闻即乎楚而求免于霸也。犯霸即楚，为天下戮。犯大难者。必以其身为戮先，曹之君子，能勿忧乎？

力小而犯大，忘本而败群，《比》之上曰"比之无首，凶"，无首而比，比匪人而已。故曰：《曹》之卒章，伤天下之无霸；非无霸也，曹人之欲无之也。

豳风

一

圣人之于其家也，以天下治之，故其道高明；于天下也，以家治之，故其德敦厚。高明者，天之体也；敦厚者，地之用也。故曰：圣人配天地，无私配天，广生配地，圣人之所以为天下王也。故曰："《七月》，陈王业也。"

何言乎以天下治其家？不滞其家之谓也。故得其道则为《家人》之五，曰"王假有家，勿恤吉"，王至其道以有家，六四之富，非其所恤矣。失其道则为《旅》之初，曰"旅琐琐，斯其所取灾"，志幽穷困，琐琐以营之，而不知即此之取灾也。

何言乎以家治天下？不略乎天下之谓也。得其道则为《节》之五，曰："甘节吉，往有尚"，制数立度，阜财以安民，无往而非功也。失其道则为《丰》之上，曰："丰其屋，蔀其家，窥其户，阒其无人，三岁不觌，凶"，高明而简略，翔天际而不近人情，凡民之家，非其家焉；凡民之人，非其人焉，上下不相亲而凶矣。

昔者孔子不得于卫，去而适陈，绝粮于道。陈之去卫，非有千里之遥也，裹粮不宿，馁而不忧，因时而行，死生不惑其志，斯以圣矣。使为天下图者而然也，则为寄生之君矣。昔者大禹受命治水，胼手胝足，经营沟洫，咫尺之土，升勺之水，利无不尽，降躬卑服，忘身求利以勤天下，斯以圣矣。使为家计者而然也，则南亩之鄙夫矣。

故曰：为人君者患不广大，言其容也，非言其泰也；为人臣者患不节俭，言其不僭也，非言其细也。为人臣而细以亲利，则忘乎忠；为人君而泰以废事，则忘乎仁。仁覆天下，而为天下之父母者，其唯密乎！故《易》曰："圣人以此洗心，退藏于密。"吉凶与民同患，去其矜高之志，洗心也；尊而谋卑，贤而谋不肖，藏也；纤细不遗，委曲而致，密也。知密之用者，乃可与民同患而为天下王，故曰："《七月》，陈王业也。"

二

古者兵农合一，谓即农简兵，而无世籍之兵也。昧者勿察，疑古人之兵其农而农其兵。兵其农则无农，农其兵则无兵，乱天下之道也。

夫兵农之不可合，岂人为哉？天秩之矣。秩之云者，殊之以其才也，殊之以其情也。才不堪则败，情不洽则溃。才不堪而情洽之，犹可勉也。情不洽，虽才之堪，弗能为用也。故欲知兵农之不可合，观其情而已矣。欲知古人之不合兵于农，观其求天下之情者而已矣。

《七月》，以劳农也。《东山》，以劳兵也。悦而作之，达其情而通之以所必感，一也，然而已异矣。饮食男女，人之大欲共焉者也，而朴者多得之于饮食，佻者多得之于男女。农朴而兵佻，故劳农以食，而劳兵以色。非劳者之殊之也，欲得其情，不容不殊也。假令以《东山》而劳其农，是，泆农而狂之矣，有勤农焉，必不受也。假令以《七月》而劳其兵，是，窘兵而罢之矣，有悍兵焉，必不受也。如其受与，则必其惰农与其偷兵乎！

故曰情之不洽，虽其才之堪而弗能为用。是故圣人劳之必异其情，惟其情之异而不可强也。情异而才迁，才异而功不相谋。古之人因情以用才，因才以起功。农专而勤，兵专而精，无事富强而天下自竞，道之不易也。故《七月》《东山》有异情，而知兵农之分；《鹿鸣》《四牡》有异道，而知文武之分。岂可强哉！岂可强哉！

三

有识之心而推诸物者焉，有不谋之物相值而生其心者焉。知斯二者，可与言情矣。天地之际，新故之迹，荣落之观，流止之几，欣厌之色，形于吾身以外者，化也；生于吾身以内者，心也；相值而相取，一俯一仰之际，几与为通，而浡然兴矣。"有敦瓜苦，烝在栗薪。自我不见，于今三年。"俯仰之间，几必通也，天化人心之所为绍也。

四

不毗于忧乐者，可与通天下之忧乐矣。忧乐之不毗，非其忘忧乐也，然而通天下之志而无蔽以是知忧乐之固无蔽而可为性用，故曰：情者，性之情也。

惟毗于忧，则不通天下之乐；毗我其所忧，则不通天下之所忧。毗于忧，而所忧者乍释，则必毗于乐；毗于乐，又将不通天下之忧；毗于其所乐，抑将不通天下之所乐。故曰："一叶蔽目，不见泰岱；一豆塞耳，不闻雷霆。"言毗也。

圣人者，耳目启而性情贞，情挚而不滞，己与物交存而不忘，一无蔽焉，《东山》之所以通人之情也。周公之徂东山也，其忧也切矣；自东而归，其乐也大矣。忧之切则专以忧，乐之大则湛于乐。夫苟忧之专，乐之湛，所忧之外，举不见忧，而矧其见乐？所乐之外，举不见乐，而矧其见忧？独宿之悲，结缡之喜，夫何足以当公之忧乐，而为乐不忘邪？忧之切，乐之大，而不废天下不屑尔之忧乐，于以见公裕于忧乐而旁通无蔽也。

且圣人者，非独能裕于情也，其裕于情者裕于理也。吾之所急，恶知天下之不见缓焉？吾之所缓，恶知天下之不见急焉？吾之所急，固非天下之所急者焉。吾之所缓，固非天下之所缓者焉。谓宗社大而行旅之劳细，谓君臣兄弟之故大而夫妇之情私，然则率天下以生死于君子之一情而尚不足厌也，则亦理之所固不可矣。故曰：不裕于理，未有能通天下之志者也。

当忧而生死不易其心，然后能博以忧；忧释而功名不艳其志，然后能推以乐。其忧乐以理，斯不废天下之理。其释忧以即乐也，无凝滞之情，斯不废天下之情。诵《东山》之诗，若未尝有流言之惧、风雷之迎也，斯以为周公矣乎！

五

居高而不倾，涉险而不危，其唯无疑者乎！疑者，召疑者也。以其独疑，而犯天下之疑，疑之数不敌矣。数不敌则力不胜，力不胜则情不定，情不定则先自倾而自危也。人情归我而疑之也，必辞之。辞之已甚，则归之者不得其故而益坚。将必终辞之与，人亦将无故而生其失归之情，而我无以自白其心之坦夷。坦夷之心不白于天下，是将示天下以险也。故郭子仪之得全其功名，幸也。何也？避故也。东征之士，周公哀之，而不以拾人心为嫌。衮衣之归，东人怀之，而不以得人心为诧。承流言之余，居嫌疑之位，恩结于三军，而众戴之以父母，举无疑焉。然则天下亦安有足避者乎？

虽然，抑非霍光、寇准之所能与也。君子之不疑者，退不为斤斤之智，而进不为冥冥之度也。光、准之无疑，冥冥已尔。冥冥者，不审于道之谓也。悍妻骄子之不惩，服御游宴之不节，虽歉焉而不为天下之所疑者，亦未有能免者也。以道为度，则坦而不冥；以道为智，则知而不猜。圣人行于忧乐之途而免于咎，无他，道而已矣。

六

"狼跋其胡"，不能退也。"载疐其尾"，不能遂也。不能退，不能遂，身不可恃，而世不可知，虽非周公，亦末能如之何也。不能退，不能遂，智无与择，仁无与敦，虽周公亦末能如之何也。末能如之何而姑安之，俟命之至而不丧其度，斯足以为圣人矣乎！

虽然，俟命之至而姑安焉者，必其无可与遂，而后可不遂也；必其无可与退，而后可不退也。遂之可有功，退之固有名，而不惧以为定，不虑以为静，抑其情，制其容色，以为不测；镇静之术，东晋诸人以之陆沉天下而不恤，又恶足与谋身世哉！

　　《诗广传》卷二终

诗广传卷三

小雅

一

知《丁茷》《有杕之杜》之异于《鹿鸣》者，而后可与言君子之情也。"彼姝者子，何以告之"，是操券之求也。"彼君子兮，噬肯适我"，是奔名之邀也。逮《鹿鸣》之三章，而后知君子之情陶以天矣。陶以天者，其先之也不以名，其后之也不以实。故曰："相视而笑，莫逆于心。"彼为子桑氏之交者且然，况君子乎？"人之好我，示我周行"，感其已示，而不希其所未示也。"君子是则是效"，固然其则效之，而不但遥企以一当也。呜呼！斯所以为君子之情与！故曰："吾未见好德如好色者也。"《关雎》之钟鼓琴瑟，《鹿鸣》之笙瑟簧琴，"以友""以乐""以敖"，莫知其所以然，而自不容已。以此好德，非性其情者，孰能此哉？

二

曰资君之禄以养其亲，故致亲之身以事其君，孰为此言？殆非知道者与！夫养者，子事也，非事亲之事也。以养为亲之事，则将以养为亲所待于我之事，是谓其亲以需养为心而以事之也。君子事道，小人事养。故为人子者，苟以养为己之事，而不敢谓亲之我需。惟然，则亦恶敢以亲之身致之以报养乎？致其身以报养，抑将贸其身以求养。为人亲者，抑将贸其子以资养乎？

身者，亲之身也。守亲之身者，事亲之事而已矣。亲与我胥生于天地之间，无所逃于君臣之义，一也。故曰："事君不忠，非孝也"；"战陈无勇。非孝也。"亲事其事而有余，于我成之；亲事其事而不足，于我补之。成其有余，故曰"尔尚式时周公之猷训"；补其不足，故曰"尔尚盖前人之愆"。呜呼！"我日斯迈，而月斯征，夙兴夜寐，无忝尔所生"，亦惟艰哉！讵曰以其鼎食，易其菽水，亲心慰而我事毕邪？

"王事靡盬，不遑将父"；"王事靡盬，不遑将母"；《四牡》之以劝忠也，即以为劝孝也。先王不忍以需养之心劳人之子，人子而以需养之心上承其亲，亦异乎先王之所求矣。

三

元化无悁急之施，君子无连切之求，然而万物之才尽，天下之情输焉，非知道者弗能与也。《易》曰："雷雨之动满盈，宜建侯而不宁。"建侯而犹不宁者，驱动之报也。不宁而建侯以宁之，不动以己而后济天下之险也。故以悁急而尽天下之才，则天下之才疑以沮；以悁急而尽天下之情，则天下之情躁以薄。非知道者而以求益于天下，益天下以险而已矣。风之晅，日之和，雨之湆，百昌乃以辉其荣华而不吝。仪之润，度之温，相感之微，群心乃以劝于酬酢而不疑。故君子观于春，而知雷雨之盈，可乍而不可频也。

"骁骁征夫，每怀靡及。"虽靡及焉，无终于连切以求天下也。"六辔如濡"，润也；"如丝"，微也；"其沃"，畅也；"其均"，和也。周爱以咨，而尽天下之才情，悁急之情平矣。

四

能为兄弟之间者，非友生也。实沈、台骀之变，袁谭、袁尚、萧绎、萧纪之构，贞人挚士固尝涕洟道之而不可挽矣。衅隙之成，妻子惑之，仆妾挑之者，不可胜道。《棠棣》之诗，颉颃于兄弟友生之间而酌其丰杀，不以妒妻、逆子、黠仆、煽妾之谗毁为忧，而归咎于友生，何也？弗豫拟于不肖之途，而授以可任之咎，君子词也。

申生曰："君非姬氏，居不安，食不饱。我辞，姬必有罪。"然且仅为共世子而不足以孝，奚况斥其私昵之蛊，移过以自旌，而激其不相下之势哉！故曰："《诗》可以群，可以怨。"唯其为君子词也。

五

古之为道也，有恒贵。有恒贵，斯有恒尊矣。有恒尊，斯有恒亲矣。有恒亲，斯有恒学矣。有恒学，斯有恒友矣。类之以为尊也，尊之以为亲也，合之以为学也，学焉以为友也，故友而三善备焉。学以尚贤，尊以尚秩，亲以尚爱，讲习居游之中，人纪备矣。尊所不足，以学匡之。亲所不足，以学惇之。学所不足，以尊亲劝之。国无异教，士无旷心，矗求师而荣友善者，不舍其族姓姻党而得之学，不劳而教一。呜呼，盛矣！故封建者，井田之推也；学校者，封建之绪也。道参三而致一，故曰"一以贯之也。"

"既有肥羜，以速诸父"，族姓之友也。"既有肥牡，以速诸舅"，姻党之友也。君子无道广之交，野人无越疆之好，傲诡佻荡之士不登于丽泽，然则虽有庄、惠、綦、游之清狂，仪、秦、睢、泽之谲忮，亦恶足以立朋党而启异同哉！政圮于国，教衰于学；教衰于上，友散于下。邹、鲁之群居，圣贤之弗获已也。

六

圣人之于物也，登其材，不奖其质，是故人纪立焉；于人也，用其质，必益以文，是故皇极建焉。材者，非可以为质也；质者，非可以为文也。"民之质矣，日用饮食"，苟异于物而人纪立矣。君子之以审人道而建极者，不在是也。

草木禽兽之有材，疑足以为质矣，而未足以为质者，资于天而不能自用也。故天均之以生，而殊之以用。野人之有质，疑亦有其文，而未足以为文者，安于用而不足与几也。故圣人善成其用，而不因其几。生，天也；质，人也；文，所以圣者也。禁于未发之谓豫，节于欲流之谓和，审微以定命之谓神，变化以保和之谓化，即事而精义之谓圣。故圣人之道，因民之质而益焉者，莫大乎文。文者，圣人之所有为也。天无为，物无为，野人安于为而不能为。高之不敢妄跻于天，卑之不欲取法于野人，下之不忍并生于草木，而后皇极建焉。皇极建于上，而后人纪修于下，物莫能干焉。至哉其为文乎！

故曰："日用饮食，民之质也。"君子之所善成，不因焉者也。因其自然之几而无为焉，则将以运水搬柴之质，为神通妙用之几，禽其人，圣其草木，而人纪灭矣。是以君子慎言质，而重言文也。

七

论御夷者曰："周得中策，汉得下策"，是周、汉各有一成之策也，我有以知其未知策也。"我戍未定，靡使归聘"，守也；"岂敢定居，一月三捷"，战也。夫御夷者，诚不可挑之以战，而恧于战以言守，则守之心先脆矣；诚不可恧焉以守，而略于守以言战，则战之力先枵矣；抑以战为守，以守为战，而无固情也。

故善御夷者，知时而已矣。时战则战，时守则守。时战，则欺之而不为不信，殄之而不为不仁，夺之而不为不义。时守，则几若可乘，不乘而不为不智；力若可用，不用而不为不勇。《采薇》之诗，迭言战守而无成命，斯可以为御夷之上策矣。责汉武之亟战，犹夫责汉高之不战。殆夫！救焚拯溺，而为之章程也与！

八

往戍，悲也；来归，愉也。往而咏杨柳之依依，来而叹雨雪之霏霏。善用其情者，不敛天物之荣凋，以益己之悲愉而已矣。夫物其何定哉？当吾之悲，有迎吾以悲者焉；当吾之愉，有迎吾以愉者焉；浅人以其褊衷而捷于相取也。当吾之悲，有未尝不可愉者焉；当吾之愉，有未尝不可悲者焉；目营于一方者之所不见也。

故吾以知不穷于情者之言矣：其悲也，不失物之可愉者焉，虽然，不失悲也；其愉也，不失物之可悲者焉，虽然，不失愉也。导天下以广心，而不奔注于一情之发，是以其思不困，其言不穷，而天下之人心和平矣。言悲则悴以激，言愉则华以惽，元稹、白居易之一率天下于褊促，宜夫杜牧之欲施之以刑也。

九

征妇闺中之怨，怨之私者也。盛世之音无怨，而录征妇之怨，被管弦以奏之庙廷，何取乎？曰：斯以为盛世之音也。盛世之怨，舍此而无怨焉耳。故《南》之有《卷耳》《殷雷》也，《雅》之有《出车》《杕杜》也；《鸿雁》作，求为此诗而不得矣。

是故忠臣之忧乱，孝子之忧离，信友之忧谗，愿民之忧死，均理之贞者也，而不敌思妇房闼之情。下直者，其上必枉。议论多者，其国必倾；非议论之倾之也，致其议论者之失道，而君子亦相为悁急，则国家之舒气尽矣。怨者，阴事也。阴之事：与情相当，不与性相得；与欲相用，不与理相成；与女相宜，不与男相称。移情之动于性，移欲之几于理，移妇人之怀于君子，则阳为阴用，而国恶得不倾乎！

故天地之间，幽昵之情未有属，而早已充矣；触蟫而发，发乎此而竭乎彼矣。先王知其然，顺以开其蟫于男女之际，而重塞之君臣、父子、朋友之间，乃以保舒气之和平。舒气之和平保，则刚气之庄栗亦遂矣。先王调燮之功，微矣哉！故知阴阳、性情、男女、悲愉、治乱之理者，而后可与之言《诗》也。

十

曰"衣食足而后廉耻兴，财物阜而后礼乐作"，是执末以求其本也。执末以求其本，非即忘本也，而遗本趋末者托焉。故曰："衣食足而后廉耻兴，财物阜而后礼乐作"，管商之托辞也。

夫末者，以资本之用者也，而非待末而后有本也。待其足而后有廉耻，持其阜而后有礼乐，则先乎此者无有矣。无有之，始且置之，可以得利者无不为也，于是廉耻刓而礼乐之实丧。迨乎财利荡其心，惛淫骄辟，乃欲反之于道，犹解巨舰之维于三峡，资一楫以持之而使上，末由得已。

且夫廉耻刓而欲知足，礼乐之实丧而欲知阜，天地之大，山海之富，未有能厌鞠人之欲者矣。故有余不足，无一成之准，而其数亦因之。见为余，未有余也，然而用之而果有余矣。见其不足，则不足矣，及其用之而果不足矣。官天地，府山海，而以天下为家者，固异于持赢之贾，积粟之农，愈见不足而后足也。通四海以为计，一公私以为藏，彻彼此以为会。消息之者，道也；劝天下以丰者，和也；养衣食之源者，义也；司财物之生者，仁也。仁不至，义不立，和不浃，道不备，操足之心而不足，操不足之心而愈不足矣。奚以知其然也？竞天下以渔猎之情，而物无以长也。

由此言之：先王以裕民之衣食，必以廉耻之心裕之；以调国之财用，必以礼乐之情调之；其异于管、商之末说，亦辨矣。故舜之歌曰："南风之时兮，可以阜吾民之财兮。"暄豫春容而节之以其候，人相天以动而不自知，斯《南风》之所以阜也。故《鱼丽》之多也，嘉焉耳；其旨也，偕焉耳；其有也，时焉耳。呜呼！此先王之以廉耻礼乐之情，为生物理财之本也。奚待物之盛多而后有备礼之心哉？

十一

万物之交，必以其气相致也，必以其情相摄也，必以其物相求也，故有嘉鱼而后罩汕集，维其物也；有樛木而后甘瓠累，维其气也；有良荫而后翩雏来，维其情也。君子之酒不妄施，嘉宾之燕不妄受也。猗与！人道得万物之良，惟斯而已矣。

或不揣而广之，曰均生也而气无异，均气也而情无殊，均情也而物无择，天地与我同根，万物与我共命，上可交天帝，下可以偕乞人，然后其慈圆，其悲弘，其喜广，其舍博，行于异类而无碍也。悲夫！吾知其施罟于蛙黾之洼，引蔓于童山之麓，翔集于恶木之丛也。

十二

三代而下，有爱天子者乎，吾不得而见之矣。汲黯之诚，情未浃也；魏征之媚，机未忘也。天子曰："从吾游者，吾能尊显之"，是附其所自显者而已矣。士曰："吾幼之所学者，待君以行也"，是依其所与行者而已矣。君子曰："臣之于君，无所逃于天地之间者也"，是犹其不可逃者而已矣。

然则三代之臣，胡为其爱天子邪？露之降也，无所择于萧，无所择于非萧也，淡然相遇而不释，而已厚矣。萧之于露也，无所得于露，无所失于露也，感于相即而已浃矣。故古之君臣犹是也。诸侯之于其国，自君其人，自有其士矣。非甚有罪，天子不得而夺之；非大有功，天子不得而进之。不得而夺之，则忘乎畏；不得而进之，则忘乎求。进无所求，退无所畏，道不待之以行，功不待之以立，位不待之以崇，行其所无事，而笑语相存，燕乐相友，但以适其相交之情。故曰："既见君子，我心写兮。"夫孰不有笑语燕乐之情而思写，而先王之于其臣，仅用此焉，则和乐之无畛亦固然矣。

故以分义言君臣者，未足与言仁也。古之君臣，如父子焉，如朋友焉，如思妇之于其君子焉，无求焉耳。诚无求也，何所望而不慰，何所挟而相疑？则又恶论其可逃与否哉？呜呼！羁士孤臣，七尺之身，乐与草木同腐，而欲与刀锯相亲，弥年殚世而不释君于怀者，其即此《蓼萧》之情乎！非有所求而非有所畏也。

十三

豫，人道之大者也。舜之事亲，瞽瞍底豫，豫而已矣。《豫》之四曰："勿疑，朋盍簪。"盍其簪而天下不相叛，人亲其类而禽心息矣。呜呼！父子之能豫者，吾见亦鲜矣，况君臣之际乎？豫则挚，挚则之生死而不忘。有《蓼萧》《湛露》之乐，而后有《黍离》之哀；有《黍离》之哀，而后知《蓼萧》《湛露》之乐也。故唯其有诚豫也，而后有诚戚。

三代而下，诚戚者有矣，未尝闻其有诚豫也。上弃礼而下犹未丧其情，然而微矣。屈平、刘向犹宗臣也。颜见远非大臣矣。郑思肖、谢翱非臣矣。东湖樵夫非士矣。疏者戚，而戚者之疏可知矣。诚戚之屡降而濒亡也。诚豫亡而君道毁，诚戚亡而臣道灭。人固不亲其类而禽气通，吾恶足以知其终哉！

十四

古之求贤也迫，而期于贤也缓；期之缓，故贤得以抒其道。后之求贤也缓，而期于贤也迫；期之迫，故回遹得以徼功，而贤皆隐矣。

夫贤犹粟也，不得食则馁，馁则求之也弗能一日待也。食之而充然，则意亦歆然矣，歆然之情，即在于充然之顷，而不计其余功；然而荣已滋，卫已实，耳聪目明，手捷口便，而莫匪其功。相养以终身，而无一旦之腴泽，是元气之徐盈而不觉者也。故古之求贤者，情注于相见之有日，而意得于相见之一日。"既见君子，我心则休"，此之谓也。求贤而得之，得之而相乐以有仪，则其心自此畅矣。过此以往，德者以德，道者以道，功者以功，言者以言，皆其所未尝计也。

若其施之以礼，责之以德；施之以秩，责之以道；施之以职，责之以功；施之以禄，责之以言，则是窃天之荣宠而以贸人之才也。贸人者，得其可贸之人而已矣。于是而范雎、蔡泽、娄敬、马周之流，辄以其小辨而试人之国。试之而得，功名已陋，况乎其试而不得，则公孙强、主父偃、郑注乱亡之徒进矣。

故与其期之也迫，不如其无求之也。李沆曰："吾不用梅询，曾致尧以报国"，谓其徼功之迫也。未至于《菁莪》之化者，守沆之道，犹无失也。

十五

名与实，非易兼而有者也。集天下之大功，敛天下之誉望，匪周公弗胜，然且召公疑之。疑之者，思以保周公之功也。故集天下之大功者，恒辞天下之誉望。《易》曰："地中有水，师，君子以容民畜众。"师者，将帅之道也。容畜者，无所择于清浊，而不必誉望之归。故阃外之臣不闻清议，独行之士不列帷幕，非徒以消盈而崇谦也。香不同薰，花与麝忤；味不同甘，蜜与葱违。阃外之臣，独行之士，各从其类而定，互相为用而杂矣。

呜呼！收疆场之功者，而必欲致独行之誉望以为名，知其必薄于功矣，抑知其未有得于名矣。是故王者以功使功，以名使名，养功于笃厚，而植名于清素，亦各从其类也已。吉甫振旅，而借誉望于独行之张仲，举名实而两获之以为荣，后世功名之士以浮名陨获也，自此始矣。祭遵之以雅歌殪也，沉攸之以长吟覆也，岳飞之交游题咏以益奸臣之忌也。移倜武之志于素流，恶足以终其事哉！

君子立公论于廷，而武人参之，大臣捍社稷于外，而一介之士持之，元老载震主之威，而借清流之重以揽大名而收之：皆非国之福也。为人臣者弗戒，而歌咏以助其声光，宣王中兴之不永，概可知已。

十六

《传》曰："兵不戢，将自焚。"戢者，有戢事，无戢势也。量其不可胜，无如姑俟之，量其不必胜，无如姑已之，戢也。弗俟，弗已，不可胜，然后慑以沮；不必胜，然后无据以返；非戢也。

飞隼戾天，而天终不可戾，然后"亦集爰止"焉，何止之晚也！方进而退，其退必惊；挟退心以进，其进必疑。故曰："置之死地而后生，置之亡地而后存。"豫立一可生可存之地，而姑试之死亡之中，其得死亡者什八九矣。故君子之于兵，甚恶其为隼也。

其静也如山，其动也如川。当其如山而天下畏，当其如川而天下苏。畏之者，义也，藏义于仁也；苏之者，仁也，成仁于义也。故曰仁义之师也。欻然而飞，无所获而止，周为飞隼，楚且为罻罗以待其穷，何怪乎熊通之王也？

十七

恩天下者先近，而远者待之，知其力有余而且见逮也；威天下者先远，而近者惮之，知其力非不足而姑矜我也。故虽有寇贼，不先夷狄；虽有叛臣，不先寇贼；征远之兵，先北后南，讨寇之师，先四方后畿辅，序也。刘裕终广固之役，建业虽虚，甫旋兵而卢循即溃，知序故尔。况其中之未虚者乎！故仁者，亲内者也，内亲而外望恩，外亲而内先怨矣；义者震外者也，外震而内知威，内震而外犹亿其中之未宁也。故伐猃狁而蛮荆威。藉伐蛮荆，蹙蛮荆，覆蛮荆，猃狁视之，犹剑首之一咉耳。

且夫叛臣之叛，恒因乎寇贼；寇贼之起，恒因乎夷狄。为所因者，肺腑之积炅也。因之者，肤肉之暴疡也。夺其本，坐消其末，兵刑加于异域，而宇内弭其逆心，人纪顺，王道立矣。为所因者，情无可原，众乱皆其乱也。因之者，恶有自陷，乱弭则自弭者也。不先以威，君子之所以自反也。君子之自反，施之叛臣，施之寇贼，而不施之夷狄。施自反于夷狄，而深求之内寇，殆夫！屠子之制于悍仆而日挞其童竖，童竖已长而愈不可制，乃以成乎悍而毁其家。愚者且曰：毁我家者，果童竖也，惜乎昔之挞之未力也。垂危亡而迷其序，不已哀乎！汉武帝之恚也，挟南粤王首以骄匈奴，匈奴何知有南粤哉！浸令知之，愈知汉之所威者，止此而已。故曰："薄伐猃狁，蛮荆来威"，庶几知序者与！

齐桓收孤竹之绩，而取陉亭之成；唐昭修晋阳之愤，而贻汴梁之篡。南北殊地，文武殊用，夷夏殊伦，张弛殊权，仁义殊施。有天下者，敛民之粟，疲民之力，贸民之死，亦致之塞北，以为民争人禽之界而可矣。犹夫仁人之恩致厚于九族，而天下不得议其私也。

十八

善忧者以心，不善忧者以声。忧以心者其情固，《定之方中》是已。

熠于狄而若忘其灭，野处不宁而若忘其徙，油然生其新心而弗纠缪侂傺以损其神，则情自此劝矣。忧以声者其志荡，《鸿雁》是已。昔之"哀鸣"而今犹为之"哀鸣"也，是以时不可"宣骄"而犹见乎"宣骄"也，吾不能保其骄之不宣矣。惩大贫者生大吝，怨大劳者思大逸。志乎大逸而将之以大吝，其为骄也奚辞焉！已骄而不自知，辞骄之名而相竞，则父子、昆弟、姻娅、友朋，交自谓哲而谓人愚，和平之道丧，而忮害之事起矣。

呜呼！丧乱未终，将来不保，舍其永怀而为痛定之骄，若长夏修途，渴以赴泉，而争其瓶绠，瓶不赢而泉不泐者，鲜矣。故《多方》之诰曰："自作不和，尔惟和哉！尔室不睦，尔惟和哉！"周公以是知殷人之不足兴也。和以劝，其声不傲；忘怨以趋新，其声不弃；卫之所以"终焉允臧"也。竞于室者，忘于户，戚戚于故悲者，失当前之虑，周之民其欲究安此宅也，不亦难乎！易世而割，再世而迁，有先券矣。

十九

习于粒食，不知粒食之甘也；习于平世，不知平世之乐也；习于治朝，不知治朝之盛也。有所不足，而后知其不易焉。虽然，其知之也，亦仅矣哉！依其燎，闻其鸾，观其旗，出乎乱余而影为之静，心为之苏也。厉王流彘以前，百尔君子知此之为美，而胡弗兢以保之？宣王千亩之后，百尔君子勿忘此一旦也，周至今而不亡也可矣。得之也不易，甘之也不迷。心已苏，虑已释，小功，小名，小利之情蓦然复生，而不忆其始，则此一旦者，遂为千古不易之一旦也，悲夫！

二十

不能保我友敬而"谗言不兴"也，庶几乎谗言兴而我友勿忘敬也，则庶几乎我友敬而谗言不足以兴矣。公道明，斯君子之敬行焉；小人张，斯君子之敬立焉。君子之敬也，以立也，非但以行也。"谗言其兴"乎，勿问可矣。范滂惩心于三木，而不忍迪子以善，胡为其自恕也？故君子于世而忧谗，则必己而谋敬；于己而谋敬，则不于世而忧谗。

且夫谗之所自兴，无一有不可自恕者存乎？甘陵无争权之实，则甫、览之蜇不张；文饶无大戎之饵，则吉、闵之机不发；文及甫之狂书不逞，则章、蔡之罗织无资；汪文言之招揽不宣，则崔、魏之虔刘无据。故君子之敬也，敬謦笑焉，敬笔舌焉，敬衣履豆觞之节焉，敬姻亚交游之间焉，敬书佣、弈客、驺人、童子之出入焉，乃以无忧于谗。吉凶之故，通塞之机，生死之枢，宗社生民之祸福，咸由此焉。可勿慎哉！可勿慎哉！

二十一

"鱼潜在渊，或在于渚"，时也；"鱼在于渚，或潜在渊"，亦时也。夫天下之万变，时而已矣；君子之贞一，时而已矣。变以万，与变俱万而要之以时，故曰："随时之义大矣哉！"大无不括，斯一也。

时之变，不可知也。欲知其不可知，意者其游情以测之乎？君子所恶于测道者，无有甚于游者也。老子曰："反者道之动"，游也。于其在渊，而测其于渚；于其于渚，而测其在渊也。庄周曰："缘督以为经"，游也。不迎之渊，则不失之渚；不随之渚，则不失之渊也。呜呼！与道俱动，则岂有能及道者哉！逐道俱动，而恒蹑其末尘，亦穷年而未窥道之际矣。

故君子之时，君子之一也。"学以聚之，问以辨之，宽以居之，仁以行之"，括天下之变而一之以时，则时乎渊而我得之渊，时乎渚而我得之渚矣。恶乎游而不归，恶乎动而不静哉！是故君子之与道相及也，一者全而万者不迷也；其次，专一而已矣。期之于渊，虽或于渚而不恤也，然而又已潜于渊，则得之也；期之于渚，虽或在渊而不虑也，然而又已在于渚，则得之也。

故伯夷以清为渊，伊尹以任为渚，曾子以忠为渚，仲弓以敬为渊，胥得也。善学孔子者，学四子而已。扬雄、王通游于渊渚之间，遁世而不得也，宜矣夫！尝见求鱼之子，且于渊，夕于渚，方于渚，旋于渊，惑于其所偶在而与之相逐，有不为天下笑者哉？何居乎！聃、周、雄、通之不瘳也！

二十二

王者以天下为家。能举天下而张之乎？不能也。能昵天下而恩之乎？不能也。苟其不能，则虽至仁神武而固不能也。故《涣》者，无私之卦也，而曰："涣王居，无咎。"张之，弛之，恩之，威之，先行自近，涣乎王居，而固非私也。若夫天下，则推焉而已矣。

是故天子爪牙之士，张之以张天下者也。有道之天下，必亲其爪牙之士，恩之威之，咸使无怨，而天下之怨消。爪牙之士呼祁父而怨之，周之不足张而为天下怨，奚辞哉！昔者厉王之亡，非有戎狄寇盗之侵也，非有强侯僭逼之患也，民散焉耳。以天下之主，舍其故都而流死于彘，犹独夫焉，无亦惟是肘腋之不相使而谗言叛中发也？故曰："池之竭矣，不云自频？泉之竭矣，不云自中？"周，泉也，非池也。其中不竭，频无有能涸之者矣。胡宣王之踵其复而不改其辙邪？

《书》曰："迪惟有夏，乃有室大竞。"夏以文德受天下于揖让，必竞其室而后大竞于五服，况商周之以武兴者乎！又奚况夫郡县以还之一人，孤治万方者乎！唐悉天下以为彍骑，而唐乃无彍骑；宋悉天下以为禁军，而宋乃无禁军。恩不能接，威不能罩，万方无所比附，因累而相亲。其无事也如忘，其有事也如惊。即有遄陬疏分之忠臣，方意天子之自有其羽翼而不须己也。而孰知其孑然以居者，星旗豹尾之下，率悠悠名姓不通之佣保乎？故曰：王者家天下。有家也，而后天下家焉，非无家之谓也。

二十三

圣人感人心而天下和平，无过感也。过感者，非但以淫泆敖辟为邪也，恶恶而悁，好善而溢，胥过已。故《鹿鸣》之好贤，不能如《白驹》也。执之固，求之迫，缱绻于须臾，危疑于离合，情为之尽而忠为之竭，举好贤者未有能过之者也，然而衰世之意见矣。上愈远之，下愈迩之；上愈忘之，下愈念之。和平之事，而加之以哀思之情，上有以激之也。呜呼！胥天下之贤豪为张俭死，儿童走卒之无知，而欢呼抃舞于司马之舆前，有激之者矣，而和平之气已无余于人心矣。

二十四

合天下而有君，天下离，则可以无君矣。何也？聚散之势然也。聚故合同而自求其所宗，如枝叶条茎之共为一本也。一池之萍，密茂如一，然而无所奉以宗焉者，生死去留之不相系焉耳。故王者弗急天下之亲己，而急使天下之相亲，君道存也。

士相离，则廷无与协谋；民相离，则野无与协守。悲夫！《黄鸟》《我行其野》之离也。幸夫！《白驹》之犹合也。是以周未失士而失民也。《白驹》之贤者，上无能庸之，抑无能留之。士失矣，而犹未失者，何也？士犹相亲也。此邦之人，不我谷焉；昏姻之党，不我畜焉；则不待叛离于上，而民已萍矣。已为萍，而望其如葵之荫跌也，虽有胶漆之术，系而合之，而死生相迫，恩怨相寻，未有能合之者矣。

故士惟相亲，则弹冠蹑履而亲，挂冠织绚而亲，赭衣刑冠而亲，无之而不亲。上不得有士，而士犹有君也。民惟不相亲，则利害相夺而不亲，患难相共而不亲，分谊吉凶相属而不亲，民不自有其亲，而固不知上之可亲也。

失士者亡，失民者溃。《黄鸟》《我行》之诗作，周之溃也，不可止矣；而靳之乎亡者，士留之也。世臣桀，处士横，杨、墨、庄、惠、申、慎之流，凿智以为道，仪、秦、衍、茂、雎、泽之徒，含蛊以争利，而后其亡为不可瘳。王泽之斩，以失士为极矣。

二十五

老子曰：赤子"终日号而不嗄，和之至也"。夫诚其不嗄也，则何如其无号也？若夫既已号也，则如何其不嗄也？不禁其无故之号，而姑已其嗄，无足以嗄，而号若其未号，触物必感，无心以任喜怒，斯其为道，小人恒用之。

孟子曰："大人者，不失其赤子之心者也"，非谓恃其赤子之心而为大人也。故君子之于小人，皆可使也，皆可化也。有僻才者任其才，而才足用矣；有固恶者革其恶，而善亦固矣。然则孰为不可使而不可化者乎？则惟无心而无恒者乎！彼为婴儿，吾亦与之为婴儿，非老氏之徒不能。故君子无不可任，无不可教，而特无如婴儿何也。

"方茂尔恶，相尔矛矣；既夷既怿，如相酬矣"，是婴儿之喜怒也，是无心之感也，是号而不嘎之情也，而恶乎使之？使之以善，亦且善矣，其善不能自保也。则又恶乎化之？方相尔矛，化之以相酬，而彼固无难相酬也。虽以尧为父，舜为兄，末能如之何矣。故曰："苟无恒心，放僻邪侈无不为已。"善且无不为，而况于恶乎？将欲使之，必为其所惑；将欲化之，必为其所欺。进不可使，退不可化，小人之恶，于斯极矣。乃且曰"和之至也"，老氏之以愚天下而俾失其心，亦酷矣哉！

故曰："性日定，心日生，命日受"，非赤子之任也。赤子者，性含于希微之体，心乘于食色之动，命未凝于物则之充；有喜怒哀乐之发，而无恻隐、羞恶、辞让、是非之定体，盖不保其为矛为酬也，奚其和！

二十六

雪甚于微温，雨淫于午霁。病不起于小苏，愚不瘳于闻言而悦。故古之大有为者，用贤也重，听贤也重，亲贤也重。武王既定天下，乃北而以受丹书于太公，何其不夙也！有浮喜者，有浮怒者也。有遽从者，有遽违者也。贤君甚爱其情，贤士甚爱其君之情，无遽焉耳。

"彼求我则如不我得"，弗亟去之，而尚为之谋，道穷而志挫，宜矣。执君子之"仇仇"而亦不力也，则执小人之不力而亦"仇仇"也。君子愤其不力，而弗屑其"仇仇"，小人利其"仇仇"，而不耻其不力，则小人亲而君子疏，必矣。见几而作，不俟终日，尚奚待哉！

二十七

旨酒酬之，嘉肴将之，遂可以洽邻而云婚姻乎？然而邻洽矣，婚姻云矣，淑人贞士恶得而不独也？夫以饮食燕乐之给而合，以饮食燕乐之不给而离，此琐琐之姻亚，离之以居而未尝不适，淑人贞士胡为其忧邪？

君子之自重而量物宏也：以利连物，物因其利，则君子惧矣；无利以连物，物睽其情，则君子戚矣。彼非必有瓦解之势，犹是可连而合也。失之于干糇，而亏替其情，如之何其弗戚也？此之弗戚，则于陵仲子之馁、陈师道之冻也，君子不忍为矣。

二十八

有道之廷不讳过，过则相惩，相惩以相劝，不以言为耻也；无道之廷不讳恶，暴而不耻，举而委之于口耳，不以耻为耻也。幽王之诗，不讳甚矣：天子之嬖御，斥其姓字，而悬指宗周之灭，号举六卿，目言其艳媚。父不能施之于子者，而臣极道之宫闱而无所避忌，亦绞矣哉！惩之弗惩焉，耻之弗耻焉，进不以其言为改，退不以其言为罪，贞人愈激，淫人愈怙，而生人不昧之心其余无几矣。

呜呼！贞淫者，非相对治者也。烈膏火而投之以水，益其焰而已。然则为《繁霜》《十月》之诗者，其为忠也，不亦过乎！屈原之狷，亟不忍以郑袖、子兰出诸口，君子犹曰原忠而过，矧原之所不忍者哉！

二十九

惟天运大化而不与圣人同忧，故降罚于亡国之君而不恤其民社，降罚于亡国之臣而不恤其情理。"若此无罪，沦胥以铺"，处乱世、罹危祸者之所欲问天也。然而天不以贬其仁爱，行其令焉耳。故曰："莫非命也。"善而不佑，忠而不成，慎而不免。虽然，亦莫非命也。莫非命，则莫非正也。是以圣人处约，天处泰。天不必如圣人之择，圣人不能效天之断。效天之断而无择，自以为圣人而疾入于狂。故圣之法天也以择，贤之法圣也以择，自好者之法贤也以择。择而居其约，不慕其泰。圣希天，贤希圣，自好者希贤，勿求似而后似也。

三十

抱孤心者，无以达其孤鸣，故人可与忘言，而不可与言也。奚以明其然邪？夫人上而有亲，中而有身，下而有其妻、子，能疾抑其情而末之恤乎？曰不能也。上而有亲，将以孝也；中而有身，将以慎也；下而有其妻、子，将以成乎保家室之令名也；能谓其周旋顾恤之非道乎？曰不能也。上违其亲以事君，而忠不见庸；中捐其身以立功，而绩无可效；下忘其妻、子以恤天下，而天下不听；能使之触藩以困，而不废然返乎？曰不能也。履此三不能之势，而与天下争可否，岂曰"匪舌是出"，虽出其舌，块肉而已矣。若夫可与言者，则必不待言也。故曰"不可与言而可与忘言"也。

虽然，岂以其孤鸣之不伸，而可谓无孤心也哉？岂繫无情？情自喻也。岂系无道？道生心也。岂繫无成？毁焉而有其全，亡焉而有其存，与腐草荒烟灭以无余，而有其与日月争光者焉。相与言者不能喻，相与忘言者喻之也。

呜呼！抱孤心而得忘言之和者鲜矣。伯夷不得之于姬、吕，陶潜不得之于雷、周，矧夫谢翱、郑思肖之获落者乎？虽然，苟其有孤心，虽无与忘言者可也。

三十一

不善有自积也，非必疾弃其君亲而乐捐其廉耻也。难亦尝有所不避，"孔棘且殆"，亦其果无所容也。私亦尝有所不恤，"曰予未有室家"，前此所为，固不为室家营也。安其身而后动，定其交而后求，抑岂非敬身之道哉？然而君子甚疾夫有道之可托而遽托之也。托于道以为名，避难恤私以为；避难恤私以为名，而醉饱柔曼、寸丝粒米之保以为实。逮乎此，则虽畋尔田，宅尔宅，安寝行游，不逢恶怒，而亦难挽其弃君亲、捐廉耻之心。

然则"鼠思泣血"以往，揶揄姗笑以归，亦末如之何也已矣。彼将曰吾以敬吾身也，敬吾身，不容不畏也。呜呼！"鼠思泣血"者，可揶揄姗笑以掩其口，天之鉴观，其可掩乎？则可谓知畏者乎？蔑论敬矣。君非其君，亲非其亲，廉刓耻荡，天不为掩，而后不善之行以成。《雨无正》之诗人所为释小人，而疾夫自诩敬身之君子也。

三十二

中夜之所思，及明而欲就之；道路之所听，入门而欲征之；占毕之所得，释卷而遽试之；兴会之所激，触物而求成之；歆利以居心，名义以将之；俄顷之所安，终始以守之；匪己之所能任，委诸人而不量以责之；匪心之必非，不自我而极情以摘之；八者十无一成，而百有千偾，天下之为谋不出于此者鲜矣。"我视谋犹，亦孔之邛"，为是也。

三十三

欲寡其过，则唯恐日月之不迁也；欲集其善，则唯恐日月之不延也。为《小宛》者，悼岸狱之不免，庶几寡过而以令终乎！"我日斯迈，而月斯征"，胡为乎若将挽衰乱而留之与？竹柏不怨凛冬而欲其徂，君子不戚贱贫而冀以死谢之，道存焉耳。人之迫我以险阻也，可以贞胜者也。天之俾我以日月也，不以险阻而贱者也。天自有其宝命，吾自有其恒化，无可为而无不可为：所爱非死，而不以死为息肩之日；道无所不盈，耳目心思无乎其不可用。故曰："君子爱日。"岸狱之日而不丧其可爱，况其他乎？如《小宛》者，而后君子作圣之功得矣，不仅以寡过而免于祸也。

三十四

"无可奈何而安之若命"，不知其为义也。故夏台，汤之义也；羑里，文王之义也；流言，周公之义也；陈蔡，孔子之义也；君子不谓命矣。"惠迪吉，从逆凶。"惠迪而宜吉，从逆而宜凶，向威大明之天下，义从乎此，天之所宜，人莫能而不宜之矣。

"哀我填寡，宜岸宜狱。"填寡而宜岸，填寡而宜狱，智力相取之天下，义出乎此，人以为宜，未尝非天之宜矣。当世之所宜，吾必有宜焉者。义在死乎！义在亡乎！义在集木临谷以全名而安身乎！苟不以岸狱为宜，则将以死之亡之，集木临谷以全名，而安身为非所宜矣。君子之于天下也，犹川之于水也，无乎不受也。不拒其浊而恃有以澄之也。是故安命不如知义，乐天不如尽性。故曰：为《小宛》者，作圣之功也。

三十五

治不道之情，莫必其疾迁于道，能舒焉其几矣。"君子不惠，不舒究之"，不舒而能惠者鲜也。奚以明其然也？情附气，气成动，动而后善恶驰焉。驰而之善，日惠者也；驰而之不善，日逆者也。故待其动而不可挽。动不可挽，调之于早者，其惟气乎！

气之动也，从血则狂，从神则理。故曰"君子有三戒"，戒从血之气也。六腑之气，剽疾之质，速化而成血，挟其至浊而未得清微者以乘化，而疾行于官窍之中。浊，故不能久居而疾；未能清微，故有力而剽。是故阴柔也，而其用常狠。狠非能刚也，迫而已矣。血者，六腑之躁化也。气无质，神无体，固不能与之争胜，挟持以行而受其躁化，则天地清微之用隐矣。清微之用隐，则不能以舒；重浊之发鸷，则触于物而攻取之也迫。其能舒也，则其喜也平，其怒也理，虽或不惠，末之狠矣。其不能舒而迫也，则其喜也盈，其怒也愤，狠于一发，未有能惠者也。末之能惠；而欲迁以之惠，清刚之不胜久矣。是故欲治不道之情者，莫若以舒也。舒者，所以沮其血之躁化，而俾气畅其清微，以与神相邂逅者也。

古之君子，食不极味，目不极色，耳不极声，居不极安，大阴之产不尽其用，六府之调不登其剽疾，弱其形，微其气，迓其神，勿益其阴，所以豫养其舒也。圣狂之效，早决于此矣。不道者之故未有此也，逮乎其方狠而姑舒之，犹有瘳焉。其亦端本清源之治与！亟而以道争之，抑末矣。

三十六

持威福之柄而淫用之，抑岂其心之所欲哉？无故而爵人，贿也；无故而刑人，妒也。至于天子崇高富贵，无可妒而贿不能歆，则亦无所利而淫用其威福。故使天子而能自操其威福，虽幽、厉，不当者鲜矣。"君子如怒，乱庶遄沮"，不忧其淫于威也。"君子如祉，乱庶遄已"，不忧其淫于福也。

无道之君为天下毒，以其威福从人而已矣。媚之以小，窃之以大，捐己而殉匪人之欲，抚心而未有据，举祖宗熏沐之体，偿贪人衣履豆觞之资，非其祉也；剖贤士之心，椓贞人之体，为潜人专威窃柄之谋，非其怒也。呜呼！生不道之世，欲以其生死贵贱，听幽、厉乍然之喜怒而不得，仅寄命于微烜之鄙夫，斯有心者所为牢愁而不释也，而周之亡速矣。

三十七

王以之衰，霸以之兴，后世以之崛起为天下君。世愈降，道愈偷，生其间者愈蹙矣。周室乱，王化不行，忠厚之泽斩，《谷风》之刺兴焉。"将恐将惧，维予与女；将安将乐，女转弃予"；而上下离，臣友散，周室不可为矣。晋文以之，而渡河弃秦，舅犯测之，临河而辞，然而霸矣，而犹未足以王也；汉高以之，醢越菹信，系何于请室，张良测之，绝谷而逃，然而终为天下君，传祀四百。

呜呼！自是以降，晨加膝，夕推渊，无不为已；利在则仇亲，利去则亲仇，无不用已。唐未定四海，而刘文静亟诛；宋未一九州，而石守信早废；待狡兔之死而烹走狗，抑成虚语，图之惟恐不先。岂繄谷风？其为飘风乎！尽心以事人者，游罦之縠中而不保其旦晚，悲夫！

三十八

世无足与言情，大德而不为怨者鲜矣。虽然，抑何伤君子之厚哉？导长者于迷，先之矣；拯溺者于渊，捽之矣；调病者于食，损之矣。先而不为不悌，捽而不为不仁，损而不为不惠，君子之通德也；先之而忿其傲，捽之而忌其凌，损之而怼其吝，小人之遽情也。弗获已而听焉，时过事已，强傲贪饕之无所抑，芽苗而生，枝蔓而引，怨之相寻，名义不能裁，鬼神不能惩矣。君子奚不早计而酌于施以减怨乎？其弗早计也，以君子为愚可也。以德自尽，以愚料人，"无可奈何而安之若命"。君子之于小人，乐吾天焉耳矣。《谷风》之怨，可以勿恤矣。

三十九

瓶罍一酒也，挹注焉尔；父子一生也，继成焉尔。善言父母之德者，不敢侈而他言之，生而已矣。"天地之大德曰生"，凡为德者，莫匹其大。故曰："昊天罔极"，生之谓也。是故知其道而后可行，知其义而后可尽，非事亲之谓也。知事亲之道而后不匮，知事亲之义而后不愚，"节文斯"之谓也。学知之事不给，而困勉之路绝。故曰："欲报之德，昊天罔极"，言无所容其勉也。

乃或曰："学而后知父母之与我为一身"，非知孝者之言也。诚学而后知父母之与我为一身，终漠然其不相为一也。矧此之一者，不假学而固知之？孰能为瓶之所挹，非罍之所注哉？故学者，学其节文而已。若夫子之心，事其亲：无当然也，无道也，无所以然也，无义也；理行焉而非道，性安焉而非义。《传》曰："未有学养子而后嫁者也"，而况于父母乎？

四十

父生之，母鞠之，拊之畜之，长之育之，顾之复之，出入腹之，"地道无成而代有终"，亦尤勤矣。夫人尺寸之肤，皆吾身也，而厚以爱之，则成乎其细人矣，壹致于性而已矣。天施之，地生之。池竭其力以为之造，勤以承天，而以奉天之性，地无成于性也。故曰："天地纲缊，万物化醇，男女构精，万物化生"，言致一也。致一者为天，不以勤于生物为德也。

故母之德罔极也，父之德尤罔极也。道莫贵于一，德莫大于生，生莫尊于性。养不可以优性，诚不可以优生，用勤不可以优致一。古之知礼者，父在而母之服期，崇性以卑养，专生以统成，主一以御众之义也。父之德罔极也，母之德亦罔极也。罔极云者，非怀惠之谓也。父施之，母承之，"无成而代有终"，勤勤乎承阳之施而不怠，是固大有功于父，而德亦与之配矣。

故知礼者，知此而已矣。知礼者，知生者也；知生者，知人道者也；知人道者，知天者也。故曰："思事亲不可以不知人，思知人不可以不知天。"欲报之德，昊天罔极"，详言母恩，而重"父兮生我"以加乎其上，其殆知天者与！

不知此者，怀呴呴之恩以为孝，鄙人而已矣。鄙人之为道，甘食悦色而止。悦色而不知裁，故婚姻之不正，而知有母不知有父。不知有父者，不知谁何而为之父也。甘食而唯养之怀，故专乳哺之恩，而推以厚慈其子。厚慈其子者，宝己之委形而歆其养也。呜呼！君子之道，易知简行，而天下莫能知，人之不禽也无几矣。羯胡主中国而政毁，浮屠流东土而教乱。地天之通，不绝于郊坛，父母之差，弗别于丧祭，阴亢阳穷，养亢性穷，人道之忧，其奚有瘳乎！

四十一（增补）

善取民者，视民之丰，勿视国之急。民之所丰，国虽弗急，取也；虽国之急，民之弗丰，勿取也。不善取民者反是，情奔其所急，而不恤民之非丰：苟非所急，虽民可取，缓也；苟其所急，虽无可取，急也。故知取勿取之数者，乃可与虑民，乃可与虑国，不穷于取矣。顺逆者，理也，理所制者，道也；可否者，事也，事所成者，势也。以其顺成其可，以其逆成其否，理成势者也。循者可则顺，用其否则逆，势成理者也。故善取者之虑民，通乎理矣；其虑国，通乎势矣。

"有馋簋飧，有捄棘匕"，知势之谓也。下之既有余而以奉上，情之所安，义之所正，顺矣。唯下之有余而上乃可取，求之而得，得之而盈，可矣。如是，则虽非国用之所急，储之于缓以待之，将终身而无急之日也。无急之日，乃可不于其空簋而施之以长匕。故善取者无贫国，其虑国者已久矣。如其馋簋而匕不用，唯其所急，则不馋之簋而急试之匕，求之而不得，得之而不盈，势愈迫，情愈躁，将一举以空其簋，而簋空矣。簋空而国固未盈，虽欲勿以其长匕用之空簋之中而不得，是终年猎而终年无禽也。虽有鸷吏以其繁刑驱民之死，民死亡而国入益困。上狠下怨，成乎交逆，此谓以势之否成理之逆，理势交违，而国无与立也。

故善取者达于取之数，而不动乎取之情，以民取而不以国取，取盈而天下不怨；不善取者常息其取之心，而烈用其取之气，听命于用而已莫适主，怨集于天下而取常诎。顺逆之殊，可否之差，其效概可睹矣。两间之物力，足以应一旦非常之求者，恒裕于民之所生。愚者坐视其有馐之日消而不知拾，乃以过时失计，贮空府以待变，猝然事起，竭泽焚林，以动天下之疾憾，死亡于野而瓦解于廷。虽有智者，末如之何也，不亦伤乎！

四十二

为《北山》之诗者，其音复以哀，其节促以乱，其词诬，其情私矣。故音哀者节必乱，节乱者诬上行私而不可止。是以君子甚恶夫音之遽哀而不为之节也。

奚以言其词诬而情私邪？词苟诬而情或私，反诘之而不穷者鲜也。"溥天之下，莫非王土"，则彼犹是践王之土也；"率土之滨，莫非王臣"，则彼犹是为王之臣也。"大夫不均，我从事独贤"，以尔为贤而尔不受，假以溥天率土之臣庶，更取一人而贤之，而又孰受也？可谓端居者之风议无当于国也，不可谓但端居风议而即无当于国也。夫恶知"燕燕居息"者之必有宁寝处乎？故曰："不有居者，谁守社稷？不有行者，谁扞牧圉？"然则将分尔鞅掌以均敷之在廷与？行百里者，未闻使百人而各一里之能至也。抑将使斗粟而百人舂之，必且为尘，而得有全粟乎？

故夫为《北山》之诗者：知己之劳，而不恤人之情；知人之安而妒之，而不顾事之可；诬上行私而不可止，西周之亡不可挽矣。故节其哀者戒其复，饬其乱者惩其促，治其诬者穷其连累之词，革其私者禁其迫切之响。王者以之化民，君子以之自淑，保天下于和平，此物此志焉耳。唐、宋之末流，以诗鸣者，不知其为变雅之淫词而祖述之，曰以起衰也。以哀音乱节而起衰，吾未之前闻！

四十三

天下治，使人乐；天下大治，使人忘其乐。天下乱，使人忧；天下大乱，使人废其忧。废其忧，则其君如已亡之君，其国如已亡之国，而无与救矣。

呜呼！有大车之可将，未有不畏其尘者也。逮乎无大车之可将，求尘之雍而不得也。夫岂人情之无恒哉？废其忧者，命也，求忧而不得者，义也。安其命，不渝其义，道一而已矣。废其忧于必亡之日，抑不已其悲于已亡之后，不已其悲于已亡之后者，固尝废其忧于将亡之日也。命也，如之何哉！

虽然，文信公有云："父母病，知不可瘳，无不药之理"，弗恤尘之雍而必将之，其情有尽焉者乎！

四十四（增补）

"钦钦"，肃也；"同音"，雍也；"不僭"，平也。肃雍以平，和乐之都也，而闻之者忧悲以妯。故嵇康曰："声无哀乐，哀者哀其乐，乐者乐其哀也。哀乐中出，而音不生其心，奚贵音哉？"然而非也。当飨而叹，非谓叹者之亦欢也；临丧而歌，非谓歌者之亦戚也。施衮冕于舆台之身，不能谓衮冕之不足荣也；王公而执铁莝之役，不能谓铁莝之不足辱也。事与物不相称，物与情不相准者多矣，末能如之何，而彼固不为之损。然则"淮水"之乐，其音自乐，听其声者自悲，两无相与，而乐不见功。乐奚害于其心之忧，忧奚害于其乐之和哉！故"钦钦"者自肃，"同音"者自雍，"不僭"者自平。云移日蔽，而疑日之无固明也，非至愚者不能。故君子之贵夫乐也，非贵其中出，贵其外动而生中也。彼嵇康者，坦任其情，而昝于物理之贞胜，恶足以与于斯！

四十五（增补）

丧以哀，不废敬也。哀而忘敬，是野人之情也。祭以敬，不废爱也。敬而忘爱，是祝史之虔也。故质之文之之谓礼，经之纬之之谓文。"主一无适"云者，非谓其举一而废其余也。故曰："善无常主，协于克一。"知爱敬之协者，可与语道矣。

故祭，敬事也，而于旅也语。"礼仪卒度"，敬之谓也；"笑语卒获"，爱之谓也。以其敬将其爱，以其爱延其敬，而后追远之道备。故心无不有焉，无不实焉，无不容焉，礼斯秩焉。彼致其孤心而不协其富有之实，则以礼为前识之华，亦不足怪已。

四十六

"废彻不迟"，无余怀乎？曰：此礼之所为可久也。故曰："简则易从"。易从则可久，可久而贤人之业成矣。君子之祭，非弗欲延其敬慕也，惧夫敬慕之衰，而延之于其余，将惰以归，则是以情归之气事其先也。故夫知弗延之而乃以久焉者，然后可以久；知弗扩之而乃以大焉者，然后可以大；知弗浚之而乃以深焉者，然后可以深。着其往，饰其归，研其几，利其用，止其所而不过，君子之于礼至矣。故曰："被之祁祁，薄言还归"，祁祁以还归，唯不待其祁祁之衰也。故无太过之道而有太过之情。太过之情必成乎不及，则亦恶得有太过之情邪？"废彻不迟"，无不及之谓也。

四十七

正风美俗，定民志，导民性，期于进退而已。进者非强进之也，可进者弗与止之也。可进者止之，既进者退之，民性之泯无余矣。"攸介攸止，烝我髦士"，进也；请学为稼，请学为圃，退也。求士于农而不求士以农，君子之道也。

故农之或可为士，犹兵之或可为农也。兵无节则农之，农有余则士之，导其性也。士之不可为农，犹农之不可为兵也。农其士则无士，兵其农则无农，定其性也。农之可为士，视诸工贾之可为士，其数多也。朴一变而秀，黠一变而后朴。进之难易，风之顺逆也。士之不可为贾，视诸士之不可为农，其辨尤严也。秀迁而朴，其失也固；再迁而黠，其失也狂。退之远近，俗之贞淫也。呜呼！民兵之敝，酷于军屯，许衡劝士大夫为贾之邪说，烈于许行，可弗辨与？

四十八

古者无少寡之妇，夫死而田归，无以养之也。老而无夫曰寡，遗秉滞穗以为利，抑无以养之也。《柏舟》之"靡他"，数千年之间见之《诗》《书》者，一人而已，而固诸侯世子之妃也。故曰：君臣、夫妇、之伦，至秦而定，先王亦有所俟也。夫死而无适，族无与收之，官无与奖之，仆仆然洽秽于南亩，非氂以赢，亦无辨矣；浸氂以赢，亦孔悼矣。然则苟有可适者，无有不移志者也。"心之忧矣，之子无裳"，亦不足为之责矣。

故子曰："其或继周者，虽百世可知也"，知其损益也。登贫寒志义之士女，得与共世子之妃洁其荣光，秦之致彝伦者四，而叙彝伦者一，以此损益《周礼》其可矣。怀清之台筑，夫妇之伦定，廉耻行于闺门。读《大田》之诗，未有不惄然者也。

四十九

因天下之动而成之，则事不废；因天下之静而安之，则民不劳。事集而民安，福禄之盛者矣。为功利之说者曰："成于其动，不如乘于其未动之利也；安其所固静，不如镇之于未静之为有功也。"然则施毕罗于戢翼之时，而不邀鸳鸯于已飞，及其飞而无事焉，亦功利之都矣；而君子弗尚焉者，恶其违天而与福相失也。故曰："天诛造攻自牧宫"，桀弗飞，汤弗毕罗矣。掩项籍之惰归而蹙之于固陵，汉以是德衰于商、周，而福亦替矣。

一动一静者，道也。躁胜寒、静胜热者，机也。一生一杀者，权也。盗天地、盗万物者，贼也。不为天下先，似矣，恶其持天下也；藏器以待时，工矣，恶其有伺之心也。不废其事，不劳其民，仁以涵物而智以见功，然后为君子之道。知君子之道者，可与尊生而不贪，可与应世而不诡。苟非其人，未有宜天之佑者也。

五十

《伐木》不如《頍弁》之相慕也，《关雎》不如《车辖》之倾其赏心也。虽然，乐而淫，哀而伤，其亦征于此矣。《关雎》不言淑女之德，重言德也。《伐木》之不极其情，惟不及情之为忧也。雪霰之悲，若晚日之将昃而不给其欢，其将何以继此乎，不谋也。高山景行之叹，其诸千古之一人与！非太姒孰能当之，而《关雎》不能以信太姒也。

故庙见不可以观妇顺，释菜不可以观士容，践阼之诏令不可以观君德，始夏之苞颖不可以观年丰。慎于言德者，庶乎其德之可成也。恤幼不矜摩顶之仁，悯老不勤日暮之叹，亲亲而恒有愈疏之防，敬贤而恒怀比匪之忧，纳交而恒有凶终之惧。慎于言情者，庶乎其情之不渝也。故《颀弁》《车辖》，非盛世之诗也。

五十一

货导人以黩，虽然，不可以废货也；色湛人以乱，虽然，不可以废色也。酒兴人以迷，无亦可以废酒乎？酒者，害百而利不得十，义不得一者也。弗与禁之，投之不臧之券，而始儆童羖之誓，是决浊河而障之，不已劳哉！禹恶而姑存之，武王诰而弗革之，曰为宾祀也。笾之豆之，簠之簋之，神歆而人宜之，亦奚乎不可！

曰：君子之道，求之己而已矣。求之己者，尽性者也，尽性则至于命矣。货色不好，性之情也。酒之使人好，情之感也。性之情者，性所有也。故曰："天地之大德曰生"，"何以聚人曰财"，仁义之府也。情之感者，性所无也。无之而不损其生。生所无，则固好恶之所未有也。人有需货之理而货应之，人有思色之道而色应之。与生俱兴，则与天地俱始矣。上古之未有酒，而人无感以不动，则是增益之于已生之余，因有酒而始有好矣。虽然，人因感以有好，酒无因而已有于天下，孰为之乎？将无化机之必然者乎？

内生而外成者，性也，流于情而犹性也。外生而内受者，命也，性非有而莫非命也。尽其性，行乎情而贞，以性正情也。尽其性，安其命而不乱，以性顺命也。命则有不齐矣，命则有不令矣。君子之道，齐之以礼而不齐之以天，令之于己而不令之于物。以为期物之令而绝其所不令，则是舍己而求之于物，非反己尽性之道也。纳之于宾祭而约之以礼，齐天物之不齐矣。誓而徼之，行乎不令之途而令之矣。正其性而无忧于命，继天有功而险非其险，阻非其阻矣。故天无择施，君子无择受，莫非命而綦之于正，君子之以事天至矣。

异端之不知此也，瑟瑟焉取天物而择之，择之未精而厚其疑，触于目，值于躬，莫非斧斤之与榛棘，而心亦烦，力亦惫矣。货且疑其伐义，色且疑其伐仁，将不遗余力以芟除之，而况于酒乎？故歌《宾之初筵》于酒座而不失其欢者，可与受命矣。

五十二

将衰而后知盛也，已衰而后知乐也。故促席而知温者，其寒也；登山临水而相依不舍者，其将离也。王者以天下为家，奚必国门之内而后为鱼之藻也？浏连婉娈于固有之居，知其舍是而颁首赪尾之无依也，周之存亦仅矣。旦为《鱼藻》之乐，夕为《黍离》之哀，人心之柔以含怆者，先传之与！

五十三

君子之事君也，鸿豫以为志，危怵以为情。鸿豫以为志，故世虽降，主德虽衰，上下之交虽未孚，而无枉道之从。危怵以为情，故世虽盛，主德虽贤，上下之交虽密以迩，而无憺忘之心也。

"彼交匪纾"，无憺忘之谓也。无憺忘者，非仅其忧时，而戒君矣。有忧时戒君之心而君不予，无实以将之也。将之以实者若之何？其气惕然，其志怊然，合而若离，亲而若不给，进前而不舍，退食而若不得复见。有如此者，乃以信其无憺忘之实也。故君子之事君，殆犹夫事亲。敬者非直敬也，爱而不忍不敬也。故曰："资于事父以事君而敬同。"夫事父之敬，则固异于鬼神宾长之宾宾者矣。

呜呼！以屈原之《骚》，事有为之主，则无患楚之不商、周也。以文宋瑞之死，事图存之主，则无患宋之不康、宣也。《鸱鸮》之怨，其周公之《骚》乎！桐宫之弗获已，伊尹之心，柴市之心也。下此者，时未棘，情亦未与之棘；势未倾，心亦未与之倾。大命已圮，成乎终天之憾，乃始睨虞渊之日，悲号思挽而不得，不亦晚乎？故忠臣介士无疚于天下而自疚其心，惜往日之纡也。

五十四

两目不相竞明，两耳不相竞聪，两手不相竞便，两足不相竞捷，互相忘也。无已，其犹相效也。"此令兄弟，绰绰有裕"，复奚愈乎？天地之广也，万物之富也，名誉禄位、文章事功，能者取之已尔。无已，高于我者犹有人也，贵于我者犹有人也，贤于我者犹有人也。力不足以妒，而远无可与争，气荼精枵，朵颐不厌，就密迩者而愈之，不已贱乎！故受贤者之名而不让，不狂不已，而况乎其受爵也？晋平公之臣心竞，而君子以知晋之衰，弃其丈引，争其尺寸，趋利者所弗为也。君子之行而趋利者之不若，不已必亡，不亡不已矣。

五十五

《菀柳》之诗，奚以辞夫不忠之尤邪？古之诸侯，臣乎天子而不纯乎臣，夫各有所受命矣。五帝以天下让贤者，而诸侯不可以国让，是国重于天下。五帝以来，世为君长者，五帝以来之所启宇也。君薨子嗣，天子改命，侯国无改封，宗庙所托，先祖之所授也。天子者，诸侯之长尔。《菀柳》无可息，而"居以凶矜"，危国家，亡社稷，毁宗佑，堕世守，不容已于惴惴，"无自昵焉"可矣。其在于周，所必昵者，其鲁、晋、郑乎！故三国之不王，而后王迹熄，《春秋》作。《菀柳》之怨，固无大害于人纪也。三代之季世，皆此道也。

呜呼！六合一王，九州一主，当吾世而遇主，以荣身而施及其亲，生之者此君也，成之者此君也，极吾福也，迈吾安也，凶矜吾义也，柳凋于林而就荫于棘，非彼心之无不臻，而事君者之无所不至矣。俾陶潜、司空图无悲悯之心，萧然自适于栗里、王官之下，则其去傅亮、张文蔚之苟容者，能几何哉！

五十六

　　心，恒持者也。耳目，敢新者也。以其心贞其耳目，以其耳目生其心。生心而不忘，于是而不失其恒。得则慰，失则悲，斯亦不必有高世绝俗之志者而能之，凡有心者之所同触而生其悲愉也。有恒视，无恒美色。有恒听，无恒和声。取新而忘其故，而人道绝矣。天下有若无系于得失利害之数，而耳目之不容自昧者，无恒之民忽之矣。得之无所增，失之无所损，故不必利，新不必害，宜乎其为无恒之民之所忽也，则衣服族姓是已。何取乎衣服？暄清而已矣。何取乎族姓？充位有人，婚姻有耦而已矣。裘奚必其黄黄？笠奚必台？缁奚必撮也？色足愉，富贵足居，奚必尹、吉也？夫谁知人道之所绝续在此矣乎？

　　以实治者，仁义是已，非便利也。以名治者，纲维于心，莫之易而人纪定，非徇艳称于口耳之谓也。因其利，徇其艳称，耳目取新而今昨不保。鱼无择于沼，禽无择于林，但无择焉，去禽鱼几何哉！取新之久，习新以为故，角可加于额，尾可曳于尻，淫人贱族可以为姻亲，禽容兽态可以为风俗，行且非是而莫之贵。悲夫！欲歌《都人士》之诗以延人纪于颖光，不可得已。

五十七

　　谈艺者曰："《国风》好色而不淫，《小雅》怨诽而不伤。"好色而不淫，未能谅怨诽之不伤也。怨诽之不伤，则以之好色而淫者，未之有矣。淫者，非谓其志于燕媟之私也，情极于一往，泛荡而不能自戢也。自戢云者，非欲其崖傈戌削以矜其清孤也，流意以自养，有所私而不自溺，托事之所可有，以开其菀结而平之也。能然，则情挚而不滞，气舒而非有所忘，肃然行于忧哀之途而自得。自得而不失，奚淫之有哉？

　　诵《采绿》之诗，其得之矣。幽而不闷，旁行而不迷，方哀而不丧其和，词轻而意至，心有系而不毁其容，可与怨也，可与思也，无所伤，故无所淫也。呜呼！知不伤之乃以不淫者，可以言情矣。孟郊、曹邺之为淫人，谅矣。

五十八

古之营国者，非但城郭沟池、封畛阡陌而已也。城郭沟池以为固，守国之资，而未及于民也。封畛阡陌因天地之产，为民之利，而未及为功于天地也。镇其虚，损其盈，流其恶，取其新，裁成天壤以相民，而后为人君者之道尽。

"原隰既平，泉流既清"，召伯之营谢，夫亦犹行古之道也。故其民肢体得安焉，耳目得旷焉，臭味得和焉，疾眚得远焉。治地以受天之和，迓天以集民之祉。其余者，犹使登高临远之士启其遐心，挐忧拘连之夫平其悁志。鄙吝祛，怨恶忘，而人安其土。

是故古之王者，非遽致民也，畅民之郁，静民之躁，调其血气以善其心思，故民归之而不离。周衰道弛，风烦韵促，督天下于耕战，而人无以受江山云物之和，抱遐心者，宜其去朝市而若惊矣。

五十九

天子失道，以诸侯授大国；诸侯失道，以士授大家。大国有诸侯，而盟会征伐乱矣。大家有士，而政教风俗乱矣。然则君子许之乎？曰：虽欲勿许而不得也。饮食与生也，教诲与成也，舍徒而载之车，尽其才也。苟其生之，则有父母之道焉；苟其成之，则有师之道焉。苟尽其才，则有君之道焉。君子弗能使之终于陷溺而无与依也，授之可矣。天子授之，恶得不授之？《春秋》所以登五霸之功。诸侯授之，恶得不授之？《小雅》所以采《锦蛮》之诗。原人之情而弗获已，虽大乱承之而不能恤矣。五霸衰而七雄并，世卿降而游侠之死交成，亦末如之何也矣。

六十

用物之薄，身安之而不耻，奉之所敬爱而不嫌，其惟广心以用物者乎！名不可歆，用之以实；实不可茹，用之以名。名实两不可得，则旁求其美而用之，于是而天下之物无不可用也。以斯而或用其薄，于己何耻，于人何嫌哉？故瓠叶之幡幡，采之而幡幡矣，烹之而益非幡幡矣。其名菲，其实凉，犹无已而旁求之未采之前，若幡幡者之迎吾目而欲茹之也，亦善用此瓠叶矣。

故用物者广，而后能自广。自广而安，自广而能不失敬爱于人，君子之所以安土而能爱也。既已非所欲矣，而又从而耻之，是重伤己也。焦心颈容，而天地之大，若将逼侧，则将夕授之天下而不厌其心，生人之乐无几矣。既无以厚致之，而又怀嫌以将之，精枵神短，和气中隔，爱由以衰，敬由以弛，不自知也，是重伤人也。畏重伤者心远人以逃咎，君亲皆憎府也，无论朋友矣。故歌"幡幡瓠叶"者，可以处约，可以全恩，殆于仁者乎！

六十一

讫百年之日，就群处之人，天下之事自有以相逮而有余用，其无弃人矣乎！其无弃日矣乎！是亦足以成天下之务矣。天下之务成，而百年之日有余也，群处之人吾徒也，裕于用天下而天下裕，事亦恶乎多阻，人亦恶乎多怨哉？

天下已棼矣，又从而棼之。棼之不胜其劳，乃从而置之。缓急不审，成毁不豫图，手足未至，而先之以叫号，害不知所从来，而旁迁其疑惧，于是而日不给于天，力不给于人，缧棘纷纭，以迄于危亡，而祸恒发于不意，此天下之至不可瘳者也。"不遑他矣"，日不给矣。"何人不将"，人不给矣。促其百年而贫寡其天下，不亡何待哉！

《诗广传》卷三终

诗广传卷四

大雅

一

耳所不闻，有闻者焉；目所不见，有见者焉。闻之，如耳闻之矣；见之，如目见之矣。然后显其藏，修其辞，直而不惭，达而不疑。《易》曰："修辞立其诚。"唯其有诚，是以立也。卓然立乎前，若将执之也。

"文王在上，于昭于天"，孰见之乎？"文王陟降，在帝左右"，孰闻之乎？直言之而不惭，达言之而不疑，我是以知为此诗者之果有以见之，果有以闻之也；我是以知见之也不以目，闻之也不以耳也；我是以知无声而有其可闻，无色而有其可见，不聆而固闻之，不瞭而固见之也。于戏！亦殆与惝恍其词，荒诞而无惭，冥行而无疑者，相违不远矣。君子之所必察也，察之以诚，知其不惭而非无惭，不疑而非无疑，而后可以为君子，故君子鲜矣。

二

昼不见星而知有星，夕不见日而知有日；虽然，犹有数也。方诸无水而信其水，槐柘无火而信其火；虽然，犹有类也。奚以信文王之"于昭于天"乎？求之己而已矣。"无遏尔躬"，求己之道也。取之左而逢之左，知其在帝之左；取之右而逢之右，知其在帝之右也。故曰："左之左之，无不宜之。右之右之，无不有之。"目之所见，耳之所闻，身之所触，心之所觉，非己能之而皆天，非天之必有事而皆人之天，一文王之"于昭于天"者也。

虽然，亦奚数之不可数，类之不相应者乎？形有数，理未有数；理无数，则形不得而有数。气有类，神未有类；神无类，则气不得而有类。是故由形之必有理，知理之既有形；由气之必有神，知神之固有气也。形气存于神理，则亦可以数数之，类应之也。故曰："文王在上，于昭于天"，觌其形，感其气之谓也，是以辞诚而无妄也。

虽然，于己求之者得之尔矣，是殆不可以言言者与！故曰："喜怒哀乐之未发"有中焉，"绥我思成"有成焉，抑非以数数、以类应者也，而若或持之，若或循之，充乎四体而悦密，入于思虑而相与为光晖。子曰："知德者鲜矣"，谓知此者鲜也。

三

不肖者之纵其血气以用物，非能纵也，遏之而已矣。纵其目于一色，而天下之群色隐，况其未有色者乎？纵其耳于一声，而天下之群声闼，况其未有声者乎？纵其心于一求，而天下之群求塞，况其不可以求求者乎？乃若目，则可以视无色矣，有内目故也。乃若耳，则可以听无声矣，有内耳故也。乃若心，则可以求其不可以求求者矣，洗心而藏之密也。

故天下莫大于人之躬，任大而不惴，举小而不遗，前知而不疑，疾合于天而不惭，无遏之者，无所不达矣。故曰："形色，天性也。"形其形而无形者宣，色其色而无色者显，内耳内目彻而血气灵，密心浚入而血气化，纵其所堪而昼夜之通，鬼神之撰，善恶之几、吉凶之故，不虑而知，不劳而格，无遏焉而已矣。一朝之忿，一念之欲，一意之往，驰而不反，莫知其乡，皆唯其遏之也。

四

虽其无色，犹有声焉，有色矣；声者，不见之色所荡也。虽其无声，犹有臭焉，有声矣；臭者，不闻之声所吹也。故无臭者，无声之尽辞也，无声者，无色之尽辞也；无声无臭者，无声色之尽辞也；辞之已尽而益微矣。

虽然，其微者非有微也，日昱乎昼，月昱乎夜，雷雨之动满盈，是其无声无臭者也，是其无色者也。无私则无心，无心则无为，恶可以见见，恶可以闻闻，恶可以臭臭哉？

五

在上，云也，在下，雨也；在上，星也，在下，石也；在上，气也，在下，形也；在上，理也，在下，气也。故在上明明，而在下已赫赫矣。设理于上，显道也，违之者凶耳，理无心也。改不道以向于道，昔违之，今遵之，如舍荆棘而就途，知其有至而已，途不报之以至也。故明明在上，赫赫在下矣，非赫赫之能有效于明明也。

然则为日星退舍之说，犹以莛击风而冀风之旋乎！善，吾知其吉也；恶，吾知其凶也。犹云集而必雨，非必肤寸之云为杯水之雨也。犹星陨而为石，非缘陨石故而星为之变也。明明者不爽，赫赫者不测。能知不测之即以不爽者，可与语天人之际者与！

周之兴也以妇顺，其王也以武功，非妇顺之宜得武功也，非武功之以报妇顺也。故曰："作善降之百祥，作不善降之百殃。""百"云者，无定之辞也，于此乎，于彼乎，求之以一定而不得，意者其百乎？吉凶不爽之谓理，向威不测之谓天，一而已矣。类五行之应，铢铢而拟之，刘子政父子之不足与知天，久矣。

六

由不疑至于疑，为学日长；由疑至于不疑，为道日固。疑者，非疑道也，疑言道者之不与道相当也。不疑者，非闻道在是而坚持之也，审之微，履之安，至于临事而勿容再疑也。故知道者，勿固信之，勿固从之，参伍而错综之，几未至，德未及，而犹俟之，其时可矣，而后以为可也。故唯能疑者无临事之疑也。临事疑，而上帝不再之命去之矣。

武王之观兵也，国人曰可矣，诸侯曰可矣，可者道也。闻道而不遽信，乃以一信勿疑，而"矢于牧野"，而"勿贰尔心"，上帝之命疑于武王之心矣。奚以知上帝之临女哉？知之以能疑而已矣。故参伍之而不杂，错综之而不窒，几相逮而志气兴，德相符而精神固，是殆非人矣乎！天也。君子之所以历乎险阻而终于易简也。

七

诏以道之所当然而率人为之，虽有欲从之心立乎事始，而当事则忘也。计其所以为功而率人成之，虽有他日之效不显于未然之心目，而先事不歆也。故善劝民者不以道，不以功，而劝以即物之景，即事之情。《易》曰："说以使民，民忘其劳"，此之谓也。

《绵》之诗善状古公之使民也："救之陾陾，度之薨薨，筑之登登，削屡冯冯，百堵皆兴，鼛鼓弗胜。"当斯时也，知其道之奚以当然乎？弗知也。知其他日之有仉而将将者可以为功乎？弗知也。然而暗者若欲为之歌相杵，盲者若欲为之视绳直，躄者若欲为之巡基址，挛者若欲为之举参筑，而况夫力能从心之丁壮哉！此夫善用民气者乎！善用其气，善用其情之动者也。以之劝忠，而臣乐其刀锯；以之劝廉，而士安其沟壑；筑室之下而民气生焉，周之王自斯始矣。

八

"予曰有疏附，予曰有先后，予曰有奔奏，予曰有御侮"，迫词也。故夫天下之应文王也迫矣，传其情，写其势，故为之迫词焉。如群川之浡流也，如春华之暄发也，如风之吹万而各以籁鸣也。呜呼，盛矣！奚以如是之盛也？生也。生奚以如是之盛也？蹶也。取迷复之人心而新之以一日，甫甲坼之，已甹蘖矣；甫甹蘖之，已马荣矣。目不给视，心不给思，左右不相待，后先不相让，夫是以谓之蹶也。奚以如是其蹶也？能用天下之生也。故曰："文王何可当也！"若凌越而无序，若芝菌之生而不必有本，孰能当之哉！

九

一色纯著之谓章，众色成采之谓文。章以同别，文以别同，道尽矣。

同以昭别者，纪人治者也。人与人为类，君子与君子为类，选于群类而得其类，始之以不杂，终之以不间，九官百尹三百六十之属，纯乎一治也。天子之胄子逮凡民之俊秀，纯乎一学也。纳之庠序，升之国学，试之士，命之大夫，建之公卿，纯乎一礼也。接之以威仪，奖之以语言，穆之以心以相浃，纯乎一情也。故曰："倬彼云汉，为章于天。周王寿考，遐不作人"，以言章也，以为任贤之弗贰，无别不同也。

别以成同者，兼物治者也。人物兼治而事起，事起而时异，时异而道不可执。已精之而唯恐执精者之或偏也，已美之而唯恐执美者之或恶也。因其物，治其物，取物之精，积精而物登其用。因其人，治其人，尽人之美，备美而人得其情。因其事，治其事，一损一益，一张一弛，一顺一逆，简其精，择其美，无所固执以滞其经纬。故曰："追琢其章，金玉其相。勉勉我王，纲纪四方。"广言文也，以为用物之宏尽，四方之纲纪该，别以大同也。

故君子以一色之章，待天下之人，以众色之同，治天下文章之用，各致而不靳保其一端，明矣。道之降也，或从其章，则失其文；或从其文，则失其章。得之于作人，则失之于纪事；得之于纪事，则失之于作人；无有能理者也。

况其下者，朝暮其术，参差其教，以颠倒天下之士而矜其权；立一切之法，崇豆区之效，以从事于苟简而矜其断；别其同，同其别，驳其章，削其文，欲天下之弗乱，其可得哉！故知苏洵之《权书》，乱之首，亡之囮，俾得志而仇其说，祸且甚于王安石，君子距之，不惜余力焉可矣。

十

"鸢飞戾天"，观化于天之下也。"鱼跃于渊"，观化于渊之上也。上下定位，化亘其中而不可为之畛域。故天其函乎！地其兴乎！《大有》之载，"积中不败"者，一气之纯乎！故《中庸》曰："言其上下察也。"自渊而上，无不在焉；自天而下，无不在焉。高动而卑兴，清涵而浊入，仰蒸而俯垂，寒暑相迁而不亟，生杀相资而不媚，有万不齐而弗相为害，古今差异而日移不知。昭著者一章而已矣，一章者纯也。"倬彼云汉，为章于天"，四维纯也。"鸢飞戾天，鱼跃于渊"，上下纯也。王者以之兴贤而化俗，上下之气纯而一德成，万方齐矣。周子曰："心纯则贤才辅，贤才辅则天下治"，此之谓也。

十一

禄者，不俱得者也，无有涯者也。干禄者，欲得诸己而不自涯者也，是故甚难乎其岂弟也。以廉临禄易，以慈临禄难。廉者，与禄相为对治者也。以道干禄，介其廉而止，闲焉而勿使驰也。夫既闲焉，则可使不驰矣。虽然，君子不以为斟斝水沃焰之术，未可游于天下而安其土，于是而知岂弟之德为至善也。

禄者，竞之府；干者，竞之用；廉者，竞之实。三竞消而行之以乐易，"干禄岂弟"，而后无乎不岂弟矣。"干禄岂弟"，而后无嫌乎其干禄，而且利用之矣。无乎其不岂弟，则虽六月一裘，三旬九食，以固辞禄，而犹是岂弟也。狐不偕、鲍焦、申徒狄、周党、严光之所不得与也。无嫌乎其干禄而利用之，则文王之养晦，武王之观兵，周公之珍殷，一而已矣。天下见其仁，不见其义，而曹子藏、吴季札之节褊矣。必勿干禄而后不失其乐易，则是日中一食，树下一宿，而后可无损于物也。

呜呼！三代而下为君子者，即有其体，而未见有其用也。临禄思竞，而借盛气危节以防之，贫与富竞德，贱与贵竞道，道德异而竞同。身为处士，禄不及焉，而知其不可使干禄焉，惟其竞也。安土斯敦仁，敦仁斯能爱，可富可贵，可贫可贱。而不可使失其乐易。君子之道无他，无竞而已矣。

十二

不显之中有临焉，是故无不显而皆临之也。无射之余有保焉，是故非无射而必有保也。不闻之密皆式焉，是故式者实有其式也。不谏之先有人焉，是故入者无异乎谏之切也。不知德者之所惊，而知德者安之，犹洇水于泉而受风以襟也。

皇哉！盈天地之间，清乎！虚乎！一乎！大乎！莫之御而自生者乎！清者有纪也，虚者有通也，一者有章也，大者有充也，则夫显不显，射无射，闻而闻，不闻而可闻，谏而谏，不谏而固谏，奚其有间，而奚其有待哉？吾何以知德之仪形与其功效哉？知之以此。

十三

众人欲而不给，贤人为而有穷，圣人化而有待。人之不能必得于天者多矣，夫孰知天之有不能必得于人者哉？"监观四方，求民之莫。维此二国，其政不获。"天之有求于人而不能必得者也。先天而天或不应，后天而天或不终，吾于是而知天道。天欲静，必人安之；天欲动，必人兴之；吾于是而知人道。大哉人道乎！作对于天而有功矣。

夫莫大匪天，而奚以然邪？人者，两间之精气也，取精于天，翕阴阳而发其闿明。故天广大而人之力精微，天神化而人之识专一，天不与圣人同忧，而人得以其忧相天之不及。故曰："诚之者，人之道也。"天授精于人，而亦唯人之自至矣。维人有道，人自至焉。天恶得而弗求，求恶得而必获哉？知天之道则可与安土，安土则尽人而不妄。知人之道则可与立命，立命则得天而作配。呜呼！知人之道，其参天矣夫！

十四

庄生曰："吹万不同而听其自己"，无择之谓也。信斯言也，儒亦听其为儒，墨亦听其为墨，舜亦听其为舜，跖亦听其为跖，治亦听其为治，乱亦听其为乱，天无求于人，而人亦可无求于天乎？人固无求于天，则人益可无求于人矣。天不能令有儒而无墨，有舜而无跖，有治而无乱，自作之，自已之，吾无以谓天之有固获之心也。"监观四方，求民之莫。乃眷西顾，此维与宅。"天亦恶能一听其自已而弗求乎？

夫《诗》奚以知天心之必有求也？听其自已而既自已矣，则胡弗终已之，而又继之以吹邪？"不远复，无祇悔"；"有不善未尝不知，知之未尝复行"。当其知之，弗能已之，而抑必谋其复也。故曰："复其见天地之心乎！"是以知天之有求矣。天地无求，则亦奚从而见其心哉？儒、墨之纷，舜、跖之杂，治、乱之界，有贞明存焉。能求之者，为天效者也。其求之也，即天之求之也与！

十五

或曰："圣人无我，吾不知其奚以云无也？"我者，德之主，性情之所持也。必狭其有我之区，超然上之而用天，夷然忘之而用物，则是有道而无德，有功效而无性情矣。苟无德，不必圣人，而道固不丧于天下也。苟无性情，循物以为功效，而其于物亦犹飘风涷雨之相加也。呜呼！言圣人而亡实，则且以圣人为天地之应迹，而人道废矣。

自我言之：圣人者，唯其壹至之性情，用独而不忧其孤者也；壹至孤行，而不待天物之助。道无倚也，故曰："无然畔援。"不以道为畔援，而后举无可为之畔援矣。非无功效商不欲多得之也，故曰："无然歆羡。"不以功效为歆羡，而后举无可为之歆羡矣。有天地而不敢效法，有鬼神而不求往来，有前王而不必与之合，有后圣而不必其相知，《明夷》而正其志，《大有》而积中以不败。故圣人者，匹夫匹妇之诚相为终始者也。宅仁而安，信而不渝，神化无畛而逢其原，耳目心思参天地而成位乎其中。孟子曰："万物皆备于我矣"，此之谓也。

十六

帝之则，不可以识知顺与？虫其肝，鼠其臂，柳生其肘，鹊巢其颠，与天下为婴儿而食豕如人，然后可以顺帝之则乎，不善说《诗》，而率天下以祸人道也有余。故知帝则之顺，舍识知而蔑以顺也。

且孰使夫人之有识知哉？我能之与？抑天予之乎？天予之以识知之能，而立则于识知之外，是故左其途以导人之弗能顺之也。抑天立则于识知之外，而命人者以识知之能，抑不知天奚从于帝则之外，诡得此识知而授之有生者也？

夫物者，则之物；则者，物之则；其不相违忤也久矣。然则帝则奚丽哉？丽乎识知而已矣。人视禽有则矣，唯人之识知不禽若也。君子之视庶民，则已顺矣，唯君子之识知不庶民若也。识者，恒也；知者，察也。恒者，道之纲纪；察者，道之昭著也。纲纪斯而不迷，昭著斯而不昧。舍此，帝奚则哉？君子亦将安顺哉？虽圣人未有能违者也。

然则《诗》之言"不识不知"者何也？曰：为伐崇言也。先其事而无觊，当其事而无欲，时至事起，毋贰尔心，而不以胜败疑，然而大功集，天命至矣。"不识不知"，为吉凶兴丧言也。"正其谊不谋其利，明其道不计其功"，圣人之所不屑用其识知者，此而已矣，非以语于天德之达也。

十七

天不靳以其风日而为人和，物不靳以其情态而为人赏，无能取者不知有尔。"王在灵囿，麀鹿攸伏。王在灵沼，于牣鱼跃。"王适然而游，鹿适然而伏，鱼适然而跃，相取相得，未有违也。是以乐者，两间之固有也，然后人可取而得也。两间之宇，气化之都，大乐之流，大哀之警，暂用而给，终用而永，泰而不忧其无节，几应而不爽于其所逢，中和之所成，于斯见矣。奚必堕耳绌目以绝物，而致其悁情哉？王者以之感人心于和平，贞士以之观天化以养德，一而已矣。

十八

"后其身而身先，外其身而身存"，则是后之乃以先之，外之乃以存之，计不越乎寻尺之私，逆用其冲以利赖其所欲为。为此说者，不谓之小人而不能。

尧舜之不授天下于子，非以全其子也。三代之家天下，则以利天下也。家天下以利天下，则欲固天下者先固其家，视其子孙之承景命，席尊位，尊磐石，以为天下效；故谋之慭，持之固，防之密，而乃以不爽乎唐、虞公天下之心。故曰："天险不可升也，地险山川丘陵也，王公设险以守其国，险之时用大矣哉！"大云者，时通于千祀而义浃于四海之谓也。苟视其子孙长保威灵，以为天下治安之效，则"贻厥孙谋，以燕翼子"，奚为不昭昭乎揭日月以行之哉？

周四迁而定位，五营而定鼎，合数十世之君子，谋一姓之巩固，而天下之免于水火者数百年。不知者犹为之说曰："建都于无险之地，使有德易以兴，无德易以亡，周之所以公天下也。"之说也，视天下之兴亡，生民之生死，如弈者不定之棋也，亦愚甚矣！

十九

莫变匪时，莫贞匪时。非时以为贞，则天下亦安足纪哉？"上帝居歆，胡臭亶时"，则天之所歆，亦时而已矣，而况于人乎？

夫至于时而可以贞矣。惊时之变而不据以为贞，将天下终无吉凶、得失、是非、逆顺、合离之十纪，而变亦不足以立。又从而为之辞曰："之十纪者，非天下之固有，而可不设于心者也。《云门》《韶濩》之音，飧爰居于鲁门而悲鸣去之，耳无适声矣。毛之嫱、西之施，鱼见之而潜，鸟见之而飞，目无适色矣；即且甘带，鼠食巴菽而肥，蟫不饮而蝉以饮饱，口无适味矣；蛙畏牡蛎之熏，乌鸢趋不洁而如椒桂，鼻无适臭矣；桀非尧之所是，乌反哺以为慈，枭以不尽食其父母之为不孝，心无适贤矣。唐、虞之所赏，嬴秦之所诛，汉、晋之所崇，怀、葛之所怪，时者不足纪者也，而亦恶用纪之为？"

呜呼！为此说者，知时之变而不知变之贞，以召疑憎于人也有余，而况上帝哉？当其未为人，不知畏死矣；当其既为人，不知畏不死矣。当其未饥，视炊者之何疾矣；当其已饥，恐炊者之不疾矣。必欲去其贞而因时之变，则胡弗死邪？胡弗勿炊邪？

是知时者，日新而不失其素者也。故先时者，乘时者也；后时者，因时者也；然后其及时者，安时者也。斯则以为时之贞也。天且歆之，而况于人乎？《易》之时六十有四，时之变三百八十有四，变之时四千八十有六，皆以贞纪者也。故曰："《易》简而天下之理得矣。"贞者，天之干；时者，天之恒。何以知上帝之歆哉？知之以此而已。

二十

爱行苇者护之于牛羊，君子辞也。苇之敦也密，牛羊孰得而践履之哉？不虑其疏而虑之于牛羊，故曰君子辞也。

夫人之亲亲、尊贤、信友而不令其终者，吾知之矣。其下者，溺私嬖而毁其恩，则谗蛊中之，非其作意于忍也。其贤者，善疑而生其忮，隙生于内，而后憸人乘之，非谗蛊之能先中也。如是，则防贤者于所独，破庸人于所听，非拔本塞原之道乎？然而君子弗然。病在本原而舒求之枝叶，养其仁也。求人于仁爱之诚而弗养之，其弗激而增其隙者鲜矣。

故《鸱鸮》迫，而控庸人者也，舍其谗蛊而只动其心，伸庸人以在己之权，而庸人兴矣。《行苇》舒，而戒君子者也，不忧其内忮而但惩其外间，全君子以不昧之恩，而君子益耻于薄矣。曰行苇而既敦也，吾不忧其茎相牴而叶相牾也，忧牛羊而已矣。夫果孰为之牛羊哉？苟无牛羊，而苞体枝叶之相为亲比，恶得有疑忮之生于其心邪？方其群而不忘夫怨，然而其怨也旁寓而不触，则方怨而固不失其群，于是其群也深植而不昧。夫怨而可以群，群而可以怨，唯三代之诗人为能。无他，君子辞焉耳。

二十一

昭明，天体也；昭物而物昭之，明物而物明之，天用也。维天之体即以用，凡天之用皆其体，富有而不吝于施，日新而不用其故，容光而不穷于所受，命者命此焉耳，性者性此焉耳。

不达其说者曰："天唯以其灵授之有生之初而不再者也"，是异端"迥脱根尘，灵光独露"之说也，是抑异端"如影赴镫，夺舍而栖"之说也。夫苟受之有生而不再矣，充之不广，引之不长，澄之不清，增之不富，人之于天，终无与焉已矣，是岂善言性者哉？

古之善言性者，取之有生之后，阅历万变之知能，而岂其然哉？故《诗》之言天，善言命也，尤善言性也。"君子万年，介尔昭明"，有万年之生，则有万年之昭明；有万年之昭明，则必有续相介尔于万年者也。此之谓命日受，性日生也。

二十二

善畏者，不畏于昼而畏于宵。宵之与昼奚别哉？目不睹焉耳。火丽于天曰《大有》，"君子以遏恶扬善，顺天休命"。顺则命无不休矣。顺乎休而休，裼衣鼓琴无怍也。顺乎不休而休，夏台、羑里无忧也。濯志振气，揭日月以行中天，万行同条而其贯，恶有不令终之疢恶乎？故君子之令终，令之以高朗也。

夫天下何畏而又何疑邪？乌，玄而已矣；鹄，白而已矣。水，寒而已矣；火，热而已矣。民之情，饮食男女而已矣；民之性，高明沉潜而已矣。君子，道而已矣；小人，利而已矣。祸，极于凶死而已矣；福，极于亨利而已矣。善，吾扬之而已矣；恶，吾遏之而已矣。天下何畏，奚以容吾疑？天下何疑，奚以生吾畏？宵皆昼也，不见皆于昭也，天不能违之而险阻顺。"令终有俶"，无不休之谓也。

呜呼！无得于此者，仁阂而柔弱，义阂而卞迫，礼阂而芜杂，知阂而纤曲，信阂而困窒，受生昭昭之宇，无往而不阂，而德亦不终。吾不知其何以为君子也！

二十三

刘子曰："威仪以定命也。"形函气，气御神，神受命，命集于形，而表里主辅之权迭相为王。是故气曼者，其义刓；度溢者，其礼荡；色迁者，其信违；形钝者，其知促；容汰者，其廉伐。义刓、礼荡、信违、知促、廉伐，则心不足以存而其仁仆。曾子曰："以友辅仁"，辅之于威仪也。

虽然，友之所辅，止此而已矣。进朋友而摄心，吾莫之能保也。何也？心非摄之所能及也。独至则安，倚以至则危；动于誉问，依于形模，以效其至，则固迷而未得。迷而未得，则不旋踵而失其欲摄之初心，而又奚以相摄邪？故曰："为仁由已，而由人乎哉？"

苏武不望摄于李陵，心异而情无猜，故朋友之道可不绝也。二唐待摄于两龚，心似而失之于旋踵，无以相报而益以相忮，而朋友之义绝矣。故朋友者，《恒》道也。深求之威仪之余而摄以心，是"浚恒"也，"浚恒之凶"，必矣。

二十四

善用人者无弃人，善用物者无弃物，老氏之言，何其似《洞酌》之诗也！虽然，其用心之厚薄远矣。君子不忍弃人，故善用人；不忍弃物，故善用物。以功效劝天下于善之途，而不役天下以收其功效，故岂弟之德流焉，父母之道也。然后知彼之用人物者，权虏之术也。行潦之水而纳之于禋祀，则天下之不劝者鲜矣，非为饎饎故而洞酌之也。为饎饎故而酌之，则既无惮于洞，而何有于潦乎？洞酌之，又湆注之，非饎饎之必待此而勤勤焉，及乎行潦之化为清泉，而君子之劳已久矣。使移其劳以求澄澈之流泉，于得之也不更多乎？以术言之，谓之不善用人物也奚辞？

故老氏曰："不善人，善人之资。"资失以得，资毁以誉，资败以兴，其用天下也犹仇敌然。不以民为子女而以为仇敌，民恶得而勿仇敌之哉？吴王不庭，赐以几杖，汉所以忍吴怨而祸发必克也。老氏之术，自以为工于逃祸，而适深其祸，君子视之，祇愚而已矣。

二十五

班固有言："司马相如颂功述德，忠臣效也，贤迁远矣。"议者非之，以为导谀启骄，不可以为忠，不如迁《史》之为遗直也。之二说者，各有挟以互竞，君子奚以折其中哉？

夫不观于周公、召公之道乎？周公之陈《无逸》也，抑天子而均诸南亩之子，戒逸谚而无望上智之情：警之以民情，则曰"否则厥心违怨，否则厥口诅咒"；申之以祸患，则曰"怨有同，是丛于厥身"；怵之以生死，则曰"自时厥后，亦罔或克寿"。何其甚相诅谤而不忌也！召公之歌《卷阿》也，游亦伴奂焉，休亦优游焉。车之多，马之驰，殆乎《子虚》《上林》之所铺张矣。梧桐之生，凤凰之鸣，殆乎般般濯濯之所夸耀矣。性之弥，土宇之厚，殆乎《大人》《中州》之所虚祝矣。何其嫌于导谀而不戒也！

乃固以是讥迁之非忠，而二公协于一以相友，夫子杂列之《诗》《书》而交不废；君子小人、厚薄忠佞之分，不可不察也。周公居尊亲之位，任附托之隆，先事以申忧危之警，无已而苟言之，药石之爱也。马迁以刑余无谏诤之责，后事而摘毫毛之过，微文而深中之，怨毒之情也。成王抚未宁之宇，殷民睥睨于其侧，二叔之余党摇荡于其间，四国觇其忧喜以为动静，召公从容乐豫，张大孺子，以早服疑贰，销萌之大猷也。汉章承思汉之余，席大定之势，四裔无警，陇首无谣，昌荣之气已荡其心目，班固揄诩过情，狭小三五而益以忘其忧恤，劝淫之邪术也。

故厚与忠，道异而相得；薄与佞，情同而相非；宜夫二公之协以成，而迁、固之讼不相下也。或直或曲，或实或浮，观其词，审其致，论其世，无待钩考而见其心。厚不嫌佞，忠不嫌薄，贵乎听言者之聪，贵此而已矣。群言讼于廷而辨者不乱，君子之迹孰得而借诸？

二十六

《易》有变，《春秋》有时，《诗》有际。善言《诗》者，言其际也。寒暑之际，风以候之；治乱之际，《诗》以占之。极寒且燠，而暄风相迎；盛暑且清，而肃风相报。迎之也必以几，报之也必以反。知几知反，可与观化矣。

《柏舟》者，二《南》之报也；六月者，《菁莪》之报也；《民劳》者，《卷阿》之报也。风起于微而报必大反，非其大反，天下亦恶从而乱哉！《风》者，民之相为咏叹者也。民用莫若情，情之得失莫若厚薄。《柏舟》，薄之反厚者也，而《关雎》《鹊巢》之遗民不可理矣。《小雅》，上之以劝下者也。劝之也必以功，功之盛衰，莫若生杀。为功于生，不期而盛矣；为功于杀，虽功而衰矣。《六月》以武事劝其下，授之乱萌而不可辑矣。《大雅》者，下之陈于上者也。下陈于上而谏之，道之恒也。两下自相为陈，而覆陈上意以谏下，道之反也。下需上之谏，而无望其谏上，则美无与成，恶无与弼。《卷阿》之道丧，而上下无纪矣。

呜呼！《六月》之无君也，文不足而求功于武也。《民劳》之无臣也，无能为益，而待益于上也。《柏舟》之无民也，薄其所厚，则虽欲弗淫荡而不得也。故观乎《民劳》，而国无不亡之势；观乎《柏舟》，而民无不散之情。兆其乱者，其《六月》乎！《六月》未有乱，而正与《菁莪》相反，则其为乱可知已。一治一乱之际，如掌反覆，故曰："道二，仁与不仁而已矣。"生杀之几，无渐迤之势，无疑似之嫌也。

二十七

匪人之相接，望而知其为不祥之气者有二，曰惛怓也，缱绻也，不必其挟无良之心，成乎丑厉，而早已为咎之府矣。抑有甚焉者。载不祥之气而挟无良之心，则二者迭用而不测其所径。俄惛怓矣，俄缱绻矣；以其缱绻行其惛怓矣，以其惛怓致其缱绻矣。数迎数随，数怒数喜，数吐数茹，语沸于庭，笑喧于室，耳为之聩，目为之荧，堂廉之下为之暗如长夜，日没月生而不知息，然后以亡人之国，败人之家，疾速而不可救药。斯其情伪，亦无难知者，而庸人举肺胕而委之，不亦哀乎！

人之有情也，新晴而不喜，霾曀而不忧，波沸喧豗而不憎，霜清月澹而不适，必其非人而后可也。惛怓之，缱绻之，以缱绻惛怓之，以惛怓缱绻之，覊浪百变而不出两端，乃且乐与之流连而不返，此岂犹有生人之气哉？然而取亡之主，召辱之士，甘授以身心而不厌。

呜呼！"人莫悲于心死，而身死次之。"魂栖于阴，魄荡其守，高天不能为之居，杲日不能为之照，呼吁沉浮而大命去之，古今败亡之相积，未有不由此者也。高朗之士，旁烛其表，如聚蟁之吟于幙，引身而避之，宁俟终日哉！

二十八

厌名利之悁恢，而移之于酒博，刘昆、光孟祖以逃凶而入于辱，其免于凶也幸尔。舍房帷之缱绻，而移之于泉石，王维、郑虔壮夫之气已消，求其遇贼而不浑也，容可得乎？故之二情者，血气一相为引，出此入彼，如蛛丝之萦蝉翼，勇迈以胜之而不克，清涤以离之而不能，而天下之不婴者鲜矣。雁凫之喧，鹥燕之媚，物固有之而人弗求胜焉，则心死而身亟随之，何所容其幸免哉？

夫君子之欲惩此也，将如之何？《既醉》之诗曰："昭明有融，高朗令终"，勿抑务此而可乎！

二十九

《易》曰："修辞立其诚。"立诚以修辞，修辞而后诚可立也。诚者何也？天地之撰也，万物之情也。日月环而无端，寒暑渐而无畛，神气充于官骸而不著，生杀因其自致而不为，此天地之撰也。曼而不知止则厌，无端而投之则惊，前有所诎、后有所申则疑，数见不鲜而屡溷之则怒。无可厌而后歆，无所惊而后适，无所疑而后信，无可怒而后喜，此万物之情也。天地之妙合，辑而已矣。万物之荣生，怿而已矣。辑而化浃，怿而志宁，天地万物之不能违，而况于民乎？"辞之辑矣，民之洽矣；辞之怿矣，民之莫矣"：立诚之谓也。

诚之弗立，拂天地之位，刓万物之几，行其小智以腾口说于天下，而天下之人乃惊疑厌怒而不可戢。辞也者，非必有损于天下之实也，而如戾气之以厉民，视无可见，听无可闻，触无可喻，而民已病矣。拂天下之位，非无位也，位其所位而天地之位逆矣；刓万物之几，非无几也，几其所几而万物之几戾矣。天位乎上，孰者为上之疆乎？地位乎下，孰者为下之界乎？截然判之而不相及，于是而天地之位拂也。形以载气，气为形几，气其离形而运乎？灵以效官，灵为官几，官其炫灵而示乎？百体以从心，心为体几，体其各载一心而为君乎？引气、摇灵、烦心，而唯恐人之不喻其几，于是而万物之几刓矣。

拂天地之位则乱，刉万物之几则贼。贼与乱，非伪人不能，然且标门庭于辞之中曰：吾能为位置也，吾能为开阖也，吾能为筋脉也，吾能刮摩以净也，吾能立要领于一字而群言拱之也，吾能綮纡往来而不穷于虚也，吾能剖胸喷沫而使老妪稚子之无不喻也。呜呼！伪人逞其伪辩之才，而烦促捭阖，颠倒黡乱，鄙媟之风中于民而民不知，士乃以贼，民乃以牿，盗贼乃以兴，国乃以亡，道乃以丧于永世。孰为此者？"不实于亶"之祸亦酷矣。韩愈、李翱、元稹、白居易、苏洵、曾巩之辞兴，而天下蔑不伪，知言者可弗距哉？

三十

向威之相需，理也；消息之相乘，数也。知消此之息彼者，可与乐天；知威之以向者，可与立命矣。知消此之以息彼，谓天之方蹶方虐不可也。知威之以向之，谓天之方蹶方虐不可也。觖望而不知裁，其细人之悖乎！乍拂而疑其毒己，其匹夫之悁乎！《板》之诗用之而不嫌也何居？

曰：不善立言者乍而逆，庸人之情，其终同焉；善立言者乍而顺，庸人之情，其终异焉。"天之牖民，牖民孔易"，非其蹶而虐民审矣。非天之过，必也其民乎！故曰"民之多辟"也。价人邪？大宗邪？宗子邪？大邦邪？大师邪？求其必为辟者而又不可得，独斯畏焉，然则辟者非民，亦又审矣。乍用其情而为之疑，辗转以思而后为之信，虽蒙且愎，能勿听乎？然而有弗听者，则不可救药者与！既不可矣，而又奚救药？子曰："不学《诗》，无以言"，学《诗》而立言之术止矣。过此以往，有谲谏焉，谬刺而顺词，劝百而讽一，抑非君子之屑以莽其口者也。

三十一

人所有者，人之天也，晶然之清，晶然之虚，沦然之一，穸然之大，人不得而用之也。虽然，果且有异乎哉？昔之为天之天者，今之为人之天也。他日之为人之天者，今尚为天之天也。出王而及之，昊天之明；游衍而及之，昊天之旦。入乎人者出乎天，天谓之往者人谓之来。然则全而生之，全而归之，日日而新之，念念而报之，气不足以为之捍，形不足以为之域，恶在其弗有事于昊天乎？

不达乎此者曰："气以成形，理寓其中，而主以终世，其始无不足，其后无可增。"然后其与昊天果相捍于其域，两弗相得而固不相逮矣，而又欲有事焉，是握拳以击空，炙手而欲瘳父之足疡也，不亦妄乎！

故君子之言事天也，宁小其心，勿张其志：不敢曰吾身之固有天也，知其日益，不惧其日远；不敢曰吾事固有之天而已足也，知其理，迎其几，观其通，敬其介，则见天地之心者乎！

三十二

"天生烝民，其命匪谌"，人弗谌之乎？曰：天固不可谌也。故曰："天难谌。"斯天也，非徒人也。"成之者人之道也"，犹言"诚者天之道也"，道则然，而非可必也。然则言天之无不谌者，犹言人之无不可谌也。人无不可谌之，而既有不能终之，则天无不可谌，而固有其不可终矣。天不恃克终以为德，则是天固不可谌也。

君子修之吉，修非其因之谓也。百年之室，支其倾，饬其腐，更其材木，而后谓之曰修矣。小人悖之凶，非尽弃其故之谓也。东西南北，纵横上下，无适而非天；精粗良楛，刚柔明晦，无所用而非天；小人又奚悖邪？然则小人亦游于天命之中以用天命，而谌其匪谌，遂以陷而不复，从其终而考之，则见其悖焉尔。

故曰："畏天命"，畏其变也，畏其通也。命以爱而为仁，爱可谌而为仁乎？命以断而为义，断可谌而为义乎？命以辨而为礼，辨可谌而为礼乎？命以觉而为智，觉可谌而为智乎？从其初则皆善也，命之以仁义礼智之实也。怙之以终则不善矣，举此悖彼，举一悖百，则并其一而亦悖也。其极也，强御掊克，寇攘号呼，蜩螗鼎沸，胡一而非爱断辨觉之所流哉？

故谌天命者，不畏天命者也。禽兽终其身以用天而自无功，人则有人之道矣。禽兽终其身以用其初命，人则有日新之命矣。有人之道，不谌乎天；命之日新，不谌其初。俄顷之化不停也，祗受之牖不盈也。一食一饮，一作一止，一言一动，昨不为今，而后人与天之相受如呼吸之相应而不息。息之也其唯死乎！然后君子无乎而不谌乎命也，始终富有而纯乎一致也。仁义礼智参互以成德信，以其大同而协于克一，然后君子之于命，无乎不谌之有实矣，举一统百而百皆不废也。呜呼！知不谌之以谌者，知终者与！终之以人而不怙天之初，人无不可诚之，而后知天之无不诚也。

三十三

"广德若不足"，若不足也以广其德，老氏之言此，欲荜夷廉隅而同于愚也。君子之言"抑抑"也，则曰"维德之隅"。隅之所至，德必充焉；隅之所不至，德必绝焉。然后君子之临小人井井然，小人之视君子岳岳然，斯其所为抑抑者，修不流之度，而非成乎下比之伤矣。

"食于逆旅而五浆先馈"，何伤乎？"为妻爨，食豕如食人"，何得乎？"良贾深藏若虚"，贾而已矣。"盛德容貌若愚"，愚而已矣。欲哲之，固愚之，已成乎愚而贾天下以哲，"哲人之愚"，其哲亦愚人之哲焉耳。

故山伏地下曰《谦》，陵夷以荜其隅之象也，而山之为山隐矣。积磊砢险窨于厚貌之中，《谦》其非盛德之卦与！以语乎吉，多得之矣，贞则未也。

三十四

魏无忌之饮酒近内也，阮嗣宗之驱车恸哭也，王孝伯之痛饮读《离骚》也，桓子野之闻清歌唤奈何也，无可如何而姑遣之，履迷乱沦胥之世，抑将以是而免于咎矣。夫无可如何而姑遣之，则岂非智之穷也乎？智穷于穷途，而旁出于歌哭醉吟以自遂，虽欲自谓其智之给也而不得。然则虽欲谓之不愚也，而抑不得矣。

夫智者进而用天下，如用其身焉耳；退而理其身，如理天下焉矣。恢恢乎其有余也，便便乎其不见难也。天下不见难，则智不穷于进；身有余，则智不穷于退。夫数子者，皆思进而有为于天下矣，履迷乱沦胥之世，途穷而不遑，一往之意折而困于反。唯其不知反也，是以穷也。夫反而有耳目官骸、气体语默之无穷者，雷雨满盈，容光必照，是岂非天地日月之藏乎？而一以懵然用之，"哲人之愚"，洵哉其愚矣。"亦职维疾"，其疾也谁与瘳之哉？

麟可获，不可得而麋之麇之也；凤可衰，不可使弗噰噰、弗翙翙也。天下悲其穷而麟凤裕，裕者，哲人之量也。故处迷乱沦胥之天下，惟卫武公之独为君子而令终报焉。虽然，卫武公之得为君子，唯不期乎令终之福而已矣。彼数子者，全躯保妻子之心有以乱之也。

三十五

得志于时而谋天下，则好管、商；失志于时而谋其身，则好庄、列。志虽诐，智虽僻，操行虽矫，未有通而尚清狂，穷而尚名法者也。管、商之察，庄、列之放，自哲而天下且哲之矣。时以推之，势以移之，智不逾于庄列、管商之两端，过此而往，而如聩者之雷霆，瞽者之泰、华，谓之不愚也而奚能！故曰"哲人之愚"，愚人之哲也。

然则推而移嵇康、阮籍于兵农之地，我知其必管、商矣；推而移张汤、刘晏于林泉之下，我知其必庄、列矣。王介甫之一身而前后互移，故管商、庄列，道歧而趋一也。一者何也？趋所便也，便斯利也。"小人喻于利"，此之谓也。

孰有当迷乱之世，上不获君，下不获民，志勿为之茶，皇然念四国之训乎？隆然谋四国之顺乎？谋唯恐其不讦，而不忧其大而不容乎？犹唯恐其不远，而不忧其深而逢忌乎！能此，然后一旦举六宇以任之，目昭心旷，习于光大，而铢两之计，穴罅之智，不足以动其心而成其大业，退不见有生之乐也，进不见天下之利也。故君子之视察察之智，放达之识，如盎缶而已矣。知之所不及，无适于守，舍其盎，取其缶；舍其缶，取其盎，奚有定哉？

三十六

"讦谟定命，远犹辰告"，谢安之所服膺也。赋诗可以见志，安也足以当之。知不及，量不远，条理不熟尝，亦恶能相触而生其欣赏哉？豆区之计不足以舒神，仓猝之辞不足以惬听，寻丈之图不足以畅遇，抵牾之说不足以利几，久矣。

谟之大，犹之长，命之豫，告之以时，所谓良马轻车，修途平易，而王良、造父持其疾徐之节，是乐而已矣。小人不知乐此，无不蹙焉；君子之知乐此，无不理焉。屦履之细，生死成败之大，皆其适也。芥穗而适于远，四海万年，兴亡得丧，而如指掌之间也。天下以是而望安，安以是而任玄，淝水之功，孰云幸胜哉？衿佩之下，"戎作""蛮方"，不遏遗也。得卫武公之心者，其唯安乎！相赏而不相违，得之于心迹之表矣。

三十七

得而一心，失而一心；否而一心，泰而一心；难而一心，易而一心；言而一心，行而一心；敛而一心，舒而一心；推移十反，各伸其说以致其图度，规其大则眉睫不见，营其小则泰岱不觌，畏以持则闻声而震，张以壮则沫尽而辞不穷，小人之为尔者无他，"罔念厥绍"而已矣。

大哉，绍乎！千里之可以跬步臻也，千祀之可以寸心藏也，白刃之可以清晏承也，床笫之可以堂皇治也，无形之可以有形接也。天以之继而生人，人以之继而成性，故曰："继之者善也。"匪继弗善，曷绍之可弗念哉？

呜呼！扬雄投阁，谢朓扁舟，王旦垂老而奖天书，苏轼穷迁而依竺教，雌黄之口未干，貂狗之续相比，恒德不守而或承之羞，其羞者即昔之所羞为者也，而不亦悲乎！故曰：君子有固善，小人无固恶；借其有固恶山，恶之所行而不失其故，则恶亦损矣。

夫君子于洒扫无小也，于讦谟无大也，于夙夜无短也，于远犹无长也，于戎作蛮方无危也，于庶民小子无安也，于屋漏无静也，于不虞无动也，于神格无幽也，于手携而命无明也，于先王无顺也，于迷乱无逆也；一日之始，百年之终，既耄之知，小子之戒，险而易，阻而简，独而畏，远而涵，岂有他哉？念厥绍而已矣。

三十八

屋漏之警，其作圣之极功乎？未可也。力乍聚则时过而衰，意有注则当前而不觉，故曰未可也。

且夫人之情质，有畏明而不畏暗者矣，有畏暗而不畏明者矣。刚以质者，畏明而不畏暗，柔以文者，畏暗而不畏明，之二者得失均也。畏暗而不畏明者，持己专也；畏明而不畏暗者，为己笃也。而徒警夫不畏暗者，抑俾之茶焉于奥突，而荡然无忌于堂皇矣。"神之格思，不可度思。"以为偏警于屋漏，则度之于屋漏而遇之乎？故知学者，知其不可射而已矣。

神唯恒，故几也。恒无往而不几，是故随警焉而见其几也。警而见其几者，人之见之者然尔，神岂于此而几哉？故曰"不可度"也。是以知学者，学其不可射者而已矣。尽终身之时而无可射也。

大音有希声焉，大烹有淡味焉，绨绣有隐色焉。人之所不可以视见听闻食知味者，莫此甚也。若夫微而向巨，藏而向显，近而向远，则日趋于著，睹闻之且盛者矣。故曰"相在尔室"，非退而独居之谓也。身驰于四海，言满于天下，行加于蛮貊，浅心者视之，尔室隐矣。乃前乎此者不有尔室乎？今犹是身也。后乎此者不有尔室乎？他日犹是身也。当此时也，不有尔室乎？岂以尔之方在彼而不在此，而遂谓无室也？杀人之中有礼焉，尊俎之侧有戎焉。威加四海而肝胆有其勇怯，恩施万邦而心气有其和戾。神之格既不可度矣。得之于表，丧之于里；得之于里，丧之于表；皆神至而我不至者也。礼乐刑政，奚而非其屋漏哉？故知道者，知其不可射者而已矣。

暴与藏，一也。治藏不如治暴，是不知暴者也。藏之且暴，不容掩焉。虽然，犹易也。治暴不如治藏，是不知藏者也。暴者之有藏，视而不见，听而不闻，体物而不遗，神已。而伸者，固神也，非既有形而神遂亡矣。至此而后密矣。索无声无臭之精于声臭之末，乃寻迹而求亡羊之术也。体无声无臭之载于喧阗苾芬之中，斯扣璞而取和璧之道乎！故学道者，学其不可射而已矣。尽天下之境而无可射故也。

《易》曰："显诸仁，藏诸用"，互藏其宅，而隐显无间，岂偏重于不显哉？故君子之言《诗》，由不愧于屋漏，又加进焉，迨于不可射而后至矣，易简而久大矣。

三十九

人情之无端，是其是，非其非，不言而一任其自然，此齐物之术也。弗获已，而于不可治之世议处己之道，姑用此尔乎！《抑》之诗曰："民各有心"，非不求明也，非忍听之也。无不求明之心，而后可与用晦，无忍于不治人之心，而后可离人而珍其独。

虽然，既存乎其时，抑存乎其位矣。古之诸侯，非后世之卿士也，有社稷则有宗庙，有宗庙则有族姓，有族姓则有臣民，神于我而兴废，家于我而全毁，举国之人于我而生死。抱其孤清以与狂愚者争，一不胜而血涂于野，屋加于社，祖祢馁于荒茔，世胄之子孙夷于皂隶，祗以斤斤争一日之明，弗忍于所疏而忍于所亲。故曰："民各有心"，唯卫武而后可也。

渔父欲以其道易屈原之清醒，楚老欲以其情惜龚生之膏兰，重晦而安于忍，又奚可哉！"吹万不同而听其自已"，天地之妙不可以忧患求者，非夫人之所敢学也。

四十

两间之气常均，均故无不盈也。风者，呼吸者也，呼以出，则内之盈者损矣；吸以入，则外之盈者损矣。风聚而大，尤聚而大于隧。聚者有余，有余者不均也。聚以之于彼则此不足，不足者不均也。至于大聚，奚但不均哉！所聚者盈溢，而所损者空矣。"有空大谷"，此之谓也。

空而俟其复生，则未生方生之顷，有腐空焉，故山下有风为《蛊》，腐空之所酿也。土满而荒，人满而馁，枵虚而怨，得方生之气而摇。是以一夫揭竿而天下响应，贪人败类聚敛以败国，而国为之腐，蛊乃生焉。虽欲弭之，其将能乎？故平天下者，均天下而已。均物之理，所以叙天之气也。

四十一

无君子，则小人亦奚以济其恶？倚门之绣，红女之丝也。怒马之秣，力农之粟也。公孙弘之安，汲黯之所镇也。李林甫之威，姚崇、宋璟之所饬也。种放之名，陈抟、魏野之所感也。君子有不言之训，不为之功，不乞之贷，死者生之，悴者荣之，弛者张之，施及于小人，逆用之而犹足以赫。凡其所以赫者，皆即君子之所阴也。为君子者，奚弗以自信，而抑又何责焉？"既之阴女，反予来赫"，听然受之而已。

四十二

穆王以降无《雅》，昭王以降无《颂》，非弗能为之也，因周、召之作被之于弦管，酬酢神人，无不足也。厉王之世而《变雅》作，述先王之旨用以讽刺，反正者之变，弗敢与正者伉也。卿大夫称言于私，其流闻上，弗敢以被诸弦管也。过则规之，善不足与述，弗敢以其功德与先王拟也。故曰："虽有其位，苟无其德，不敢作礼乐焉。"夷、厉以上，君子遵其礼，小人遵其制，虽有暴君侈相，天下犹以寡过，文、武之泽永矣。周之凌迟而东，其肇于宣王之世乎！《王风》之凌迟而《黍离》，其肇于宣王之《雅》乎！

崇舅之封，饰甥之嫁，娶于齐而为之城，徐俨然称王而征之不下，其恩已微，其威已熸，然且震而矜之，以与文、武之丰功相伉，宣王之为王亦末矣。末王而尸制作之功，何其不知惭也！不知惭而言之无惭，是故其称引也曼，其条理也庞，烦而不饰，巨而不经，丰如馈簋大窬而不择其精，沓如扣土鼓以束茅而不宜人之听。《易》曰："中心疑者其辞枝"，无德而以僭作，未有不芜以游者也。申伯之功，吉甫之德，韩侯之受命，召虎、皇父之帅师，以姻亚而贵，以尊高而贤，以私宠而荣，以天子战诸侯而纪其绩，而搅以此出入于《大明》《皇矣》之间，夸宾客而动鬼神，而后文、武之泽斩矣。

故善诵《诗》者，诵《吉日》《车攻》之篇，如《南山》《正月》也，诵《崧高》《烝民》之篇，如《民劳》《板》《荡》也。即其词，审其风，核其政，知其世，彼善于此而蔑以大愈，可以意得之矣。

四十三

非庸人之喜，不足以亡。申伯之南，王宠其舅，何所裨于宗周，而曰"戎有良翰"哉？一传而戕周之社稷者，申也；再传而折入于楚者，申也。斯其以为良翰而周人喜之矣。周不建申，楚不窥谢；周不戎申，楚不有申。举先王众建之诸侯，无能抚之以为屏翼，而托肺附于私亲，弱植其新造之邦而厚凭之，盈廷之士所怙以翰南国者，心力尽于此乎！如其心力而尽之则喜，尽心力以孤注于斯，而恶得不亡邪？

悲夫！庸人之寝焉兴焉，食焉息焉，皇皇焉求之而恐弗遂，遂其所为而眉伸目润，心津口哆者，咸若是邪！举东晋之心倾于王、庾，括汴宋之目属于种、姚，舍此无复寄其忧喜。情已枯，智已槁，而后国家随之，有识者所为长太息也！

四十四

尊其尊，亲其亲，必将惬其愿而歆之以为厚也。呜呼！是不察之论也。诚为其所当尊而亲之，必天性之戚，非其私昵矣。岂繄私愿之得惬，而以歆者为厚乎？周公之封于鲁，太公之封于齐，非择而与之，因五十国之墟，即其疆而国之尔。召公之贤，召公之功，召公之亲，不下于太公，而封于燕矣。沙碛苦寒，幽逖硗瘠，人民犷悍，而密迩北塞，殆将非人之所处也。先王不以利报亲贤，而体亲贤之情于利之外，以此为厚，而亲贤亦安之矣。恶有封国建侯，使之牧民，而必图度肥瘠，授之乐土哉？

为地择人，未闻为人而择地也。君以利导臣，而臣不趋于利者蔑有矣。"我图尔居，莫如南土"，艳称之而上下不以为惭。故"皇父孔圣，作都于向"，"不慭遗一老，俾守我王"，习以为然，而谓择地者之果圣也，又奚怪乎？君以是厚其臣，父以是厚其子，故蹶父为女相攸，择山川鱼鸟、文皮坚革之渊薮，厚植以快闺房游燕之资，庆令居焉。父子夫妇以利相接，沉湎于货贿食色之中，而人道之异于禽呼鱼呴者无几矣。

汉高之于陈平也，不以孙叔敖之智处之，而曲逆之祀不绍。鲁喜之于季姬也，不以孟光之贤期之，而鄫子之好不终。西周亡，蹶父绝，而申、韩继灭。故贤者不以利为厚，君子不以利厚人，所以植之不仆也。

四十五

《传》曰："衰至而骄。"何言之？骄者盈之征也。血溢气锐，险阻不知，而多求于物，皆盈者之召骄也。虽然，盈而骄者，必其未尝盈者也。未盈而骄，则其骄也固衰矣。未之能盈，而粗有所至矣，牢执之而挟为己能，坦然靡所疑惭，而后骄成而不能自抑。天下之大，万有之富，直置之而不能取益，故曰："衰至而骄"，盈者不与焉。

古今遥矣，其学于六艺者众矣，苟操觚而殚心，各有所遇焉。何居乎吉甫之自贤，即人之称之者蔑以加与？吾以知人之称之者固不然也。《文王》《大明》，其"硕"矣乎！《鹿鸣》《四牡》，其"好"矣乎！《关雎》《葛覃》，"穆如清风"矣乎！为彼者未尝自居也，而天下不可掩也。虽然，犹独至而无摄美者乎！摄美而均至之，洵唯吉甫矣乎！我知吉甫之靡所疑惭者，貌取而无实也。《文侯之命》、黄犊之《书》也，举文王之明德而加之义和，无惭焉。《崧高》《蒸民》，黄犊之《雅》也、跻申伯，仲山甫于伊、吕、周、召之上，无惭焉。古今遥而不能届，则寸晷为长。四海广而不能游，则寻丈为阔。陆云且可贱货以奉马颖，潘岳且可发箧以遗贾谧，吉甫亦奚靳而不能哉？

曹植自以为周公，孰曰非周公焉？杜甫自以为稷、契，孰曰非稷、契焉？韩愈自以为孟子，孰曰非孟子焉？骄己以骄天下，而坦然承之，暴潦之兴，不忧其涸，吾恶乎无疑而不代之惭邪？文章之变，古今亦略可见矣。周至吉甫而《雅》亡，汉讫曹植而《诗》亡，唐之中叶，前有杜，后有韩，而和平温厚之旨亡。衰而骄，骄而衰不可振。衰中于身，其身不令；衰中于国，其国不延。枵然之窍，风起籁鸣，怒号而遽止，苟其有作心而挟生人之气者，弗屑久矣。

四十六

关故弓而张之，未遽绝也，因而弛之，往体既戾，来体因之以逶，然后不待再张而毁矣。汉元、唐懿、宋理之所以亡，继张以弛，而不施之筋漆也。有周之弓，天下之至调者也，厉王蹶而张之，筋麋漆解，不绝者无几，宣王起，以柔道承之，庶几释天下于束湿乎！苟明于上下张弛之几，固不于宣王之世而劝以柔也。

奚以然邪？上下之际，有相化者焉，有相激者焉，明于数者，明此而已矣。上淫则下靡，上固则下陋，此相化者也，以其有余力而与上相师者也。上暴敛则民不奉公，上淫刑则民不畏死，此相激者也。民困于力之无余，而敢于逃法，吏缘于上之已甚，而乘间以仇其奸，而天下之纲维紊散而不复收矣。

然则宣承厉后，继之以张而民益怨，继之以弛而民益奸，危亡之势，其数正均。故汉元、唐懿、宋理之覆败，差缓于胡亥，而其必亡均也。故惩蹶张而改辙者，必滥于暖姝，疾呼不闻，抵掷不怒，以成乎从容坐啸之朝廷，而天下已解之纽益叛散而无伦。不幸而以此为尚，未有能延之再世者也。

呜呼！宣王之所与治内者，山甫焉尔；所与治外者，申伯焉尔。诵申伯曰"柔惠"，惠以柔也；诵山甫曰"柔嘉"，嘉以柔也。之二子者，既以其暖姝媚斌，矫荣夷之徒虐厉之习，以要一时之誉，尹吉甫又从而奖之，则当其拱手哆颜，彼笑此领，三揖百拜，延犬戎而进之，微幽王其能以再世哉？

故曰：溺者必笑，聩者必笑。聩于心者，人也；溺于险者，天也。人动而天应之，而其笑也均。觇国者，觇其多嬉笑之子，而亡可计日待矣。

四十七

何以谓之陵夷？陵之夷而原，渐迤而下也。故陵之与原，无畛者也。乱极而治，非一旦之治也；治极而乱，非一旦之乱也。方乱之终，治之几动而响随之，为暄风之试于霜午，忧乱已亟者，莫之觇焉耳；方治之盛，乱之几动而响随之，为凉飚之飔于暑昼，怙治而骄者，莫之觉焉耳。

夫觇其所不可见，觉其所不及喻者，其惟几与响乎！而几与响，亦非乍变者也。《诗》之情，几也；《诗》之才，响也。因《诗》以知升降，则其知乱治也早矣，而更有早焉者，故曰《雅》降而《风》，《黍离》降而哀周道之不复振。然则《黍离》者，《风》《雅》之畛与？阅《黍离》而后知《黍离》，是何知之晚也！《风》与《雅》，其相为畛大矣，而《黍离》非其畛也。

《菀柳》而下，几险而响孤；《瞻卬》而降，几危而响促。取而置之《黍离》之间，未有辨也。故《瞻卬》之诗曰："心之忧矣，宁自今矣。"生于心，动于气，凄清拘急，先此而若告之，早成乎《风》以离乎《雅》，迤以渐夷，而无一旦之区分。《黍离》之为《黍离》，宁自今哉？《节南山》虽激而不隘，《板》《荡》虽危而不褊，立乎《菀柳》《瞻卬》之世，溯而望之，不可逮矣。

虽然，更有早于《菀柳》《瞻卬》者，密而察之，渐迤之势，几愈微，响愈幽，非夔、旷之识，谁从而审之哉！

四十八

治世之谏，切而以道；衰世之谏，切而以事；乱世之谏，切而以讼。公议繁，民心摇，讦讼行，风俗坏，阴私货贿、券契证佐之言，君子不讳，而天下之死亡积矣。讦讼者，小人之以陷君子者也。小人以此吹求于君子，君子引嫌而不胜。不胜则君子之祸不息，引嫌而君子之体犹未裂也。君子弗获已而不堪于不胜，无所引嫌，而以其讦讼者报小人，则君子之体裂，而人道之存，其几哉？

"人有土田，女反有之。人有民人，女复夺之。此宜无罪，女反收之。彼宜有罪，女复说之。"斯言也，讦讼之言也，胡为其出于君子之口也？婷婷之民，快其直畅；大雅之士，悼其迁流。孰令君子之至于斯邪？其上无礼，其下无学，忠厚凋，廉耻微，非一朝一夕之故矣。

悯乱疾恶者，孤行其志，光明而不疚，则成败听之矣。毋亦姑勿自失，而远鄙俗于己乎！是故《瞻卬》之君子，未足语于自求之道也。

《诗广传》卷四终

诗广传卷五

周颂

一

延陵季子之何所觌邪，而谓《韶》曰："如天之无不帱也，如地之无不载也？"故子曰："知德者鲜矣。"今夫天之德，元亨利贞也；人之德，仁义礼智也；可知而可言者也。虽然，言仁未足以发人之爱也，言义未足以发人之廉也，言礼未足以发人之敬也，言智未足以发人之辨也。非言之不足以发也，发之而无以函之也。故曰："知不言之言者，可以言言。"谓其函之也。妄者曰："照之以天"，则抑不知天也。不言以函言，而后仁义礼智无不函焉，斯则如天之帱，如地之载也。

"《清庙》之瑟，朱弦疏越，一唱三叹，有遗音也"，非其澹也，为八音函也。《清庙》之诗，盛德无所扬诩，至敬无所申警，壹人之志，平人之气，纳之于灵承，而函德之量备矣。故以微函显，不若以显而函微也；以理函事，不若以事而函理也。用俄顷之性情，而古今宙合、四时百物，赅而存焉，非拟诸天，其何以俟之哉！张子之言天，曰清也，虚也，一也，大也，知此，乃可以与知《清庙》矣。

二

天有所以为天，文王有所以为文。虽然，以天为有所以为天，则天之体孤矣；以圣人为有所以为圣，则圣人之德私矣。

万汇之生，何主辅焉？百灵之动，何枢棍焉？无已而五殊焉，五殊之变不可以数纪矣。又进而二实乎，二实之化不可以象操矣。无所不一之谓一，有二则非一也，而孰为之唱和乎？而孰为之臣妾乎？无唱非和，无和非唱，无臣妾而不得为君主。时不得而先后焉，故曰"不已"也；势不得而令共焉，故曰"纯"也。"纯一不已"，而天奚有所以为天，圣奚有所以为圣哉？子曰："四时行焉，百物生焉"，时物皆天也。凡天者皆其所以为天也。子曰："我学不厌而教不倦也"，学教皆圣也。凡圣者皆其所以为圣也。

不知德者，惰于勤而觊以简，荒于显而息肩于微。荒惰之情不自胜，而后异端中之。或曰机也，而有巧诈之圣；或曰要也，而有挟术之圣；或曰顿也，而有灭裂之圣；或曰密也，而有覆匿之圣。必为之言曰，天有所以为天，圣有所以为圣，而后可文其荒惰之实，圣乃不可得而学，天乃绝于人之心矣。

三

崇德，报功，祈福，三者祭之秩也，非祭之义也。举是三心，致之社稷山川而弗忍，况孝子之享其亲乎？阴阳之良能，人之性也；吉蠲之精意，神之著也。用神之著者，有事于己之性已。以崇、以祈、以报，则二之矣，故曰弗忍也。已况孝子之享其亲乎？

孝子之享其亲，知其亲而享之焉耳。"天地之大德曰生"，舍此而有他德，弗忍崇也；则舍此而有不德，弗忍替也。周公之事文王，壹以舜之事瞽瞍、禹之事鲧事之而已。故《周颂》至矣，文武之德丰矣，而俭于言，弗忍以德故而崇其先，诩扬之而恐其荡乎心，然后情至而无余志，奚况祈报之私哉？

人子之于亲，无择也，无感也，无求也，传之而已矣。有传心焉，有传性焉，有传命焉。《闵予小子》之警于庙，传心者也。《文王》《大明》之播于廷，传性者也。《清庙》《维清》之承于祀，传命者也。传之以命而心性绌矣。道义者，命之委绪；吉凶者，命之栖苴。迎精合漠以反其所自生，《维清》之所以益简也。知"文王之典"，庶几其成而已矣。故以知《闷宫》之祈昌炽，《长发》之称圣敬，不足以与于周公之享其先也。

四

言之不足，故长言之。君子之于言，祈乎足，勿辞其长也；几乎足，非乐其长也；故曰："修辞立其诚。"诚者，足而无虚之谓也。虽然，有发不及赴者焉，有含之已盈而终不得抒者焉，有广大而无可殚及者焉，有孤至而不知其余者焉，有寝兴食饮于斯而不假特举者焉。凡此者，皆终古而无足之心也，奚况终古而有足之言也！

其仁人之享帝，孝子之享亲乎！以长言为足而长言穷，以嗟叹为足而嗟叹穷，以咏歌为足而咏歌穷。无已而言之，櫽括歆动之情，约略目前之事，惟恐其滥而有所失也，则《维清》是已。苟足矣，穷矣，无以将其爱敬矣。无已，终不以言宣之，而资大乐之声，昭宣其幽滞，犹愈于言乎！《维清》者，待乐而成章者也。

故修辞者，不可于《维清》而学之也。非周公见文考之情，而靳于一足，则是孝子事亲之心，凿凿乎待言而喻之，不亦逆与！

五

于旅也语，故《烈文》而可以语矣。无言者事神者也，有言者治人者也。合神于人，不远神于幽也；合人于神，不靳人于明也。明则有礼乐，以大文昭之；幽则有鬼神，以大质体之。质事尽而文事兴，至是而幽明合矣。故曰："会通以观其典礼。""于戏！前王不忘"，昭明德以格于家邦，人神之通，以奉神而治人者也，非仅以事神者也。于是而言前王之德可矣，所谓可以道古也。

六

惟《昊天有成命》可以事上帝，据云"成王不敢康"，"不敢"者，非颂德之词，故知非祀成王之诗，从《序》为允。于戏！微矣！礼莫大于天，天莫亲于祭，祭莫效于乐，乐莫著于《诗》。《诗》以兴乐，乐以彻幽，《诗》者，幽明之际者也。

视而不可见之色，听而不可闻之声，抟而不可得之象，霏微蜿蜒，漠而灵，虚而实，天之命也，人之神也。命以心通，神以心栖，故《诗》者，象其心而已矣。神非神，物非情，礼节文斯而非仅理，敬介绍斯而非仅诚。来者不可度，以既"有成"者验之，知化以妙迹也。往者不可期，以"不敢康"者图之，用密而召显也。夫然，缋不可见之色，如绮绣焉；播不可闻之声，如钟鼓焉；执不可执之象，如瓒斝焉；神皆神，物皆情，礼皆理，敬皆诚，故曰而后可以祀上帝也。

呜呼！能知幽明之际，大乐盈而《诗》教显者，鲜矣，况其能效者乎？效之于幽明之际，入幽而不惭，出明而不叛，幽其明而明不倚器，明其幽而幽不栖鬼，此《诗》与乐之无尽藏者也，而孰能知之！

七

天子有善，让于天；子有善，让于亲。通此义者，或曰：敬忌而不能自私，尊尊亲亲而欲奉之也。其说伸，而仁人孝子之道隐矣。或曰：凡人皆天也，凡子皆亲也，因仍其善，酌于其中而斟之升斗，弗得迷而歧之于泉原。其说伸，而仁人孝子之情犹拓落也。

夫仁人之于天，孝子之于亲，奚其有所奉哉？又奚待推本而一之以源哉？亡欺而已矣。"我将我享，维羊维牛"，充牣肥腯，无瘝蠹之患，而后信天之右也。当从郑《笺》为允，下文犹此通之。"仪式刑文王之典，日靖四方，伊嘏文王"，则微文王之典，靖四方不得以靖晏，修其礼乐，我虽欲飨而不能，然后言文王之自嘏也。征之以事，监之以不能，天亲之善，亦既操筹而数之不乱，向日而视之不眩矣。然则奚让乎？弗攘焉耳矣。

故仁人孝子之心，如受重器、捧盈水而不能辞也，如沃霖雨、戴午日而不能避也；循之皆可执，信之以固有，而不俟一再思也。"我其夙夜，畏天之威"，岂严霜之为凛而迅雷之为震也哉！

八

子曰："祭则受福"，奚福乎？福莫大于祭，故"迄用有成"，周之祯也；"既右享之"，子孙之保也。

天物之丰，疾眚之不作，侯氏之宁，兵戈之偃，康万民，绥四海，荣以其仁，安以其义，可以为福矣；未厎于祀事之成，而弗敢福之也，故曰：乐不如性，性不如命。天之命我者，亲也；亲之命我者，心也。焄蒿悽怆，昭明者往而不可复，而复之一日矣。有事于其所不能事，莫之致而致之，适然得之心而不违，君子之至于命，至此也。乐莫乐于所自生，性莫真于藏之不显。至于命，而乐所自生者复其始也，藏之不显者不馨之福也，故福莫福于祭之成也。

舍祭之为福以求多福，更皇皇其奚求哉？日月方明而吹其爝火，时雨方灌而不释其抱瓮，或曰诞也，愚而已矣。

九

天之威，非其怒也；雷霆者，苏万物者也。雷霆发而百昌相见，故曰："帝出乎震。"奚有甫出以与物相见，昭苏而蓬勃，即以愤恚者乎？天以苏之，物自震之。万物不谅天之苏己，为之震叠，冥不可与明，弱不可与植，天亦将无如此物何矣。恩之不怀而反见威，天将无怒邪？亦姑任其不怒，而因以为不测之机乎？抑亦乍予之警而终大赏之，则恩溢于望外，而益生其感乎？乃圣人固不为颠倒天下之权，而奚况天哉？以圣人为有颠倒天下之权者，必若苏洵者而后成乎无忌惮之言而不惭。"昊天其子，允王维后。"昭然出身以与天下相苏，未有以权为凭借者也。

故唯知恩威之合者，可与绍天矣。恩之即威，显诸仁也；威之即恩，藏诸用也。呜呼！至矣！

万有之情，不顺之则不动；百昌之气，不动之则不振。积习因循之染，不振之则不新。人情隐，而为达之；天道堙，而为疏之。洋洋乎！王者之志气，淫满乎天下，驰驱淡荡，开心竭才，以用物之弘，愚不肖之心情才识，不足以载焉。譬耳之不任乎雷霆，则雷霆之声溢乎耳而荡乎心矣。

由今念之：以臣代君，以侯易王，举不宁之世而一旦戢戈橐矢焉。播弃之士，名不出闾闬；悲歌之客，志不在王廷。搜微发陋，移心易志，一旦而胥志于在位焉。凡目不足以察其赴景之形，凡耳不足以审其趋壑之响，凡心不足以测其方春之荣矣。

故一文一武，天之大用也；一举一错，天之大衡也。其举而加诸天下，则大仁也。威莫威于大仁，而义次之。即此以疏天下，破其心情才识之畛，而俾发其荣，则震叠之威，抑以仁天下而莫之或侮。故曰以恩合也。《易》曰："大哉乾元，万物资始，乃统天。"仁配天，则不怒而威矣，奚而不足以父天母地，为天下王哉？

十

优然必有见乎其位，肃然必有闻乎其声，忾然必有闻乎其叹息之声，然后可以得似乎其先矣。故功非其所扬也，扬其功是方社之祀；道非其所拟也，拟其道是瞽宗之奠也。

孝子之事其先，惟求诸其神乎！神则无所不浃矣。虚无节者，神所流也；实有节者，神所竟也。于物而见之，于器而见之，于墙屋而见之，于几筵而见之，于绣绘之色而见之，于歌吹考击之声而见之。于彼乎？于此乎？入其庙，践其位，行其礼，奏其乐，无一之不合于漠，而后与其神浃也。其尤者，则莫甚于仿佛之心，咏叹之旨也。从空微而溯之，溯当日之气象而仪之，功由是以兴，道由是以建，斯先王之所以为先王者乎！方求之，胡弗即此以求之也？

故祀文王之诗，以文王之神写之，而文王之声容察矣；祀武王之诗，以武王之神写之，而武王之声容察矣。言之所撰，歌之所永，声之所宣，无非是也。文王之神：肃以清，如其学也；广以远，如其量也；舒以密，如其时也；故诵《清庙》《我将》而文王立于前矣。武王之神：昌以开，如其时也；果以成，如其衷也；惠以盛，如其猷也；故诵《执竞》而武王立于前矣。

故曰："神也者，妙万物而为言也。"钟鼓载之，喤喤焉，磬管载之，将将焉；威仪载之，简简反反焉；醉饱载之，无不载焉。见其在位，闻其声，闻叹息之声，即其事，成其诗歌，亦既见之于斯，闻之于斯矣，此所谓传先王于万年而不没者也。故曰："唯孝子可以享亲。"

十一

从后世而言之，衣食足而后礼义兴；从前古而言之，匪但此也。"人之所以异于禽兽者几希。"无不几希矣，况食也者，所以资生而化光者乎？

燧、农以前，我不敢知也，君无适主，妇无适匹，父子、兄弟、朋友不必相信而亲，意者其仅颖光之察乎？昏垫以前，我不敢知也，鲜食艰食相杂矣，九州之野有不粒不火者矣，毛血之气燥，而性为之不平。轩辕之治，其犹未宣乎？《易》曰："黄帝、尧，舜垂衣裳而天下治。"食之气静，衣之用乃可以文。烝民之听治，后稷立之也。无此疆尔介，皆陈常焉，后稷一之也。故帝贻来牟，丰饱贻矣，性情贻矣，天下可垂裳而治，性情足用也。

食也者，气之充也；气也者，神之绪也；神也者，性之函也。荣秀之成，膏液之美，芬芳之发，是清明之所引也，柔懿之所酝也，蠲洁之所凝也。甘不迷，苦不烦，燥不悍，湿不淖；犷无所生，淫无所荡，惨无所激，滞无所菀，狂无所助；充生人之气而合之，理生人之神而正之，然后函生人之性而中之。故曰："莫匪尔极"，极者，性之中也。于是而人之异于禽兽者，粲然有纪于形色之日生而不紊。故曰："思文后稷，克配彼天。"天成性也，文照质也，来牟率育而大文发焉，后稷之所以为文而文相天矣。

呜呼！天育之，圣粒之，凡民乐利之，不粒不火之禽心，其免矣夫！天运替，人纪乱，射生饮血之习，且有开之先者，吾不忍知其终也！

十二

子曰："其或继周者，虽百世可知也"，谓知其损益也。然则立仲尼于赢、项之余，通周之变，必有损周之道者矣。所损者，圣人知之，但云"可知"，不即与子张言之。世儒察识不逮颛孙，习《诗》《书》之美而美之，心无适美，又恶足以测其斟酌乎？

圣人亦非闷之也，而终闷之，何邪？损者，非缘前王之溢量，已芜而待芟也；益者，非缘前王之阙失，有隙而待补也。凡前王顺天之德，极人之情，行之而王业成，颂声作，天下利赖之无穷矣。乃圣人通变以心知其美，又知其损益，乍言之而如违生人之愿，是以大猷未饬以前，不可亟以言言也。

虽然，圣人尝言之矣，学圣人者尝言之矣。樊迟请学稼，子曰："吾不如老农"，圣人之言也。许行为并耕之言，孟子曰："尧舜之治天下，不用于耕"，学圣人者之言也。君子之道：穷之所守者，达之所施；甚贱其流者，不奖其源。故孔子不学稼，而孟子以耕为小人之事。三代以下，粒食具而可忧者不在此，君子之志见矣。《周颂》存者三十一篇，而农家之言四。由仲尼、孟子小樊迟、斥许行之旨而通之，损《周礼》者其在斯乎！

呜呼！言有疑于逸谚，道有疑于瓠落，事有疑于荒亡，圣人不能急喻之人。而千岁以后，訾先王之大美，抑人情之大愿，断然而无怍，其亦孰能得之哉？虽然，夙万乘之驾，集三有事之俊杰，进陇首以谋其升斗，歌咏长言以歆羡之，将无元后之为生民计，有大于此者之姑置也？故曰："自古皆有死，民无信不立"，食可去矣。且夫兴之而不兴，速之而不速，威之而不威，向之而不向者，民之廉耻与其行谊也。若夫不待兴而生心，不待速而趋时，不待威而恐后，不待向而争先，民之于农事也，则固然矣。抑从而郑重之，"嗟嗟""噫嘻"以淫溢之乎？

六国强秦，惟不损周而且益之也。鞅之耕战，悝之尽力，汲汲然以为君国子民之术无以逾此，上下交奖以谋食，而民之害气以昌。子曰："我观周道，幽、厉伤之。"《桑柔》之乱极矣，而其《诗》曰："好是稼穑，力民代食"，从郑《笺》。则是臣工"噫嘻"之道，幽、厉未之伤也，然而道已伤矣。后圣之所必损，奚疑哉？

无已，其《楚茨》乎！意在祀，不在食也；无已，其《思文》乎！道在陈常，不在育也。虽然，衣食足而后礼义兴，管仲之言也，而仲尼固曰："管仲之器小也。"

十三

《振鹭》，为客劝也；《有客》，为客歆也。晋客而为之主，适敬在客，劝而歆之，礼也。《有瞽》，始作乐而合乎祖，适敬在祖，客非适敬也，"有客戾止，永观厥成"，然且唯客之歆，何也？古之王者以客为荣，无适而不荣之也。敛四海之和，动之以声容，际虚入漠，流荡充盈，大鸣其豫，以绥昭明凄怆之陟降，匪他是荣，而荣客之观，故曰：无适而不荣也。

斯道也，匪直周道也。夔曰："祖考来格，虞宾在位"，崇宾如祖，绥祖如宾，由虞讫周一致矣。夫虞、周则非一致也。虞宾，让之裔也；周宾，胜国之孽也。其让不忘，其胜不惭，嫌疑悉捐而胥于一，帝王之通理也。《易》曰："本乎天者亲上，本乎地者亲下"，形相距而犹亲也，时相间而犹亲也，从其类而已矣。俱为帝皇之裔，同受皇天之祚，德相逮，如手授焉；功相及，如武接焉。精合于灵，气应于几，距之而欣，间之而密，通揖让征诛之变而视犹一致。人之所从，神之所钦，大礼之所洽，大乐之所绥，一而已矣。

彼夫必疑必间，而恩礼不及者，嘉禾不与燕麦同陇，仁禽不与妖鸟同巢。辨其异，慎其同，大统以正，大义以明，从其类而不可乱，久矣。由斯言之，刘、宋、章、詹，相大有为之君，革命创制，无能观通行典，求赵氏之后而宾之，区区于买的喇之侯封，不已慎与？嗣是有兴，以道事君者，兹焉永鉴哉！

十四

"有来雍雍"，则"至止肃肃"矣；"有来雍雍"，而后"至止肃肃"

也。故敬者，人之情也，缓之而隐，迫之而浮，待其生而盈；和者，所以待之也，待之而后生，生而徐盈，藏于爱之宅。爱萦其外而不易出，是以迫之而浮。夫天下之不浮其敬者鲜矣。浮以为敬，是中无敬也。以其中之无敬，亿中之固无敬也，于是有敬自外生之嫌，而义外之说立矣。

雍雍者何期乎？肃肃者能勿生乎？君子谋其和，不谋其敬，知敬之固有而不待谋也。静居之敬，以和其心，非以谋敬，以谋和也；执事之敬，以敬其气，即以谋敬，唯谋和也。莫敬于气，而天下之须敬者次之。敛而不束，舒而不忘，微之而使昌，居之而使行，然后有其雍雍，而肃肃者徐以盈矣。善敬者，反之于情，致之于物，油然以生而不息。故曰："君子大居敬"，言乎其居之也。

十五

荣吾生，荣其所自生也；引吾年，引吾心也。所自生者不荣，而荣其生，辱莫大焉。心之不引，而年引焉，凡生之日，皆死之夜也。引其既死之生而永之，是名乐生而实乐死也。所自生不荣，而但生之荣，是凡荣而皆辱也。以死为生，以辱为荣，哀哉！且以之自愿，而或为人愿之。鳅鳝甘浊水以相呴，夫谁为诏之乎？

"绥我眉寿"，奚绥邪？"介以系祉"，奚介邪？引其孝思，则父母凭之以存，右我考妣而所荣不昧也，然后非死而实生，非辱而实荣矣。故曰：为人子者乐为人兄，以事亲之日长也。

事亲之日徂，耳目口体之尚生，而储为鬼以待死，无已而致之于祭乎，吾犹人也。悲夫！牺牲不成，粢盛不备，衣食不章，浮游以食于万物，举无可安而未即于死，如之何其勿悲！

十六

惰子忌兄弟之孝，贿臣忌朋友之忠；无德以存，忌邻邦之盛；无道而兴，忌故国之虞；非能忌也，犹夫瞽者之相搏，不可释也。故曰：心存者不患，道大者不忧，忧患忘而疑忌消矣。

"有客有客，亦白其马"，视骍犹白，白犹骍也。视白如骍，白其马焉可矣。怪者以其弗可也，见其可而奚怪也？"有萋有且，萋且，盛貌。追琢其族"，在彼者犹在此也，其旅犹吾旅也，其萋其且，则吾萋且也。福足以怀之，威足以摄之，信吾旅矣。天下未有自有旅而自疑者也。

"文王既勤止，我应受之"，信之幽独矣；"上帝临女，无贰尔心"，信之天下矣。道一而文质一，统一而王国侯邦一，治一而孙子功臣与胜国之胤一也。卧赤子于天下之上而不惊，假三恪以"淫威"，能弗忌焉尔。穭锄棘矜而攘大宝，禽远兽迹而陟天位者，无望之矣。

十七

人之至燕也，弗待其已至而后信其至也，至之以其未至燕者也。弗知有其未至，则户北，燕也；知有其未至，则代之东，齐之西，卫之北，朔之南，燕国存于心目，他日之至者至此尔。故曰："不知为不知，是知也。"知有其所未知，既知有矣；信有其所未信，既知信矣；所谓"今日适越而昨至"也。

信未闻之中有声，则其聪密；信未见之中有色，则其明浚；信未合之中有理，则其学精。"将予就之，继犹伴奂"，我乃以知其将而就者之果予就也，而伴奂者既皎然于心目矣。宋襄之于义，赵括之于兵，王通之于经世，荀、杨、韩之于性，怙之以死，而徒为天下蠹心肾肺肝之藏，无未至之境焉耳。

十八

子曰："小人怀土。"天下莫非土也：天子以天下为土，诸侯以四境为土，卿大夫以采邑禄入为土，士庶人以田泽仓庾箄篚为土。然则天子之有天下，一田泽仓庾箄篚之积也，岌岌乎忧其不固，不亦细乎？"天维显思，命不易哉！"匪道之忧而土之恤，何也？

曰：此非天子之自言也。故言所当者谊也，谊所宜者人也。移以其人而徙以其谊，言乃以吻合于道，而变不失常，又奚病哉？天子曰："以天下故，而我乃为君"，则天下重于君也，而仁建矣。卿大夫曰："以我天下故，而建彼以为君也"，信天下重于君也，而义堕矣。

尧释天下而授之舜，舜释天下而授之禹。天命难谌，而谌其匪谌，以释位而迁之，非徒尧、舜之有是心也，抑汤、武之有是心也。奚以知其然邪？汤、武而无是心，则蕴信渚越之祸，发于伊、吕矣；即不然，而杯酒释兵之谋进，而赐履专征之命不行矣。汤、武之有是心，则成、康之不可无是心。成、康之亦有是心，故莫大诸侯建于东国，而必不为晁错之谋制之早也。命之不易，天之显道也。嗣天下者尽道而无忧，事天之理得，而他岂恤哉？

虽然，为之臣者则不可不奔相告也。何也？革姓易服者，为人臣者之鞠凶也。其为人臣者之鞠凶，非但弗忍其君之谓也。均是人也，而戴之为君，贞士之倔强，然且有带索拾藜而不忍于从者矣。酌于义而不得弗戴，戴之以终身，而贞士犹为之杀耻，曰：吾之所为义屈者，此一人而已矣。若夫其尝等夷者也，不幸其尝仇雠者也，不幸其尝远之摈之，者也，一旦力屈势易，舍所戴而匍伏稽颡，北面战栗，啜其洀而喜见于颜，有人之心者，尚能忍死于须臾乎？故曰：革命易服，人臣之鞠凶也。鞠凶悬于眉睫，而不保其旦晚，逆揣而无以信其必免，过为人之虑而不知裁，乃进戒于君曰："命不易哉！"为人臣者剥肤之痛，弗能不以其诚告于君父者也。

若夫有道之君尽其道而无忧，则闻其言而弗惊。凡命皆天，而得失之故轻于鸿毛，奚其惊？虽然，君之弗惊，而未尝不为其臣恤也。臣弗获已而以义戴己，己不能保而俾之移所戴以挫天下之廉耻，固人君之所不安。故不忌臣之戒而绥之，君之仁也。

十九

实，充也；函，量也；充其量斯活矣，故曰："实函斯活。"君子有取于此，以似仁焉。函之中，仁也，仁则活之理赅而存焉，仁则活之体赅而存焉，仁则活之用赅而存焉，然而必于实矣。函之所至，无不至焉；与函相得，无不浃焉。函之所透，不容已而透矣，然后活矣。先此之理，待此而叙，先此之体，待此而固；先此之用，待此而兴。蕴之乃以絪缊之，流之乃以条理之，浑之乃以发挥之，坚而朴，神塞而形闲者，逮乎此而灵善以津泾矣。大哉！实之以效仁之功乎！

函之可实也，数之固有也。实之者，不怙其固有也。而不观于百谷乎？向者藏于函，而胡以不实也？今兹犹是处于函中，而胡以实邪？春气苏之，甘泉渍之，暄风鼓之，和日蒸之，与水相得，与气相迎，而后实于其函。夫君子之于仁，亦由是而已矣。昔者函于心，可以实而未实也。今兹犹是函于心，而胡以实也？学以聚之，思以通之，智以达之，礼以荣之，集义以昌其气，居敬以保其神，备物以通其理，天下皆仁，而吾心皆天下矣。夫然后实于其函，而活弗待于崇朝也。实者，诚也，"诚之者，人之道也"。择而守，学焉而不旷，尽其实有而不歉者，诚之者也。然则天其可怙乎哉！

天能使函而不能使实也，乃其必函之者何也？曰：此贞之起元也。不贞则不干，不函则无以为我体。我体不立，则谷之仁犹空之仁，我之仁犹空之仁，荡然不成乎我，而亦无以成乎仁矣。故曰："形色，天性也。"形色者，我之函也，而或曰："圣人无我"，不亦疑于鬼而齐于木石禽虫之化哉！

故知：仁，有函者也；圣人，有我者也。有我以函，而后可实。欲其理乎！小体其大体乎！人心其道心乎！活其活而天下之活归焉。知此者，乃可与言复礼。

二十

加于天下者，皆我之志气也。取天下，则内物而失己；攻天下，则外己而丧己于天下。是故尊生之说匪一，归于啬而已矣。故曰："治人事天莫如啬。"诚斤斤以其生为尊，则舍啬奚以？虽然，绝人丧我，惮善而不为，与椿同年，与龟同息，亦奚以此草木禽虫之生为保哉！彼之言曰："吾有大患，为吾有身"，保之益以患之，是以身相鳌戾也。天与我以丰而逆用以啬，天与我以丰而滥用其丰，两者相若。犹千金之子，或以侈败，或以吝败，交相笑而归于败也同。

故君子之治人以事天，酌之而已矣，则亦序之而已矣；尤有道焉，辨之而已矣。

酌者何？天下所堪，己所弗堪，浮用以邀天下，勿为也；己所堪，天下所弗堪，浮用以折天下，勿为也。弗以己酌天下，而以天下酌己，疾言遽色，不敢用也。

序者何？意、语、气，相得而成声者也；志、气、度，相函而成象者也。语固不尽意矣，气亦不逮语矣；志约而气盈矣，气欲张而度欲弛矣。勿极语以尽意，勿奔气以追语；勿趋气而枵其志，勿取安于度而惰归其气；即欲尽意，无宁均气以成其条理；即欲尚志，无宁饬度以舒其文章；疾言遽色，不知其亡也。

辨者何？宜用天下，宜为天下用，善者也。尽其言，盛其容，何有嫌焉？不宜为天下用，不宜用天下，不善者也。言之莠，一馨一欸，莠矣。容之汰，一指一盰，汰矣。故言之善，危音亢词，曲尽广引，而神不随之流也；其流者必其不善者也。容之善，高拱垂旒，盛威满态，而气不乘之荡也；其荡者必其不善者也。是故以言止言，不如以理止言也；以容修容，不如以道修容也。直其气，理其魂，正其魂，绪其神，择其精，奚以"早服"？奚以"缘督"？奚以"闭其兑"？奚以"致其虚"？辨者弗啬，而啬者不能辨也。

故曰："不吴不敖。"吴者其言，以荡生者也；闵之而或吴，懿其言，未有或吴者也。敖者其容，以耗生者也；损之而或敖，恭其容，未有或敖者也。纪焉，绪焉，类焉，度焉，清焉，温焉，气恶乎蹶？神恶乎驱？太阳之珠恶乎去人？重阳之侮恶乎损心？"不吴不敖，胡考之休"，尊生之道尽矣。故即欲尊其生者，亦无如君子之得也。

二十一

周克殷而年丰，秦有天下而年丰，汤兴而七年旱，周宗将灭而饥馑交斩于四国，君子之知天，知此者也。周克殷而年丰，佑有道也；秦有天下而年丰，存余民也；汤兴而七年旱，警圣修也；周宗将灭而饥馑交斩于四国，穷凶德也。故无所不可为道者，理也；无所不可为理者，天也。

呜呼！维天至矣。以人之知求天之知，以人之虑代天而虑，求之于圣，不该乎愚不肖矣；以愚不肖求之，不逮乎圣矣。上固不及圣，下不安于愚不肖，介然有其知虑，以意天之必然，是量蝉首而求冠则也；介然有其知虑，以疑天下之不然，是缘蠛蠓之有翼而谓龙之不可飞也。用此以治历，则损天以就数；用此以言性，则诬天以伸习。夫亦恶知天广大，无往而非理哉？兔胫之短，鹤颈之长，鲇鳅之涎，鲇鲋之介，竹条之虚，松桧之实，不规之圆，不矩之方，不量之度，不筹之数，举天下之巧无以致其精，举天下之大无以测其弘，举天下之密无以察其几。故曰：维天至矣，不可以情情，不可以识识者也。"绥万邦，屡丰年"，亦一理而已矣，非天之必可邀也。

二十二

有坐而言曰："父春耕而秋铚，我应食之；母昼绩而宵缍，我应衣之。"非至愚骏者，谁忍语此，而抑谁听之哉？《赍》之诗，奚以颂之而无惭邪？

曰：天下者，非天之以报功者也。是故大德不报，大位非报。斯二者与天同体，天抑不得以之而报人也。以舜之孝报以天子，则曾、闵应有国矣。以田千秋之言报之宰相，则贾、董宜为天子矣。是故大德不待报，大位者非以报也。"文王既勤止，我应受之"，受之云者，任之也。勤其勤，敷其敷，定其定，遗大投艰于武王之躬，受之云者，无容辞焉尔。

天下不可为，李耳尚知之，况君子乎？抚则后，虐则仇，后则亲以九州，仇则覆以九族。匹夫之纤恶，天子之重负，许由所为避其难，成汤所为不释其栗也。卫懿公之好鹤，均于林逋，而逋奚以不裂其肝？梁武帝之佞佛，均于裴休、杨亿，而休与亿奚以不死于馁？宋徽宗之嗜书画，均于米芾、文同，而芾与同奚以不毙于俘？武王虽圣，何必履岌岌以为荣哉？文王勤而不敢不受以勤，文王敷绎而不敢不受以敷绎，文王求定而不敢不受以定，武王之于此惴惴尔。惴惴尔，而又奚其惭？

鲁颂

一

有求尽于意而辞不溢，有求尽于辞而意不溢，立言者必有其度，而各从其类。意必尽而俭于辞，用之于《书》；辞必尽而俭于意，用之于《诗》，其定体也。两者相贸，各失其度，匪但其辞之不令也。为之告诫而有余意，是贻人以疑也，特炫其辞，而恩威之用抑黙。为之咏歌而多其意，是荧听也，穷于辞，而兴起之意微矣。

故《诗》者，与《书》异垒而不相入者也。故曰："言之不足，故嗟叹之；嗟叹之不足，故永歌之；永歌之不足，故不知手之舞之，足之蹈之。"知然，则言固有所不足矣。言不足，则嗟叹永歌，手舞足蹈，以引人于轻微幽浚之中，终不于言而祈足也。故《书》莫胜于文，文者，兼色者也。《诗》莫善于章，章者，一色者也。方欲使之嗟叹之，抑欲使人永歌之，终欲使人舞蹈之，而更为之括初终，摄彼此，喤耳烦心，口促气坌，涕笑欢呿而罔所理，又奚以施诸手足而喻于行缀乎？故备众事于一篇，述百年于一幅，削风旨以极其繁称，淫溢未终而他端蹷进，四者有一焉，非敖辟烦促、政散民流之俗，其不以是为《诗》必矣。

《鲁颂》之于《诗》，敖辟烦促、政散民流之音也。故孔子曰："周公其衰矣。"先公之教未亡，《风》《雅》之遗犹有存者，其唯《䮘》乎！数马以彰国君之富，犹其类也；长言而不厌，犹其韵也；终篇而不及他，犹其章也。建安之所不能窃，正始之所不能剽，长庆之所不能攘，朱弦疏越之风，慭留此焉，虽列之《颂》可矣。

二

心各有乡而不相越，道各有宗而不相谋，风各有沿而不相杂。乱之者其淫人乎！甚矣，鲁僖公之淫于齐也！澹以不忘，舒以成，柔以则者，周公之道也。昌而缓，清明而和，微至而敛者，周公之《诗》也。《有駜》之声胡为乎奏于周公之庭乎？一往而极，儇而荡，乘凌而不必厝之之安；以之管则急，以之弦则繁，以之金则嘤，以之革则𤵸，以之盘旋于舞蹈则轻翾而鸷击，非杂霸之雄心，其谁与为之乎？

鲁僖之于齐桓也，艳其卑耳。召陵之震叠，目荧而心醉之，北面其廷，敝师以望其尘，率夫人于阳谷以从其宴乐，色授魂与而气奔之久矣。匪直僖也，桓迷于嬴，庄惑于社，僖靡之，宣怙之，泰山不能为之限，汶水不能为之垠也。子曰："齐一变，至于鲁"，谓襄、昭以后，狂简之君子移风而逮上也，非谓庄、僖之间也。君子兴于下，周公之教复于上，垂及刘、项之际，而弦诵不淫，故仲尼之泽永于周公。

三

扬雄曰："正考父尝睎尹吉甫矣，公子奚斯尝睎正考父矣，如欲睎之，孰御焉？"雄不知道，不信其不可睎，故以影取圣人而迷以终世。圣人之大，可张而冒之乎？圣人之深，可浚而至之乎？圣人之于天，可以气相迎随乎？圣人之于人，可以情相比合乎？

周公之颂，天则清明也，人则肃雍也，大则躬与乎武王之功也，深则亲授乎文王之学也，如手携之，如口咀之，质而已矣。故曰：文者，昭质者也。是以约言之而广，忌言之而昌，见其所不见而色艳然，闻其所不闻而声喤然，远引而近综之，其绪萦然。呜呼！奚斯尔何知！严光曰："卖菜乎，求益也。"多采苕菲之下体而以拟蘋藻乎？溯其事如史，而不足以史也；为其容如图，而不足以图也；陈其物如籍，而不足以籍也；祝其福如巫，而不足以巫也；侈其功如礼至之铭、孔悝之鼎，而不足以掩其恶也。《淮咸》之左次，因人为功而不惭也；嫠母艳妻，淫于祀，荒于会，而不惩也。质之不足与昭，何怪乎如扣木筑土之喧耳而无与兴哉？

故哭之无涕者，哀之非哀也；笑之无欢者，乐之非乐也；歌之无感者，弗足与于长言嗟叹，而割拾以属词也。周公而下，无已，其唐山之《房中》乎！贤于奚斯之颂远矣。

呜呼！圣人而可以似似也，天亦可以登登也。日不睎天而光充于天，水不睎地而流浃于地，心有警，物有应，气有牖，声有绪，莫之澄而清，莫之导而长，莫之放而弘，莫之钻而入，莫之凝而聚，莫之叙而均，莫之敷而荣，莫之抑扬敛纵而叶。文者，道之显事也，而载藏以出，不可掩焉矣。况圣人之洗心而藏密者无迹，而奚其仿佛哉！

商颂

一

采备五色，和备五味，乐备五音，臭备五气，孝子之以享其先者无不备也。虽然，有异道矣。《记》曰："之生而致死之，不仁而不可为也；之死而致生之，不知而不可为也。"死而求之生，亡而求之存，奚但其不知哉！求之者非其类，意不至，神不徕，如弗求也，殆于不仁矣。故祭之备物也，有人道焉，有神道焉。采五色，和五味，以人享之也，弗忍致之死也；乐五音，臭五气，以神求之也，弗忍求之而弗得也。

周尚文，求之于臭，弗求之味；殷尚质，求之于声，弗求之色。声臭者，神之所主也。虽有绚采，弗视弗知其色；虽有洁荐，弗食弗知其味。待食待视而亲者，人之用也。幽细之音，不听而闻，缭绕之气不齅而觉，声响之达隔垣不蔽，苾芬之入经宿而留，不见其至，莫之能拒，斯非人用之见功、非人用之能效也，神之用也。且夫鬼神而既不能视矣，既不能食矣，笾豆俎铏，彤漆黼黻，如其生之可歆者而致之，人子之心耳，求其实，固判然未有与也。唯夫声之不待听矣，鬼神虽弗能听，而自声通也；臭之不待齅矣，鬼神虽弗能听齅，而臭自彻也。合于漠而漠为之介绍，夫然后求之也亲，而神不遐与！

抑周之尚臭也，又不如殷之尚声也。声与臭者，入空者也。声入空，空亦入声，两相函而不相舍，无有见其畛也。臭虽入空者也，而既有质矣，居然与空有畛域也；吹之而徙，是抑有来去。来去者，不数数矣，无定即矣。畛域者，犹自以其材质立于空之中，而与空二，不遍察矣。则惟臭入空，而空不入臭也。昭明焄蒿凄怆之气，固与空为宅而质空者也。空之所入，固将假之；空之所弗入，亦弗知之；所以求者至乎神，而神不至乎其所求，故萧艾脂膋之纲缊，诚不如鞉鼓磬籈管之昭彻也。际之于上，涵之于下，播之于四旁，摇荡虚明而生其歆浃，殷道至矣。故曰："衎我烈祖"，诚绥衎之也；"绥我思成"，诚绥之也。孝子慈孙，岂忍于其先之不来而虚题以歆假哉？

二

乐为神之所依，人之所成。何以明其然也？交于天地之间者，事而已矣；动乎天地之间者，言而已矣。事者，容之所出也；言者，音之所成也。未有其事，先有其容；容有不必为事，而事无非容之出也。未之能言，先有其音；音有不必为言，而言无非音之成也。天之与人，与其与万物者，容而已矣，音而已矣。卉木相靡以有容，相切以有音，况鸟兽乎？虫之蠕有度，彀之鸣有音，况人乎？

是以知：言事，人也；音容，天也。不可以事别，不可以言纪，繁有其音容，而言与事不能相逮，则天下之至广至大者矣。动而应其心，喜怒作止之几形矣；发而因其天，郁彧舒徐之节见矣、而抑不域之以方所，则天下之至清至明者矣。乘乎气而不逐寓物之变，生乎自然而不袭古今拟议之名，则天下之至亲至密者矣。尽乎一身官窍之用而未加乎天下，则天下之至简至易者矣。该乎万事，事不足以传其神；通乎群言，言不足以追其响，则天下之至灵至神者矣。故音容者，人物之元也，鬼神之绍也；幽而合于鬼神，明而感于性情，莫此为合也。

今夫言，胡之与粤有不知者矣，音则无不知也；今夫事，圣之与愚有不信者矣，容则无不信也。故道尽于有言，德不充；功尽于有事，道不备；充而备之，至于无言之音，无事之容，而德乃大成。故曰："成于乐。"变动于未言之先，平其喜怒；调和于无事之始，治其威仪。音顺而言顺，言顺者，音顺之绪余也。容成而事成，事成者，容成之功效也。乃以感天下于政令之所不及，故曰："移风易俗莫善于乐。"

今夫鬼神，事之所不可接，言之所不可酬，仿佛之遇，遇之以容；希微之通，通之以音。霏微蜿蜒，嗟吁唱叹，而与神通理。故曰："殷荐之上帝，以配祖考。"大哉，圣人之道！治之于视听之中，而得之于形声之外，以此而已矣。

虽然，更有进焉。容者犹有迹也，音者尤无方也。容所不逮，音能逮之，故音以节容，容不能节音。天治人，非人治天也。天治者，神以依也。

虽然，尤有进焉。八音备，大声震，荡涤于两间，而磬特诎然，至于磬而声愈希矣。音之假于物：革丝假于虫兽，竹匏木假于草木，金炼而土陶假于人为，石者无所假也，尤其用天也。故曰："依我磬声"，音之尤自然者也。呜呼！此可以知圣人事天治人之道矣。

三

"约轵错衡，八鸾玱玱"，助祭之饰也；"乘大辂，载弧韣，旗十有二旒"，主祭之饰也。殚敬于神，勿自贬约，而盛致其饰，于义何居？呜呼！斯君子之交于神明，所由异于非君子者与！

是故大裘衮冕，玉辂六马，以养其容；日享太牢，共其玉食，以养其体；丧不吊，疾不问，刑狱不省，以养其神。凡君子之交于神明者，身焉耳。身以答神，蔑敢不敬也；身以绥神，蔑敢不养也。享帝者，享其对越之帝也；享亲者，享其思成之亲也。体恍惚幽微于其魂魄，非其盛不足以凝之矣，故不敢不敬也。敬矣，故不敢不养也。

天地之生，莫贵于人矣；人之生也，莫贵于神矣。神者何也？天之所致美者也。百物之精，文章之色，休嘉之气，两间之美也。函美以生，天地之美藏焉。天致美于百物而为精，致美于人而为神，一而已矣。求之者以其类，发之者以其物。是故精生神而神盛焉，神盛于躬而神明通焉，神明通而鬼神交焉。匪养弗盛也，匪盛弗交也。君子所以多取百物之精以充其气，发其盛而不惭也。

彼非君子者，见神于虚而失诸己，邀神于心而失诸身，疏食坏衣，同居丧之礼以交于神，约其身以羸寒向死之气，而冀神之哀，神莫之哀而人哀之矣。贱形离鬼，淫哀馁气，孰歆之哉？无已，则磷之光，兵死之厉，夜嗥之狐，或与为类而歆之矣乎！呜呼！释氏之以交于神明者，此物此志也。

四

太上敬天，其次敬身，其次敬人，其次敬事。敬天，至矣。至者非独至也，历至而兼至者也。是故敬其事，有不及于人者矣；敬其人，有不及于身者矣；敬其身，有不及于天者矣。事之所不涉，有相涉之人焉；人之所不对，有相对之身焉；身之所不显，有相显之天焉。天也者，括身与人事而受命者也，彻身与人事之未有而凝命者也。故敬天而冒天下之道，亡之有遗焉矣。于事而敬，敬天职也。于人而敬，敬天民也；于身而敬，敬天性也。历之而升，已历者胥其既敬者矣。兼之而顺，所兼者皆其敬焉者矣。

故高者不遗卑也，大者不遗小也，至于虚不遗实也。"圣敬日跻，昭格迟迟，上帝是祗"，此之谓也。跻云者，历也；迟迟者，历之无遗也。故君子不舍事而亲人，不忘人而珍身，不外身而观天。跬之步之，泰、华陟之；纲之缊之，层云升之；铢之累之，万有周之。故曰：高以下为基，鸿以纤为积，君以民为依，理以事为丽。君子之言天，如是其有据也；君子之事，如是其有渐也。渐以不遗，有据以登而不陨，斯上帝可得而祗矣。

若夫君子所尤恶者，言天而道隐，言跻而学隐者也。颖光之察，道隐矣；凭陵之登，学隐矣。身以为患，物以为刍狗，事以为前识之华，欲以其孤骛之情，溯空明而至于反景之乡，丑天下而无足以当其意，御风而行泠泠然，失风而坠苶苶然，丧身绝人而近于鬼之事矣。故言跻者，勿惮其迟迟焉，几乎道也不远矣。

五

《诗》有《颂》，乐有《桑林》，祀有郊禘，故当时称之，曰："诸侯宋、鲁，于是观礼。"而子曰"我欲观殷道，是故之宋而不足征"也，何也？察鸟于远，以为燕也，传之则以为蝠也。察鱼于渊，以为鲦也，传之则以为蛭也。精意失而余其迹，犹无余矣。

汤放桀于南巢，曰："予恐来世以台为口实"，传及于《长发》，而韦、顾、昆吾与桀连类而举矣。率其凌蔑不恤之旨，汤殆以力争得天下而守之以威邪？颂契曰"桓拨"，颂相土曰"烈烈"，颂汤曰"莫我敢曷"，颂后王曰"勿予祸适"，颂武丁曰"挞彼殷武"，殆将暴六百祀之天下于桀日矣。呜呼！此不问而知其非商之旧也。词夸而不惭，音促而不舒，荡人以雄而无以养，斯宋之以征殷而丧殷之征者也。

宋于是乎以世杀其宗臣，宋于是乎以十年而十一战，宋于是乎以不度而争楚于盂、泓，宋于是乎以射天笞地，剥滕吞薛，战齐、楚、魏而速其亡。名之所传，而言随之；言之所流，而志随之；志之所竞，而事随之；志成乎事，而气应之。石为之陨，鹢为之退飞，雀为之生鸜鹆；张束湿之习，上下交奖，天物交变，而殷先王之泽无有余矣。

夏之亡也，无待迁之顽民；周之亡也，无采薇之义士；殷独多有之，则殷之以宽大优柔固结天下者，可知已。精意不传，而相传以竞，宋之承殷，愈于杞之沦夷者能几哉？《长发》《殷武》，宋之《颂》也。《那》《玄鸟》《烈祖》之仅存，不救其紊矣。

《诗广传》卷五终

《诗广传》全书终